民 生 政 策 研 究

王杰秀 总主编

中国城乡困难家庭
民生兜底保障研究

王杰秀　付长良　主编

中国出版集团有限公司
研究出版社

图书在版编目 (CIP) 数据

中国城乡困难家庭民生兜底保障研究 / 王杰秀，付
长良主编 . -- 北京：研究出版社，2023.12
　ISBN 978-7-5199-1609-1

　Ⅰ.①中… Ⅱ.①王… ②付… Ⅲ.①贫困 - 家庭 -
社会保障 - 研究 - 中国 Ⅳ.① D632.1

　中国国家版本馆 CIP 数据核字 (2024) 第 006898 号

出 品 人：赵卜慧
出版统筹：丁　波
丛书策划：王杰秀　张立明
责任编辑：张立明

中国城乡困难家庭民生兜底保障研究

ZHONGGUO CHENGXIANG KUNNAN JIATING MINSHENG DOUDI BAOZHANG YANJIU

王杰秀　付长良　主编

研究出版社 出版发行

（100006　北京市东城区灯市口大街100号华腾商务楼）

北京新华印刷有限公司印刷　新华书店经销

2024年1月第1版　2024年1月第1次印刷

开本：710mm×1000mm　1/16　印张：22.25

字数：357千字

ISBN 978-7-5199-1609-1　　定价：88.00元

电话（010）64217619　64217612（发行部）

民生政策研究书系编委会

《中国城乡困难家庭民生兜底保障研究》
编　委　会

前　言

　　党的十八大以来，以习近平同志为核心的党中央团结带领全党全国各族人民团结奋斗，推动区域协调发展，采取有力措施保障和改善民生，脱贫攻坚取得全面胜利，现行标准下 9899 万农村贫困人口全部脱贫，创造了人类减贫史上的奇迹，为促进共同富裕创造了良好条件。现在，我们正在向第二个百年奋斗目标迈进。习近平总书记指出："低收入群体是促进共同富裕的重点帮扶保障人群。"现阶段，我国低收入群体规模庞大，兜底保障任务艰巨。截至 2023 年 10 月，民政部牵头建设全国低收入人口动态监测信息平台已归集 6600 多万低收入人口的基本信息。其中低保对象近 4000 万、特困人员 460 多万，低保边缘家庭成员 600 多万，纳入监测的防止返贫监测人口 300 多万，以及其他纳入监测范围的低收入人口近 1300 多万。目前我国残疾人数量约有 8500 万。截至 2022 年底，全国共有孤儿 15.8 万人，其中社会散居孤儿 11.1 万人。为此，必须运用科学方法，全面深入精准掌握低收入群体的急难愁盼问题，建立健全以基本生活救助、专项社会救助、急难社会救助为主体，社会力量参与为补充，分层分类的社会救助制度体系；对于低保对象、特困人员给予基本生活救助。对于低保边缘和刚性支出较大的家庭，给予临时救助，并按需提供医疗、教育、住房、就业等专项救助，全力确保兜住底、兜准底、兜好底。

　　本书基于 2015—2019 年"托底性民生保障政策支持系统建设"项目"城乡困难家庭调查"数据，准确客观呈现我国城乡困难群体在生活质量、面临风险、政策诉求、心理状态等方面的动态变化，重点聚焦老年人、残疾人、未成年人等特殊困难群体，并分析梳理我国社会救助认定机制、衔接机制、评估机制存在的突出问题，在此基础上，展望新时期社会救助高质量发展的推进路径。

　　本书由民政部政策研究中心拟定研究框架，中南财经政法大学赵曼教授组织撰写，多位青年学者共同完成。在此，谨向项目支持者、研究指导者以及研究团队成员和作者表示感谢！本书不足之处，也请各位读者批评指正！

2022 年 9 月

目　录

第二部分 机 制 篇

第三部分　展　望　篇

导　论

社会救助事关困难群众基本生活和衣食冷暖，是保障基本民生、促进社会公平、维护社会稳定的兜底性、基础性制度安排，也是集中体现我们党全心全意为人民服务根本宗旨和中国特色社会主义制度优越性的民心事业。习近平总书记指出，要深化社会救助制度改革，形成以基本生活救助、专项社会救助、急难社会救助为主体，社会力量参与为补充，覆盖全面、分层分类、综合高效的社会救助格局；统筹推进城乡社会救助体系建设，使困难群众求助有门、受助及时。目前，我国分层分类、城乡统筹的中国特色社会救助体系基本建成，有效保障了城乡困难家庭的基本生活，高质量完成了脱贫攻坚兜底保障的重大历史任务，但仍有很大改进完善空间，为此，应全面深入困难群众的急难愁盼，细致分析社会救助各个环节存在的短板不足，在此基础上，不断优化兜底保障机制，确保兜住底、兜准底、兜好底，使困难群众的获得感、幸福感、安全感更加充实、更有保障、更可持续。

第一节　调查抽样及数据说明

一、研究对象界定

本报告以城乡困难家庭为重点研究对象，主要包括低保家庭、低保边缘家庭、建档立卡贫困户、支出型困难家庭，以及困难老年人、困难儿童、困难残疾人等特殊群体。

（一）低保家庭与低保边缘家庭

低保家庭是共同生活的家庭成员人均收入低于当地最低生活保障标准，且符合当地最低生活保障家庭财产状况规定的家庭。按照民政部 2021 年印发的

《最低生活保障审核确认办法》，低保边缘家庭一般指不符合最低生活保障条件，家庭人均收入低于当地最低生活保障标准1.5倍，且财产状况符合相关规定的家庭。目前，各地对"低保边缘家庭"或者"低收入家庭"暂未形成统一认定标准。

（二）建档立卡贫困户与防止返贫监测对象

建档立卡贫困户是指在脱贫攻坚期间已经完成审批流程，建立了贫困档案，纳入全国扶贫开发信息系统，并获得"一证两册"的贫困家庭，其中"一证"是指贫困户登记证，"两册"是指干部帮扶手册和政策宣传手册。建档立卡贫困户以户为单位，其人均纯收入低于国家贫困标准线以下。建档立卡贫困户的识别以农户收入为基本依据，综合考虑住房、教育、健康等情况，通过农户申请、民主评议、公示公告和逐级审核的方式，整户识别。识别标准有三：一是国家农村扶贫标准，即以2013年农民人均纯收入2736元（相当于2010年2300元不变价）为标准线；二是统筹过程中的"六不评"，即对于收入、住房、教育、家用设备、生产经营等方面情况良好人员不纳入，但对于家庭成员中因患大病等特殊情况造成生活困难的，可按程序识别。三是"两不愁三保障"（不愁吃，不愁穿，义务教育、医疗保障、住房安全有保障），此项是脱贫攻坚的底线目标，也是中央脱贫攻坚专项巡视"回头看"紧盯整改的重点内容。建档立卡贫困户纳入全国扶贫信息网络系统，并以年度为单位定期核查、动态更新，为扶贫开发决策和考核提供依据。2021年，我国如期完成了新时代脱贫攻坚目标任务，现行标准下农村贫困人口全部脱贫，贫困县全部摘帽。《中共中央　国务院关于做好2022年全面推进乡村振兴重点工作的意见》要求坚决守住不发生规模性返贫底线，完善监测帮扶机制，精准确定监测对象。防止返贫监测对象主要包括脱贫不稳定户、边缘易致贫户、突发严重困难户，通过把这三类人群纳入到监测范围内，帮扶得当，可以有效防止规模性返贫。

（三）支出型困难家庭

支出型困难家庭指由于家庭成员出现重大疾病、子女就学、突发事件等原因，导致家庭财力支出远远超出承受能力而造成的绝对生活贫困。目前支出型困难家庭的社会救助仅在临时救助政策中有所体现，总体来说相关界定、救助模式和标准尚不清晰。但不少地方已经依据实际情况进行了有益探索。如，上海市将因住房、医疗和教育支出过大而导致实际生活水平低于本市最低生活保障标准的家庭纳入救助范围，对其弥补差额，按月发放救助金[1]。杭州市针对本市户籍居民及其配偶子女，因为医疗和就学等刚性支出过大而导致人均生活水平低于本地居民最低生活保障标准的家庭，实行全额或差额补助[2]。重庆市规定，本市籍家庭成员因患重特大疾病或需长期维持治疗的慢性病、在全日制普通高校就学，造成家庭刚性支出过大影响家庭基本生活的，可以获得临时救助、医疗救助和城乡低保救助三个维度的救助[3]。武汉市将重特大疾病支出、残疾人照料支出、老年人照料支出、育幼支出、教育支出、住房租金支出等六类支出纳入家庭刚性支出范围。对于家庭可支配收入扣除家庭刚性支出后，人均月可支配收入低于本市低保标准 2 倍的对象，可以申请支出型困难家庭救助[4]。

（四）特殊困难群体

困难老年人主要包括农村"五保"老人、城市"三无"老人和城乡低保老人。"三不靠"[5]（单位靠不上、子女靠不上、社会救济靠不上）或"失依"是其生存状态的真实写照。困难老年人往往面临经济供养不足、日常照料与护理缺失、医疗保障的可及可得性低、精神孤独寂寞等多重困境；倘若兼有高龄、空巢、残疾、重大疾病、无子女或子女不孝等风险叠加，晚景可能更加凄凉。

困难儿童包含困境儿童和困难家庭儿童两个层次。其中，困境儿童指由于父母双方不能或不能完全履行抚养和监护责任，而致使其陷入个体生存、发展和安全困境的未满 18 周岁的未成年人，如孤儿、残疾儿童、流浪儿童、事实无人抚养儿童、留守儿童等。困境儿童面临贫困、健康、监护三重风险。困难

〔1〕 引自：《上海市因病支出型贫困家庭生活救助办法》沪府发〔2016〕90 号；《上海市社会救助条例》（2018 年 11 月 22 日上海市第十五届人民代表大会常务委员会第七次会议通过）。
〔2〕 引自：《杭州市人民政府办公厅转发市民政局等四部门关于支出型贫困家庭基本生活救助办法（试行）的通知》（杭政办函〔2015〕163 号）。
〔3〕 引自：《重庆市民政局关于做好支出型贫困家庭救助工作的通知》（渝民〔2017〕143 号）。
〔4〕 引自：《市人民政府关于印发武汉市支出型贫困家庭救助实施办法（试行）的通知》（武政规〔2019〕29 号）。
〔5〕 孙才坚，徐静罡，周裕智等：《上海市卢湾区社区特困老人医疗服务的社会救助研究》，载《中华医院管理杂志》2000 年第 12 期。

家庭儿童多指生活在贫困家庭的儿童。由于受到家庭收入或其他家庭困境的影响，他们无法享有充分的营养、养育和教育资源，极易延续父辈较低的社会经济地位，成为被社会排斥的底层和边缘群体。其需求的实现不仅依赖于家庭经济资源，也受限于周围环境提供的基础设施和公共服务的可及性。

困难残疾人包括困难家庭的残疾人和一二级重度残疾人。由于身心功能缺失，残疾人个体的生活质量与幸福指数普遍处于较低水平，家庭经济的困窘使其难以获得平等且充分的物质和社会资源，在康复治疗、日常生活、教育学习、劳动就业、社会参与等方面面临诸多困难。重度残疾人贫困家庭难以脱贫的原因是医护支出大、家人受拖累，存在"照看一个、拖累一群、致贫一家"的恶性循环。

二、调查数据说明

本研究使用 2015—2019 年"托底性民生保障政策支持系统建设"项目"城乡困难家庭调查"数据。该调查是民政部政策研究中心承担的重大财政项目，北京大学中国社会科学调查中心负责入户调查实施，采用计算机辅助面访（CAPI）的调查方式。数据由民政部政策研究中心提供，实际反映的是调查问卷前一年的情况。调查涉及我国 29 省市自治区，调查样本分布在 160 个区县内的 983 个街道 1648 个村居。经过数据处理，本研究最终纳入分析有效样本 2014 年[1]城乡困难家庭 11570 个，其中城市困难家庭 7338 个，农村困难家庭 4232 个。2015 年城乡困难家庭 7194 个，其中农村低保户 1487 个、低保边缘户 1465 个，城市低保户 2454 个、低保边缘户 1788 个。2016 年城乡困难家庭 7219 个，其中农村低保户 1447 个、低保边缘户 1648 个，城市低保户 2292 个、低保边缘户 1832 个。

2018 年家庭入户调查问卷按照人群分为三个版本，即老年人（60 岁及以上）版、残疾人版和儿童青少年（6－16 岁）版。该项目于 2018 年 7 月启动，历时两个月，调查样本涵盖了城乡低保户家庭、低保边缘户家庭和普通家庭，涉及我国 29 个省（市、自治区）内的 1800 多个村居。经过数据处理，本研究最终纳入分析有效样本困难家庭[2]老年人 4034 个，普通家庭老年人 1309 个；残疾人 2524 个；困难家庭儿童 2530 个，其中 674 个留守儿童，1856 个非留守

---

［1］ 因调查问卷反映的是前一年情况，故本报告数据分析中所指年份均是调查问卷的前一年。
［2］ 困难家庭样本数是低保户家庭和低保边缘户家庭的总计。

儿童。

2019 年家庭入户调查问卷分为 2 种，分别是：兜底工作人员问卷、托底项目入户调查问卷。其中托底入户调查问卷的受访对象分别为建档立卡贫困户、支出型困难家庭、失能老人困难家庭、残疾人困难家庭、困境留守儿童困难家庭、城乡普通困难家庭〔1〕。该项目于 2019 年 7—9 月对全国 12 个省份 1159 个村居展开了调查，最终符合调查资格的样本完成问卷 9434 份，其中建档立卡贫困户 1031 份、支出型困难户 1111 份、失能老人困难家庭 927 份、残疾人困难家庭 503 份、困境留守儿童困难家庭 865 份、城乡普通困难家庭 3898 份。经过数据处理，本研究最终纳入分析有效样本低保家庭 3577 个、低保边缘家庭 871 个、其他困难类型家庭〔2〕3827 个，其中，建档立卡贫困户 1022 个、支出型困难家庭 1109 个；困难家庭儿童 863 个，其中，留守儿童样本为 375 个，困境儿童样本为 488 个。

第二节　中国民生兜底保障重点问题

一、民生兜底保障制度及运行情况

社会救助制度是民生兜底保障的"最后一公里"，旨在确保任何人在任何状态下的任何基本生存需求都能够得到满足。2013 年 10 月，国务院总理李克强在国务院常务会议上提出，"建立健全社会救助制度，事关困难群众基本生活和衣食冷暖，是一项保民生、促公平的托底性、基础性制度安排"。2014 年 2 月，国务院颁布《社会救助暂行办法》，第一次以行政法规的形式规定了最低生活保障、特困人员供养、受灾人员救助、医疗救助、教育救助、住房救助、就业救助、临时救助等八项社会救助制度，构建了一个民政统筹、分工负责、相互衔接，政府救助和社会力量参与相结合，具有中国特色的社会救助体系。2020 年 8 月，中共中央办公厅、国务院办公厅联合印发《关于改革完善社会救助制度的意见》，确立了以基本生活救助、专项社会救助、急难社会救助为主体，社会力量参与为补充的社会救助制度体系，为实现民生保障网兜得

---

〔1〕　城乡普通困难家庭包括低收入家庭、低保边缘家庭和获得专项救助家庭。

〔2〕　其他困难类型包括未纳入低保的建档立卡贫困户、支出型贫困家庭、低收入家庭和获得专项救助的家庭。

住、兜得准、兜得好、兜得牢提供政策依循。

（一）困难家庭基本生活救助

基本生活救助的目标是通过为无法依靠自身力量摆脱贫困的家庭提供基本生活所需的现金或实物，解决该群体的生存问题。

1. 最低生活保障制度

最低生活保障制度是我国困难家庭基本生活救助的基本制度，它面向所有社会成员，不区分特定对象或特定困难，只要达到当地低保线就能够申请和获得，在我国民生保障制度体系中发挥了重要的托底性作用。最低生活保障制度目前尚是城乡分治格局。

城市居民最低生活保障制度最早见于上海市在 20 世纪 90 年代的探索。1997 年 9 月，国务院发布《关于在全国建立城市居民最低生活保障制度的通知》，明确提出在全国所有城市和有建制镇的县人民政府所在地建立最低生活保障制度，并就保障范围、保障标准、保障资金等方面做出规定。1999 年 10 月，《城市居民最低生活保障条例》正式施行，至同年年底，城市低保已经在全国各个城市基本建立。

农村最低生活保障制度同样始于基层创新创制。20 世纪 90 年代中期，北京、上海、广东等地提出统筹推进城乡低保制度的政策设想。1996 年，民政部印发《关于加快农村社会保障体系建设的意见》，提出"农村最低生活保障制度是对家庭人均收入低于最低生活保障标准的农村贫困人口按最低生活保障标准进行差额补助的制度"，要求各地全面排查农村贫困人口。由于中央财政支持力度不大，至 2003 年，全国只有近一半省市建立起农村低保，部分经济欠发达的中西部地区只能以"特困户救助"的形式，对个别农村贫困户提供定期、定量救济。2004 年，党的十六届四中全会提出构建社会主义和谐社会的战略目标，农村低保建设被正式提上议程。2007 年 7 月，国务院印发《关于在全国建立农村最低生活保障制度的通知》，农村低保已经在全国 31 个省区市实现全覆盖[1]。

近年来，城乡低保覆盖范围不断扩大，低保标准持续提高。2017 年 1 月，国务院办公厅印发《关于加强困难群众基本生活保障有关工作的通知》，要求

---

[1] 张时飞、唐钧：《"全民低保"进入攻坚阶段》，载《中国社会保障》2007 年 001 期。

科学合理编制困难群众生活保障资金预算，落实社会救助和保障标准与物价上涨挂钩联动机制。数据显示，截至 2020 年底，我国城市低保人数 805.3 万人，年均补贴标准 8136 元；农村低保人数 3621.5 万人，年均补贴标准 5962 元。两项共计每年财政补贴超 2800 亿元，低保标准同比增长 8.6%、11.7%。需要指出的是，低保标准自然增长机制还未真正建立，物价波动对困难群体基本生活影响较大。

2. 特困人员供养制度

现行特困人员供养制度，是传统城市"三无"救助与农村"五保供养"的一种合并。2014 年 2 月发布的《社会救助暂行办法》首次以行政法规的形式将城市"三无"人员和农村"五保"人员统称为"特困人员"，通过既定的行政程序，保障特困人员求助有门、受助及时。2016 年 2 月，国务院印发《关于进一步健全特困人员救助供养制度的意见》，要求在全国建立健全城乡统筹、制度完善、运行规范、与经济社会发展水平相适应的特困人员救助供养制度，做到"应救尽救、应养尽养"。

特困人员供养制度主要覆盖城乡特困老人、特困儿童和特困残疾人三个类别。政策层面的说法是"城乡老年人、残疾人以及未满 16 周岁的未成年人，同时具备以下条件的，应当依法纳入特困人员救助供养范围：（1）无劳动能力；（2）无生活来源；（3）无法定赡养、抚养、扶养义务人或者其法定义务人无履行义务能力。"现实中，三类特困群体多有重叠，如特困老人可能也是重度残疾人。特困人员供养方式有集中供养和分散供养两种，其中分散供养特困人员属于本课题研究对象。

（二）困难家庭专项社会救助

专项救助是针对特定群体和特定困难实施的救助。具体包括四类：医疗救助、教育救助、就业救助与住房救助。由于其能够对不同原因致困的群体，特别是漏出低保的低收入群体形成保护，因而是民生兜底保障体系的重要组成部分。

1. 医疗救助

我国医疗保障体系分为医疗保险和医疗救助两大类。其中，医疗保险包括城乡居民基本医疗保险、城镇职工基本医疗保险和城乡大病保险。从制度设计上看，上述三类医疗保险是覆盖了全体国民的；但存在部分困难群体难以通过保险的形式获得充分保障。为此，我国分别于 2003 年和 2005 年在农村和城市建立了医疗救助制度。到 2008 年底，全国所有县（市、区）均建立了城乡医疗救助制度，实现了医疗救助制度的城乡全覆盖。

城乡医疗救助是政府和社会为没有能力支付医疗费用或因支付巨额医疗费用而陷入困境的人群提供的医疗支持，包括现金补助、医疗费减免、免费医疗服务等。根据《关于进一步完善城乡医疗救助制度的意见》，其保障对象主要有城乡低保家庭、特困供养人员以及其他经济困难家庭人员三类。其中，其他经济困难家庭人员包括城乡低收入家庭的重病患者和地方政府规定的特殊困难人员，如：城乡重点优抚对象、60 岁以上老人等。

医疗救助项目包括门诊救助、住院救助、参保救助、疾病应急救助和重特大疾病医疗救助。其中，重特大疾病医疗救助对于防范和扭转因病致贫、因病返贫困局作用突出。2015 年 4 月，国务院办公厅转发《关于进一步完善医疗救助制度全面开展重特大疾病医疗救助工作的意见》，提出：统筹城乡医疗救助制度，合理统筹使用资金；扩大救助范围，将低收入家庭中的老年人、未成年人、重度残疾人和重病患者以及医疗费用支出型困难家庭列入重要救助对象；全面开展重特大疾病医疗救助，大病救助比例要求不低于 70%，据此推算，生活困难家庭在政策范围之内的医疗费用报销比例可达到 96%[1]。

2. 教育救助

我国教育保障包括普惠教育和教育救助两个方面。其中，教育救助是政府和社会为适龄人口在不同阶段提供的教育援助，旨在提升受助者获取必要和优质教育资源的机会，提升其人力资本，增强其同辈优势，进而打破贫困陷阱和贫困代际传递。教育救助的对象是贫困地区的适龄儿童以及不同年龄阶段的困难学生，根据《社会救助暂行办法》，具体包括：义务教育阶段就学的最低生活保障家庭成员、特困供养人员；高中教育阶段（含中职教育）就学的最低生活保障家庭成员、特困供养人员；不能入学接受义务教育的残疾儿童等。教育救助的方式主要是现金救助，如减免相关费用、发放助学金、补助寄宿生生活费等，以及相配套的制度措施，如经常性助学政策、安排勤工助学岗位等。

近年，我国在教育救助方面的重要举措主要有四项：

一是"两免一补"政策。即免书本费、免学杂费、补助寄宿生生活费。

---

[1] 李楠楠：《民政部：医保＋救助困难家庭得大病最高可报 96%》，载《人民日报》2015 年 5 月 22 日，http://news.voc.com.cn/article/201505/201505220934505458.html。

该政策自 2005 年开始施行，最初针对的是农村义务教育阶段家庭困难学生，城市和农村富裕家庭被严格排除在外。2015 年 11 月，国务院印发《关于进一步完善城乡义务教育经费保障机制的通知》，要求统一城乡义务教育"两免一补"政策。目前"两免"政策已覆盖城乡所有中小学生，生活补助则面向所有城乡家庭经济困难学生。

二是营养改善政策。2011 年 11 月，国务院办公厅印发《关于实施农村义务教育学生营养改善计划的意见》，在全国农村地区落实义务教育学校免费营养餐政策。2019 年，教育部等 5 部门印发《关于进一步加强农村义务教育学生营养改善计划有关管理工作的通知》，要求加强科学配餐和膳食营养。9 年来，中央财政累计安排营养膳食补助资金 1472 亿元，覆盖全国 29 个省份 1762 个贫困县，每年受益学生约有 4000 多万〔1〕。

三是随迁子女平等入学政策。完善随迁子女就学政策，是推动城乡义务教育一体化的重要举措。2014 年 7 月，为贯彻《国务院关于进一步推进户籍制度改革的意见》，教育部召开专题会议，研究部署进城务工人员随迁子女义务教育工作。2017 年 2 月，教育部印发《教育部 2017 年工作要点》，首次提出"促进入学机会公平，制订以居住证为主要依据的随迁子女义务教育就学政策，落实和完善进城务工人员随迁子女在当地升学考试政策"。目前，通过降低入学门槛、扩大学位供给等方式方法，绝大部分省份随迁子女能够享受与当地户籍子女同等的入学机会，85.3% 随迁子女在公办学校就读或享受政府购买学位的服务〔2〕。

四是控辍保学政策。义务教育有保障是脱贫攻坚的底线目标之一，对于有效阻断贫困代际传递具有重要意义。2017 年 9 月，国务院办公厅出台《关于进一步加强控辍保学提高义务教育巩固水平的通知》，明确政府、学校、家庭及社会各方的控辍保学责任。2020 年 6 月，教育部等十部门印发《关于进一步加强控辍保学工作健全义务教育有保障长效机制的若干意见》，要求加强对因学习困难、外出打工、早婚早育、信教而辍学学生群体的协作劝返。据全国控辍保学台账系统显示：截至 2020 年 12 月 31 日，全国义务教育阶段辍学学

〔1〕　林焕新：《营养改善计划惠及 4000 万农村娃》，载《中国教育报》2020 年 5 月 25 日，http://www.moe.gov.cn/jyb_ xwfb/s5147/202005/t20200525_ 458578.html。

〔2〕　黄钰钦：《教育部回应"随迁子女上学难"：继续推动入学降门槛扩大城镇学位供给》，载中国新闻网 https://new.qq.com/rain/a/20210331A08JL500，最后访问日期：2021 年 3 月 31 日。

生由台账建立之初的 60 万人降至 682 人，其中建档立卡贫困家庭辍学学生由 20 万人降至全部动态清零。

3. 住房救助

住房救助是政府向低收入家庭和其他需要住房保障的特殊家庭，以现金补助或直接提供住房等形式给予的住房保障政策。

城市保障性住房政策大致分为两个阶段：第一个阶段是 2013 年以前。针对房价上涨过快、住房供应结构不合理等问题，2007 年 8 月，国务院印发《关于解决城市低收入家庭住房困难的若干意见》，提出"加快建立健全以廉租住房制度为重点、多渠道解决城市低收入家庭住房困难的政策体系"，基本确立住房保障制度的政策框架。2010 年 6 月，住建部等七部门印发《关于加快发展公共租赁住房的指导意见》，正式提出要"大力发展公共租赁住房"。2011 年 9 月，国务院办公厅印发《关于保障性安居工程建设和管理的指导意见》，提出加快推进公共租赁房、经济适用房、限价商品房、各类棚户区（危旧房）改造和农村危房改造等保障性安居工程建设。这一阶段，保障性住房政策主要指廉租住房和保障性安居工程。前者一般只限于城市低保家庭中的住房困难户，受益范围小；后者则体现出差异性，如公共租赁住房的保障对象是中低收入者、青年专业技术人员等，经济适用房的保障对象是城市低收入、住房困难家庭，以低于市场价格向其提供住房。多层次、多水平的住房救助有助于实现"居者有其屋"的政策目标。第二个阶段是 2013 年至今。2013 年 12 月，住建部等印发《关于公共租赁住房和廉租住房并轨运行的通知》，提出逐步减少并最终取消经济适用房供应，调整廉租房供应模式，提速"公租房并轨"。目前我国城市住房保障制度以公共租赁房为主，覆盖城市低收入家庭、外来务工家庭以及其他住房困难家庭。

农村住房救助以危房改造为主要形式。农村危房改造补贴政策自 2008 年开始施行，以建档立卡贫困户、低保户、农村分散供养特困人员、贫困残疾人家庭 4 类群体为重点对象。根据危房现状、农户意愿、村镇建设规划等实际情况，采取新建（改建、扩建）、修缮、置换、租用等方式实施救助。2019 年 8 月，国家住建部等部门联合发布《关于决战决胜脱贫攻坚进一步做好农村危房改造工作的通知》，指出全国 4 类重点对象危房存量 135.2 万户，其中建档立卡贫困户 64.3 万户。中央财政对这 4 类重点对象的危房改造补贴在全国户均 1.4 万元的基础上每户提高 2000 元，要求 2020 年 6 月底前全部改造完工。

目前，湖北、河南等省农村存量危房已动态清零，如期实现"贫困人口不住危房"的目标要求[1]。

4. 就业救助

就业救助是指国家和社会向有劳动能力的贫困人口在就业方面给予的优先扶持和重点帮助，旨在帮助困难群体提高就业技能，提升人力资本，扩充社会网络。依据《就业促进法》《就业服务与就业管理规定》《社会救助暂行办法》，就业救助的对象包括三类：就业困难人员，即因身体状况、技能水平、家庭因素、失去土地等原因难以实现就业，以及连续失业一定时间未能实现就业的居民；零就业家庭，即法定劳动年龄内家庭人员均处于失业的城市家庭；最低生活保障家庭中有劳动能力并处于失业状况的成员。就业救助的实施方式主要有三种：一是费用减免与补贴，如贷款贴息、社会保险补贴、岗位补贴、费用减免等；二是技术培训与能力提升；三是岗位信息与公益性岗位安置。目前，针对困难群体的就业帮扶体系已基本形成。据央视新闻报道，"十三五"期间，通过就业救助政策，我国近3000万贫困劳动力实现就业。截至2020年11月，全国累计建设扶贫车间3万多个，吸纳贫困人口在家门口就业近44万人；通过开发保洁、环卫、绿化、保安等各类公益性岗位，安置贫困人口496.3万人[2]。

2020年新型冠状病毒感染疫情期间，针对无法返岗复工的农民工和失去稳定就业的困难群体，国务院办公厅、人社部、扶贫办等部门相继印发《关于支持多渠道灵活就业的意见》《关于扩大失业保险保障范围的通知》《关于做好当前农民工就业创业工作的意见》《农民工稳就业职业技能培训计划》等多个政策文件，提出以点对点的方式组织贫困劳动力返岗就业，以公益岗位安置、以培训稳岗等多种形式促进贫困劳动力就地就近就业。

5. 灾害救助

灾害救助是国家和社会向因遭受自然灾害而造成生活困难的社会成员提供物质帮助，以维持其最低生活水平，帮助其确立自行生存能力的社会救助制

---

[1] 周三春：《我省完成农村危房改造110多万户存量危房动态清零》，载《湖北日报》2020年10月16日；《河南农村4类重点对象危房存量"清零"》，载《中国建设报》2020年7月7日。

[2] 李京泽：《人社部：就业扶贫成效显著，累计建扶贫车间32688个》，载中国新闻网 https://baijiahao.baidu.com/s? id=1683759837287013574&wfr=spider&for=pc，最后访问日期：2020年11月11日。

度。从救助时机来看，灾害救助分灾后应急救助、过渡性安置救助和灾后恢复性救助。从救助内容来看，灾害救助分为对灾民的救助和对灾区的救助。前者包括对灾民的生命安全、基本生活保障、精神救助、自行生存能力的救助等。后者指采取各种方式帮助灾区实现全面正常化，例如：恢复社会功能、重构社会机制、恢复社会秩序、加强社会控制力量等等。灾害救助方式是实物救助与精神救助相结合。

（三）困难家庭急难社会救助

急难社会救助是政府和社会为帮助居民应对突发危机或紧急事件所导致的困难，以及解决其他社会保障和救助项目难以解决的严重困难而设立的救助制度。"急"在于应急，"难"在于托底。在目前普惠型民生保障制度体系尚不完善、福利水平整体不高的情况下，急难社会救助能够以更加灵活和具有针对性的方式织密织牢民生保障网：一是打破以低保为界限的认定标准，拓展受益范围，为更多需要帮助的困难人群以必要保障；二是给予其他救助项目救助不了或救助不充分的特殊困难人群以更多帮助。

2020年10月，中共中央办公厅、国务院办公厅联合发布《关于改革完善社会救助制度的意见》，将急难救助正式列为我国社会救助制度体系的一个专门制度，要求畅通急难社会救助申请和急难情况及时报告、主动发现渠道，建立健全快速响应、个案会商"救急难"工作机制。探索由急难发生地实施临时救助，同时逐步建立突发公共事件困难群众急难救助机制。

1. 临时救助

临时救助是国家和社会对因遭遇突发事件、重大疾病、意外伤害或者其他特殊原因导致基本生活陷入困境，且在其他社会救助政策暂时无法覆盖，或者在覆盖之后基本生活仍然处于困境之中的家庭、个人提供的救助。

临时救助是针对特殊困难事项的救助项目，是一种特定的制度安排。2007年，民政部印发《关于进一步建立健全临时救助制度的通知》，在全国范围内探索建立临时救助制度，到2014年底，全国26个省份均迅速制定或完善了该项制度。2014年，国务院接连印发《社会救助暂行办法》《关于全面建立临时救助制度的通知》，临时救助制度在全国推进并很快得到普及。2018年1月，民政部、财政部印发《关于进一步加强和改进临时救助工作的意见》，要求加快形成救助及时、标准科学、方式多样、管理规范的临时救助工作格局，筑牢社会救助体系的最后一道防线。2020 年 10 月，中共中央办公厅、国务院办公厅印发《关于改革完善社会救助制度的意见》，将临时救助分为急难型临时救助和支出型临时救助，并针对不同类型规定了具体工作程序。

近年来，临时救助制度成效凸显，在高效快捷解决困难群众突发性、紧迫性、临时性等"燃眉之急"上发挥了重要作用。据民政部统计，2020 年全国共实施临时救助 1341 万人次，同比增长 46.1%。

2. 突发公共事件困难群众急难救助

突发公共事件困难群众急难救助制度是针对受到重大疫情等突发公共卫生事件和其他突发公共事件影响陷入生活困境的困难群众而启动的应急期社会救助政策措施。2020 年新冠肺炎疫情期间正式进入顶层设计，并经历了一系列政策演化，日臻完善。

2020 年 3 月，中央应对新型冠状病毒感染肺炎疫情工作领导小组印发《关于进一步做好疫情防控期间困难群众兜底保障工作的通知》，要求切实做好兜底保障工作，更好解决疫情防控期间部分群众面临的突发性、紧迫性、临时性生活困难，以及特殊困难人员基本照料服务需求，织密织牢社会安全网。同月，民政部印发《关于贯彻落实中央部署要求扎实做好受疫情影响困难群众基本生活保障工作的通知》，要求抓紧细化政策举措、完善价格联动机制、统筹推进兜底脱贫、畅通社会救助服务热线、加快实现社会救助线上办理等。同年 7 月，民政部、财政部印发《关于进一步做好困难群众基本生活保障工作的通知》，要求适度扩大最低生活保障和临时救助覆盖范围，做到"应保尽保""应救尽救"，切实保障困难群众基本生活。据民政部消息，2020 年 1—9 月向低保对象、特困人员等困难群众发放价格临时补贴资金 190.9 亿元，惠及 3.1 亿人次。6—8 月，对因疫致困人员实施临时救助 199.3 万人次，新纳入低保 205.5 万人[1]。

《关于改革完善社会救助制度的意见》明确了突发公共事件困难群体急难救助的四项紧急应对程序：一是适当提高受影响地区城乡低保、特困人员救助标准；二是将因突发事件陷入困境的人员纳入救助范围；三是针对受影响严重地区的困难人群发放临时生活补贴；四是启动相关价格补贴联动机制，强化困

---

[1]　王鹏、孙少龙：《各地今年已向困难群众发放价格临时补贴190.9 亿元》，载新华社https：//baijiahao. baidu. com/s？ id = 1681340570409534929&wfr = spider&for = pc，最后访问日期：2020 年 10 月 23 日。

难群体基本生活保障。

二、制度完善重点

（一）建立健全分层分类的社会救助体系

党的十九届五中全会明确要求"健全多层次社会保障体系"，"健全分层分类的社会救助体系"。其具体阐述见于 2020 年 10 月中共中央办公厅、国务院办公厅印发的《关于改革完善社会救助制度的意见》，即根据居民的困难程度和致困原因划分三个救助圈层：最核心的是"低保"对象和特困人员，给予基本生活救助和专项救助；中间圈层是低收入家庭和支出型困难家庭，根据具体情况给予相应救助；最外圈层是所有公民，在遇到突发、意外、重大的灾难或事故基本生活陷入困境时，给予急难救助。

"分层分类"政策有助于守住底线、突出重点。在巩固脱贫攻坚成果、建立解决相对贫困长效机制的大背景下，这一制度安排具有重大现实意义。需要把握的重点在于：一是精准识别，进一步完善低保对象、低收入家庭、支出型困难家庭以及相对贫困、工作贫困等人员的识别和认定机制，主动发现、迅速识别并纳入保护；二是评估分流，针对不同救助圈层实施类别化、差异化救助，如，对于无劳动能力的困难老年人、困难儿童、重度残疾人、重病患者等特殊困难群体要在经济保障的同时增加必要的服务类救助；三是城乡统筹，消解城乡社会救助资源配置的失衡，推进社会救助服务城乡均等，如加大农村社会救助资金投入，提高救助标准；推进低保等社会救助项目对进城务工人员的全覆盖。

（二）实现困难家庭"可进可出，随进随出"

我国已经建立起以家庭人均可支配收入或家庭人均纯收入为主要标准的一揽子精准识别的政策体系。但在实践操作中，由于存在人员复杂、技术困难、道德风险等多种因素，精准识别存在一定难度。一是漏保。包括困难户由于文化水平较低被动放弃申报；由于信息闭塞错过申报时机；由于"福利污名化"影响主动放弃申报；由于收入核算存在偏差错失低保资格等。二是骗保。包括瞒报、虚报自家或关系户可支配收入，虚构并不存在的低保户，瞒报已经过世的低保人继续领取低保金等。三是错保。包括由于收入精准核算困难导致的错保，"走后门"得到的人情保、关系保，以及基层政府派发的"维稳保""指标保"等。

造成上述情况的原因较为复杂。客观来说，主要是不少地方尚未建立困难家庭动态监测审查系统或相关系统不完善，造成底数不清、情况不明。也有部分原因在于低保和福利津贴的申请、审核、终止流程较复杂，超出了救助对象的理解能力或活动能力，导致一些应该享受制度保障的人员被遗漏。加之，在人口流动频繁且跨度较大的情况下，传统家计调查成本过高，新业态带来的非货币性"隐藏收入"难以捕捉；基层政府或专业部门之间的信息壁垒也增加了精准识别的成本和难度。

解决的思路是完善识别认定依据、优化低保退出机制。其中，优化退出机制需要在精准与成本之间寻找合理平衡点。建议效仿发达国家基于征信体系的识别策略，采取低保对象定期报告和管理审批机关随机抽查相结合的方式，并通过降低复核频次、加大失信惩罚力度，事半功倍地解决困难群体隐瞒家庭经济状况的问题。

（三）消除低保政策与福利之间的捆绑

实践中，社会救助制度形成了以最低生活保障制度为基础、以最低生活保障资格为条件的政策叠加和福利捆绑。好处是降低管理成本，防止碎片化。负面效果在于：一是增加了低保项目的财政负担，导致部分群体保障水平不足；二是直接导致了社会救助的"悬崖效应"，使部分低保对象的收入水平远远高于低保边缘群体，造成新的社会不公；三是占用了专项救助资源，导致专项救助项目"瞄偏"，降低政策效果；四是激发了福利依赖，对劳动就业产生负激励。五是造成政策实践中的功能异化，"人人争当低保户"的最终结果是财政"逆向补贴"和"劫贫济富"。究其原因：一是管理多头，协作困难；二是信息不共享，程序不同步；三是资金管理和评价机制缺乏统筹。

解决上述问题，一是要厘清职能边界，增加保障层次。妥善处理社会救助与社会保险、社会福利之间的分工关系，同时注重三者在覆盖范围、保障水平、衔接转换等方面的平衡关系，建立"保险＋福利＋救助服务"的多层次立体化兜底保障格局。二是逐步解除政策捆绑，将功能相近、对象重合度高的救助政策进行归并，对低保边缘户以及因病、因学、因残、因灾等受困致贫的群体给予及时救助，使现有制度由"悬崖式"变为"斜坡式"。

（四）构建"平战结合"的兜底保障体系

结合此次突发重大新型冠状病毒感染的一级应急响应期间，常规的保障措施不管用，困难家庭面临着突发性、紧迫性、临时性生活困难的现实，凸显两个重要问题：困难家庭民生兜底保障体系的应急管理；疫情防控常态化之后的"平战结合"。

重大突发公共事件对困难群体的冲击特别大。受经济条件、健康状况、信息获取能力、社会支持网络等因素制约，困难老人、困难儿童、重病重残人员等特殊困难群体的自救和求救能力普遍偏弱，在突发公共事件中属于高风险、高脆弱人群，面临生存、生活、生计等多重风险。此外，还有一部分因受到突发公共事件直接影响而致贫致困的人口，如因失业或滞留外地而面临生计困境的农民工群体；因身患疫病或亲人病亡而面临心理困境的病患及其家属；因日常就诊暂停而面临断医断药风险的重症及罕见病患者等等。

2020年新型冠状病毒感染疫情期间，中央和地方政府果断启动紧急救助程序，体现了民生温度、治理精度。2020年2月23日，习近平总书记在统筹推进新冠肺炎疫情防控和经济社会发展工作部署会议上指出，对因疫情在家隔离的孤寡老人、困难儿童、重病重残人员等群体，要加强走访探视和必要帮助，防止发生冲击社会道德底线的事件。中央和地方连续发布多项政策措施，强化对特殊困难群体的基本生活保障、人文关怀。一些地方实行党员干部包户对接帮扶制度，通过定期入户走访、电话问询等方式对社区民政对象展开地毯式排查，及时掌握并满足其生活及防疫需求；严格落实民政兜底保障、临时救助、慈善救助资金，为民政对象以及因疫情滞留的外地人员、失业人员、流浪乞讨人员提供及时帮扶。如武汉提出延长现有低保对象保障时间，并为全市困难群众增发春节慰问金，对务工、就医、旅游等滞汉外地人员提供食宿保障以及就业、志愿服务机会，对暂时无法就业的低保家庭、低收入家庭中灵活务工人员，按4倍低保标准发放临时救助金；引入专业社会组织，重点关注疫病患者，特别是有亲属罹难的人员及其家庭的人文关怀与心理疏导。同时，各类公益慈善组织和社会工作服务机构积极发挥灵活与专业优势，以广泛的服务项目对接特殊人群的特殊需求。如晓更助残基金会为心智障碍儿童及其家庭提供在线疗愈服务和心理支持；协作者社会工作发展中心为困境农民工发放防护物资，并提供生计援助和能力建设。藉此，困难家庭民生兜底保障体系的应急管理重在主动发现,填补需求死角,织密织细保护网。不仅需要政府加大投入与政策托底,更需要社会组织发挥灵活与专业优势,做好助力和补充。

困难家庭民生兜底保障"平战结合"的政策思路在于:一是形成针对老弱病残群体的常态化帮扶,并为特殊时期的救援和救助做好预案。重点关照高龄、失能、空巢老人和残疾人以及患有基础病的老弱病残、孕产妇、急诊患者等弱势人群,摸清底数,建立帮扶名册和服务项目清单,必要情况下指定责任主体一对一服务,避免产生极端环境下的孤岛效应。二是做实做强社区应急响应力量。支持由社区工作者、志愿者以及拥有专业技能的居民组成社区应急响应队伍,平时开展风险排查,适时进行身份转换和能力提升;充分利用民间资源,建立政府主导,社区、养护机构及相关社会组织多方参与的社区临时照护机制。三是确保社会力量参与应急管理有法可依、有章可循。推动突发事件政社协同机制法定化,即在制度或立法层面将社会组织纳入应急管理法制体系,建立健全应急状态下社会组织的动员协调机制、权益保障机制、激励追责机制。

（五）建立稳态脱贫的兜底保障机制

历史上我国困难群体基本民生保障政策由社会救助和扶贫开发两项组成,即以最低生活保障去救助"扶不起来"的困难群体,以开发式扶贫去扶持"可以站起来"的困难群体。社会救助制度与扶贫开发政策的双向衔接,不仅是当时全面建成小康社会的底线安排,也是脱贫攻坚决战决胜的有力保障。

2015 年,习近平总书记在贵州调研时首次提出"低保政策兜底一批"的工作思路,同年 11 月,在中央扶贫开发工作会议上再次强调"社会保障兜底一批",要求依托农村居民最低生活保障制度,对不能通过产业扶持和就业帮助等措施实现稳定脱贫的贫困家庭实行政策性保障。2016 年 4 月,民政部印发《关于贯彻落实〈中共中央、国务院关于打赢脱贫攻坚战的决定〉的通知》,明确民政系统落实实行农村低保兜底脱贫、开展医疗救助脱贫、落实特困人员供养、加大临时救助力度、做好农村"三留守"人员关爱保护、推进贫困地区农村社区建设、完善社会工作与志愿服务力量参与脱贫攻坚机制、积极引导社会力量参与脱贫攻坚、做好片区扶贫和定点扶贫工作等九项重点任务。同年 9 月,国务院办公厅转发民政部等 6 部门《关于做好农村最低生活保障制度与扶贫开发政策有效衔接的指导意见》,要求符合条件的建档立卡贫困人口和农村低保对象"互相纳入",农村低保标准与扶贫标准实现"两线合一"，动态调整。2018 年 7 月，民政部、财政部、国务院扶贫办联合印发《关于在脱贫攻坚三年行动中切实做好社会救助兜底保障工作的实施意见》，要求充分发挥社会救助在打赢脱贫攻坚战中的兜底作用，保障完全丧失劳动能力和部分丧失劳动能力且无法依靠产业就业帮扶脱贫的建档立卡贫困人口的基本生活。2019 年 9 月，民政部、财政部、国务院扶贫办印发《关于在脱贫攻坚兜底保障中充分发挥临时救助作用的意见》，要求立足兜底线、提时效、建机制，着力发挥临时救助在解决"两不愁三保障"突出问题中的作用，切实兜住兜牢民生底线。2020 年 2 月，民政部、国务院扶贫办印发《社会救助兜底脱贫行动方案》，提出聚焦脱贫攻坚、聚焦特殊群体、聚焦群众关切，切实做到兜底保障"不漏一户、不落一人"，坚决打赢社会救助兜底保障攻坚战。2020 年 3 月，针对受疫情影响存在返贫致贫风险的困难群众，国务院扶贫开发领导小组发布《关于建立防止返贫监测和帮扶机制的指导意见》，要求因人因户精准施策，对有劳动能力的监测对象，以发展产业、转移就业等方式帮扶，确保应扶尽扶、应助尽助；对无劳动能力的监测对象，进一步综合社会保障，确保应保尽保、应救尽救。

当前，脱贫攻坚收官扎帐、全面建成小康社会，乡村振兴如何接稳、接好全面脱贫的接力棒至关重要。藉此，要建立稳态脱贫的兜底保障机制，着力防止致贫返贫风险。具体思路：一是巩固夯实社会救助兜底脱贫成果，保持过渡期内兜底保障政策稳定性；二是全面开展低收入家庭动态监测，摸清底数，掌握需求，实现低收入家庭信息整合、监测预警和精准救助；三是实施更加积极的低保动态管理，促进困难群体从"福利"到"工作"的平稳转变。建议在渐退期内安排更具梯度性的帮扶措施，并效仿扶贫工作"脱困不脱政策"的做法，帮助低保对象平稳回归自力更生状态；四是提高就业服务质量，立足低保对象实际情况制定集岗位培训、工作匹配、渐退安排于一体的全套方案，积极引入社会工作方法，尽力做到"一人一策"。

（六）兜底保障政策的绩效评估

兜底保障政策绩效评估的目的是通过评估找到差距、发现问题、找出原因，同时根据评估结果确定财政资金支付或补贴的数额和方式。

兜底保障政策绩效评估的制度化需要建立两个评估体系：一是财政资金使用效率评估体系；二是政策实施效果评估体系。财政资金使用效率评估侧重于经济性评估，如低保的瞄准率、生活救助系数等，反映了低保政策实施的成本、效率与效益。经济性评估应区分事前、事中、事后评估重点不同：事前评估重点要看可行性以及是否属于财政资金支持范围；事中评估的重点是建立"止损"机制纠正执行过程中的"错位"和资金的"跑冒滴漏"；事后评估的重点是要形成对后续预算资金安排的硬约束。政策实施效果评估侧重于社会性评估，即政策所提供救助或服务的及时性、公平性、便利性与充足性。

（七）如何识别与应对新贫困

"新贫困"并不一定是经济上的绝对贫困，也包括教育、健康、信息、服务以及社会资本等方面的匮乏。既往的社会救助标准建立在保障收入型困难的基础之上，并未将支出型困难纳入保障范围，导致一部分低收入、弱保障的贫困边缘群体处境艰难。

支出型困难是指由于家庭成员出现重大疾病、子女就学、突发事件等原因，导致家庭支出远远超出承受能力而造成的绝对生活贫困。目前，支出型困难已经被政策纳入在临时救助范围，各省市对支出型困难群众的救助亦处在试点阶段，尚未形成稳定、统一的制度体系。

（八）激发社会组织活力

社会力量参与是新时期社会救助制度体系的重要补充。原因在于：一方面，政府的决策和举措往往优先从整体布局，不可避免地会忽略社会中部分个体需求，而弱势群体的脆弱性恰恰决定了他们对细节保障的要求远超常人，也是社会救助服务容易出现空档、断档的原因；另一方面，社会组织的多元化、在地化、专业化优势，使其能够以更为广泛的服务项目对接特殊人群的特殊需求，并通过更有效地提供信息、专业化服务和"最后一公里"的陪伴与支持，提升需求传递和响应的效率。

以往有关社会救助的责权高度集中于政府，缺乏社会协同和公众参与。解决这一问题，总的思路是加快推动政社对接，将补充性救助交予民间。一是通过购买服务、开发岗位、政策引导、提供工作场所等方式，鼓励社会工作服务机构协助社会救助部门开展家庭经济状况调查评估、建档访视、需求分析等事务，并为救助对象提供心理疏导、资源链接、能力提升、社会融入等服务。二是鼓励支持自然人、法人及其他组织以捐赠财产、设立项目、提供服务等方式，自愿开展慈善帮扶活动。三是加快建立省市级乃至全国统一的社会救助服务供需对接平台，鼓励和支持优秀社会组织跨区域承接政府购买服务。

第三节 研究报告结构

本书由五个模块组成：导论、对象篇、机制篇、展望篇和结论。

导论。这一部分简单阐释了城乡困难家庭民生兜底保障的研究背景和意义，说明了调查抽样和数据的选取标准，对我国民生兜底保障制度及其运行情况、拟解决的关键问题等内容进行了梳理，并介绍了本报告的基本框架。

对象篇，包括"老年贫困治理研究""儿童青少年保护研究""残疾人兜底保障研究"三个章节。本部分聚焦城乡困难家庭中的特殊群体，以相对统一的框架评估其脆弱性，动态呈现生活质量变化，并提出政策建议。

机制篇，包括"社会救助对象认定机制研究""社会救助衔接机制研究""社会救助政策评估机制研究"三个章节。其中，第四章"社会救助对象认定机制研究"重点考察最低生活保障制度的瞄准绩效，基于数据呈现影响低保瞄准绩效的关键要素，并结合调研与文献资源，提炼问题。充分吸纳国外实践和地方探索，提出政策建议。第五章"社会救助衔接机制研究"重点评估社会救助各个项目是否对多维贫困家庭形成了救助合力，归纳总结政策衔接中存在的问题及原因。第六章"社会救助政策评估机制研究"重点对政策评估程序、评估主体、评估标准等内容展开分析，呈现问题，提出建议。

展望篇，包括"相对贫困挑战及政策应对""社会救助服务研究""积极社会救助政策研究"三个章节。其中，第七章"相对贫困及政策应对"重点聚焦支出型困难和工作贫困，以相对统一的指标框架，识别样本中支出贫困家庭、工作贫困家庭，反映其困难变化及政策需求。第八章"社会救助服务研究"主要基于数据展现样本家庭在社会救助服务方面的需求，并结合《关于积极推行政府购买服务加强基层社会救助经办服务能力的意见》等文件，以及国外政策实践，提出切实可行的推进思路。第九章"积极社会救助政策研究"着眼于新形势下"稳就业"压力增大，研究如何增强社会救助赋能效应。

研究结论。本部分对于本课题的研究内容进行了总结，并从兜底对象、兜底内容、兜底主体三个方面提出具体政策建议。

第一部分　对　象　篇

第一章　老年贫困治理研究

第一节　老年贫困风险综述

我国人口老龄化形势严峻。2021 年 5 月 11 日，国家统计局公布第七次全国人口普查主要数据显示：全国人口中，60 岁及以上人口占 18.70%，其中 65 岁及以上人口占 13.50%；分省份来看，除西藏外，其他 30 个省份 65 岁及以上老年人口比重均超过 7%，其中，12 个省份 65 岁及以上老年人口比重超过 14%。按照国际通行划分标准，当一个国家或地区 65 岁及以上人口占比超过 7% 时，意味着进入老龄化；达到 14%，为深度老龄化；超过 20%，则进入超老龄化社会。也就是说，目前我国已经有 12 个省份进入深度老龄化阶段，这 12 个省份分别是辽宁、重庆、四川、上海、江苏、吉林、黑龙江、山东、安徽、湖南、天津和湖北。这些省份主要位于东北、华北和长江流域。有关研究指出，"十四五"期间，全国老年人口预计突破 3 亿，到本世纪中叶接近 5 亿，将超过总人口的 1/3[1]。老龄人口基数大、增长速度快、区域之间不平衡是我国老龄化的基本特点；而"未富先老、未备先老"是我国在实施积极老龄化国家战略中面临的重大挑战。

一、困难老年人界定

"困难老年人"这一群体的界定，虽然尚未在国家层面予以明确，但在不少地方政策文件中已有较为清晰的表述。以青海省为例，青海省人民政府在 2012 年发布的《全省困难老年人生活保障工作开展情况》中，将困难老年人分为三类：一是农村牧区"五保"老人；二是城镇中无劳动能力、无生活来

---

〔1〕《中国发展报告 2020：中国人口老龄化的发展趋势和政策》，载澎湃新闻网 https://www.thepaper.cn/newsDetail_ forward_ 9582019，最后访问日期：2020 年 10 月 15 日。

源、无法定赡养人的"三无"老人；三是纳入城乡最低生活保障范围的老年人[1]。

困难老年人生存状态的真实写照是贫困且没有能力改变现状。困难老年人往往面临经济供养不足、日常照料与护理缺失、医疗保障的可及可得性低、精神孤独寂寞等多重困境；倘若兼有高龄、空巢、残疾、重大疾病、无子女或子女不孝等风险叠加，晚景可能更加凄凉。这一点在经济落后的农村地区尤为突出。据媒体报道，民政部公布数据，农村留守老人近 5000 万人，且普遍存在照料缺失、失能无靠等风险[2]。尽管我国已经构建起世界上规模最大、覆盖人数最多的社会保障体系，但是，一部分没钱、没房的低收入老年群体的养老需求有待进一步满足。

二、困难老年人基本生活保障政策综述

依据《老年人权益保障法》《"十三五"国家老龄事业发展和养老体系建设规划》以及相关文件对老年人基本生活保障政策的表述，以下分别对老年社会保障、权益保障、医疗保障、住房保障、养老服务、文化生活与社会参与等六部分进行阐述。

（一）社会保障政策

新中国成立初期，我国逐步在城镇建立起以职工单位保障为特征的退休养老和公费医疗制度，在农村建立起以"五保"扶助、合作医疗为特征的初级社会保障体系。党的十一届三中全会后，伴随改革开放的浪潮，社会保障制度在覆盖对象、保障水平、实现方式等各方面发生历史性转变。体现在老年社会保障方面主要为两点：一是由过去仅仅面向"三无"老人、"五保"老人向面向所有老年人群体转变；二是由基本生活保障向饮食起居、医疗保健、精神生活等全方位服务保障转变。

1. 社会保险

2017 年 1 月，《"十三五"推进基本公共服务均等化规划的通知》指出，

---

[1] 青海省民政厅办公室：《大力发展老年福利事业全力保障老年人基本权益——全省困难老年人生活保障工作概况》，载 http://mzt.qinghai.gov.cn:8088/html/show-4230.html，最后访问日期：2012 年 7 月 25 日。

[2] 魏铭言：《农村留守老人已近 5000 万敬老院 2/3 无合法身份》，载《新京报》2013 年 9 月 21 日，https://news.china.com/domestic/945/20130921/18056137_1.html。

对低收入家庭的老年人经过基本医疗保险、城乡居民大病保险及各类补充医疗保险、商业保险等报销后个人负担的合规医疗费用，直接予以补助。2020 年 8 月，《关于建立健全职工基本医疗保险门诊共济保障机制的指导意见（征求意见稿）》提出，从高血压、糖尿病等病期长、费用高的慢性病入手，逐步将多发病、常见病的普通门诊医疗费纳入统筹基金支付范围。

此外，长期护理保险制度在 2020 年全国两会上再次成为代表委员关注的话题。长期护理险自 2016 年开始试点，重点解决重度失能人员的基本生活照料和医疗护理费用。2020 年 9 月，国家医疗保障局会同财政部发布《关于扩大长期护理保险制度试点的指导意见》，明确将长期护理保险制度试点扩围，并明确提出引入社会力量参与长期护理保险经办服务，充实经办力量[1]。截至 2021 年 4 月，全国已有 49 个城市开展长护险试点工作。多地在国家标准上对服务范围予以创新和拓展。如，南通市将医疗辅具纳入长护险服务范围；广州市推出高龄照护商业保险，通过政府补助、直接减免的形式，为符合条件的80 周岁及以上重度失能的本市户籍城乡居民医保参保人提供照护保险待遇。

2. 社会救助

根据《社会救助暂行办法》有关规定，对生活长期不能自理、经济困难的老年人，地方各级人民政府应当给予基本生活、医疗、居住或者其他救助。2015 年 4 月，《关于进一步完善医疗救助制度全面开展重特大疾病医疗救助工作的意见》提出，要合理界定救助对象，逐步将低收入家庭的老年人纳入救助范围。2017 年 6 月，《关于制定和实施老年人照顾服务项目的意见》提出，将符合最低生活保障条件的贫困家庭中的老年人全部纳入最低生活保障范围，实现应保尽保。

3. 社会福利

主要指针对经济困难的高龄、失能老年人的福利补贴制度。老年福利津贴是一种特殊的福利津贴，是各级政府对符合一定年龄标准（不低于法定退休年龄），又未达到相应的收入标准，并且无法从基本社会养老保险制度中获得养老金的老年人发放的一种非缴费型的生活补贴。2018 年新修订的《中华人民共和国老年人权益保障法》第三十三条中指出，国家建立和完善老年人福

---

[1] 《长期护理保险试点扩大在即，如何吸引更多社会力量参与？》，载央广网 https：//baijiahao. baidu. com/s？ id = 1667825121785845300&wfr = spider&for = pc，最后访问日期：2020 年 5 月 27 日。

利制度，根据经济社会发展水平和老年人的实际需要，增加老年人的社会福利。国家鼓励地方建立 80 周岁以上低收入老年人高龄津贴制度；农村可以将未承包的集体所有的部分土地、山林、水面、滩涂等作为养老基地，收益供老年人养老。

各地区老年福利津贴的发放要求和标准不同，一般须满足以下两个条件：一是年龄。不同地区有不同的年龄规定，少数地方以 60 周岁为限发放老年津贴，多数地方以 70 周岁为限发放老年津贴，也有一些地方以 80 周岁为最低限发放高龄老年津贴。二是户籍。福利津贴享受者必须是发放地的户籍居民，城镇和农村老年人都包括在内；部分地方对户籍年限也有要求。三是农村老年人和城市低收入家庭中无固定收入的老年人，无社会保障及补贴的可申请享受城乡老年福利津贴等[1]。

除普惠性的老年福利津贴之外，针对低保家庭老人、五保老人等困难老年人，各地区政府还有额外的福利津贴。2016 年 12 月，《关于全面放开养老服务市场提升养老服务质量的若干意见》明确指出，各地要建立健全针对经济困难的高龄、失能老年人的补贴制度，统一设计、分类施补，提高补贴政策的精准度。2017 年 1 月，《"十三五"推进基本公共服务均等化规划的通知》指出，对经济困难的高龄老年人，逐步给予养老服务补贴；对生活长期不能自理、经济困难的老年人，给予护理补贴。截至 2019 年初，全国 31 个省份均已建立高龄津贴制度。与此同时，有 30 个省份建立了老年人服务补贴制度，29 个省份建立了老年人护理补贴制度，29 个省份建立了农村留守老年人关爱服务制度，各类津贴共惠及 3000 多万老年人[2]。

（二）权益保障政策

我国历来对老年人权益十分重视，早在 1996 年出台的《中华人民共和国老年人权益保障法》，提出国家和社会应当采取措施，从各个方面逐步改善老年人生活、健康以及参与社会发展的环境和条件，努力实现老有所养、老有所医、老有所为、老有所学、老有所乐。2016 年 12 月，国务院办公厅印发《关

---

〔1〕 崔凤、左魏魏：《我国老年福利津贴制度：特点、内容与问题》，载《学习与实践》2009 年第 9 期。

〔2〕 《我国 31 个省份均已建立高龄津贴制度》，载新华社 https：//baijiahao. baidu. com/s? id = 1626076282821078593&wfr = spider&for = pc，最后访问日期：2019 年 2 月 21 日。

于全面放开养老服务市场提升养老服务质量的若干意见》，要求依法打击虐待、伤害老年人及侵害老年人合法权益的行为。2017 年 6 月，国务院办公厅《关于制定和实施老年人照顾服务项目的意见》提出，贫困老年人因合法权益受到侵害提起诉讼的，依法依规给予其法律援助和司法救助。鼓励律师事务所、公证处、司法鉴定机构、基层法律服务所等法律服务机构为经济困难老年人提供免费或优惠服务。

（三）医疗保障政策

2016 年 10 月，《"健康中国 2030"规划纲要》明确指出，要为老年人提供治疗期住院、康复期护理、稳定期生活照料、安宁疗护一体化的健康和养老服务。

1. 疾病预防

开展老年疾病防控知识的宣传，做好老年常见病、慢性病的健康指导和综合干预。推动开展老年心理健康与关怀服务，加强老年痴呆症等的有效干预，重点关注高龄、空巢、患病等老年人的心理健康状况。2017 年 7 月，《关于制定和实施老年人照顾服务项目的意见》规定每年为辖区内 65 周岁及以上常住居民免费提供一次健康管理服务，主要内容包括：生活方式和健康状况评估、体格检查、辅助检查和健康指导等。同时要建立健康档案，将每次的健康管理结果记录在内，并持续进行管理。

2. 医疗救助

2012 年 7 月，《国家基本公共服务体系"十二五"规划的通知》指出，针对低收入家庭老年人等特殊困难群体逐步降低或取消医疗救助起付线，政策范围内住院自负费用救助比例原则上不低于 50%，这在一定程度上缓解了低收入老年人"看病贵"和"因病致贫"的问题。

3. 健康服务

2013 年 9 月，国务院印发《关于促进健康服务业发展的若干意见》，明确要加快发展健康养老服务，推进医疗机构与养老机构等加强合作。鼓励地方结合实际探索对经济困难的高龄、独居、失能老年人补贴等直接补助群众健康消费的具体形式。2019 年 10 月，《关于建立完善老年健康服务体系的指导意见》提出，要构建包括健康教育、预防保健、疾病诊治、康复护理、长期照护、安宁疗护的综合连续、覆盖城乡的老年健康服务体系。

（四）住房保障政策

住房保障包括三项：住房救助、宜居环境建设和养老机构设施建设。

1. 住房救助

根据《社会救助暂行办法》，对符合条件的老年人，纳入住房救助政策范围并优先安排。2017年2月，《"十三五"国家老龄事业发展和养老体系建设规划》提出，在推进老旧居住（小）区改造、棚户区改造、农村危房改造等工程中，优先满足符合住房救助条件的老年人的基本住房安全需求。

2. 宜居环境

2020年7月，民政部等9部门联合印发《关于加快实施老年人居家适老化改造工程的指导意见》，明确提出"十四五"期间将继续实施特殊困难老年人家庭适老化改造，有条件的地方可将改造对象范围扩大到城乡低保对象中的高龄、失能、残疾老年人家庭等。

3. 机构建设

养老机构是"无依"老人最后的"庇护所"。国家一直致力于养老机构和设施投入。2016年12月，国务院办公厅发布《关于全面放开养老服务市场提升养老服务质量的若干意见》，提出鼓励各地建设农村幸福大院等自助式、互助式养老服务设施，并要求加强其与农村危房改造等涉农基本住房保障政策的衔接。

（五）养老服务政策

党的十九届五中全会将积极应对人口老龄化上升为国家战略，提出要加快建设"居家社区机构相协调、医养康养相结合的养老服务体系"，推动养老服务高质量发展。根据相关文件，养老服务既包括敬老院、日间照料中心等设施服务，也包括助餐、助洁、助医、助急、助浴、助行等上门服务；既包括基本生活照料服务，也包括健康管理、紧急救援、精神慰藉、服务预约、物品代购等服务。

养老服务资源向困难老年人倾斜。习近平总书记指出，"制定和实施老年人照顾服务项目，要重点关注高龄、失能、贫困、伤残、计划生育特殊家庭等困难老年人的特殊需求"。《国务院办公厅关于推进养老服务发展的意见》在对养老服务体系构建做出规划的同时，均强调要将养老资源向农村倾斜，向失能、半失能老年人倾斜，同时鼓励专业社会工作者、社区工作者、志愿服务者加强对农村留守、困难、鳏寡、独居老年人的关爱保护和心理疏导、咨询等服务。如北京市为本市户籍的低保、低收入、计划生育特殊家庭等困难老年人提供100—300元生活性服务补贴，建立城乡空巢老年人定期巡访关爱制度，对失能、失智、失独、空巢、留守、高龄等特殊老年人定期开展探视访问服务。

（六）文化生活和社会参与政策

丰富的文化生活和经常性的社会参与，有助于老人摆脱心灵的孤独寂寞。《"十三五"国家老龄事业发展和养老体系建设规划》提出，要依托专业精神卫生机构和社会工作服务机构、专业心理工作者和社会工作者开展老年心理健康服务试点，为老年人提供心理关怀和精神关爱；支持企事业单位、社会组织、志愿者等社会力量开展形式多样的老年人关爱活动。鼓励城乡社区为老年人精神关爱提供活动场地、工作条件等支持。

第二节　困难老年人家庭生活质量动态监测

本节采用2018年"中国城乡困难家庭社会政策支持系统建设"老年人调查问卷数据，实际反映的是2017年城乡贫困家庭老年人的基本状况。该调查对象包括城乡困难家庭（低保户和低保边缘户）老年人和城乡普通家庭老年人（对照组）。最终获取有效问卷5343份，其中困难家庭老年人问卷4034份[1]，普通家庭老年人问卷1309份[2]。

一、人口情况

（一）性别构成

表1-1描述了2017年困难家庭老年人与普通家庭老年人性别分布状况。

---

[1] 4034个困难家庭样本中有2175个低保户，占比样本总量的53.92%；边缘户共1677个，占比41.57%；普通户182个，仅占比4.51%。

[2] 1309个普通家庭样本中有1308个普通户，占比99.92%；低保户1个，占比0.08%（可能因为多维贫困或错保被纳入低保），由于只有一个，可忽略不计。

数据显示，调查对象的性别构成比例较为失衡，男性困难老年人略多于女性。在困难家庭老年人样本中，男性有 2244 名，占比 55.63%；在普通家庭老年人群体中，男性占比 60.35%。这表明男性比女性更容易在年老后陷入困境。造成这种情况的原因可能是，由于传统的"婚嫁彩礼"习俗，一些比较贫穷的男性出不起彩礼钱、娶不起媳妇，只能一直"打光棍"，导致他们年老后没有法定赡养人或扶养人，只能靠政府救助；而女性只要不是严重残疾或不能生育，大多数会结婚并生育子女，从而拥有法定赡养人或扶养人。这种情况在农村更为普遍。

表 1 - 1 　2017 年困难家庭老年人与普通家庭老年人性别分布状况

性别	困难家庭老年人		普通家庭老年人	
	人数	百分比	人数	百分比
男	2244	55.63%	790	60.35%
女	1790	44.37%	519	39.65%
合计	4034	100.00%	1309	100.00%

注：本表报告的是有效百分比，无缺失值。

（二）年龄分布

表 1 - 2 描述了 2017 年困难家庭老年人与普通家庭老年人年龄分布情况。当前的人口老龄化主要是老年人口底部老龄化，即年轻的老年人在老年人口总数中占大多数。数据显示，60—69 岁的低龄困难家庭老年人占比最高，为 57.51%，70—79 岁的中龄困难家庭老年人仅次其后，其比率为 34.06%，80 岁及以上的高龄困难家庭老年人比率较低，占比 8.43%。普通家庭老年人的年龄分布也符合这一趋势，三个年龄段的占比分别为 64.17%、31.55% 和 4.28%。可以预见，当中低龄老人逐渐步入高龄，将会对困难老年人的托底保障带来更大挑战。

表 1 - 2　2017 年困难家庭老年人与普通家庭老年人年龄分布图

年龄段	困难家庭老年人		普通家庭老年人	
	人数	百分比	人数	百分比
60 - 69 岁	2320	57.51%	840	64.17%
70 - 79 岁	1374	34.06%	413	31.55%
80 岁以上	340	8.43%	56	4.28%
合计	4034	100%	1309	100%

注：各年龄分段百分比实际存在四舍五入的情况，导致困难家庭老年人总和计算为 99.97%，在此合计处理忽略四舍五入导致的计算差异，视为 100.00%，下文类似情况统一这样处理。

（三）婚姻状况

表 1 - 3 描述了 2017 年困难家庭老年人与普通家庭老年人的婚姻分布情况。数据显示，困难老年人多处于已婚状态。其中，困难家庭老年人处于已婚（初婚）状态的比例为 57.80%，丧偶的困难家庭老年人占比 30.28%；相比之下，处于已婚（初婚）状态的普通家庭老年人比例略高，为 75.40%，丧偶率仅 19.10%，低于困难家庭老年人。总体而言，困难家庭老年人与普通家庭老年人的婚姻状态大致相近，已婚人数和丧偶人数均比较多，但困难家庭老年人的婚姻状况不如普通家庭老年人稳定。

表 1 - 3　2017 年困难家庭老年人与普通家庭老年人婚姻分布状况

婚姻状况	困难家庭老年人		普通家庭老年人	
	人数	百分比	人数	百分比
已婚	2331	57.80%	987	75.40%
再婚	134	3.32%	39	2.98%
离异	160	3.97%	23	1.76%
丧偶	1221	30.28%	250	19.10%
其他	187	4.63%	10	0.76%
合计	4033	100%	1309	100%

注：本表报告的是有效百分比，缺失值共 1 个。

（四）地区分布情况

图 1 - 1 和图 1 - 2 描述了 2017 年全国 27 个省（市、自治区）困难家庭老

年人与普通家庭老年人的大体分布。由于各地的人口基数不同，该图显示的仅是一个具体时段老年人规模指标的横断面。从图上来看，困难老年人家庭户数总计最多的三个地区是江苏、山东、河南，其均为农业大省，也是人口外流比较严重的省份。

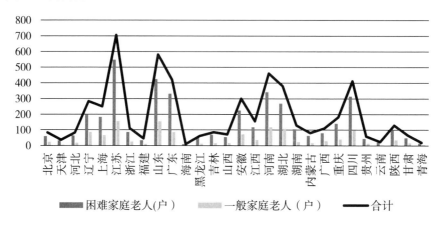

图 1-1　2017 年调查地点分布图

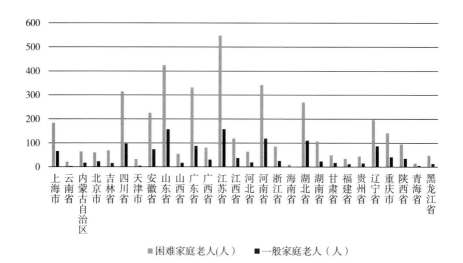

图 1-2　2017 年调查老人数量的地区分布

（五）城乡分布情况

表 1-4 描述了 2017 年困难家庭老年人与普通家庭老年人现居住地分布状

况。数据显示，居住在城市的困难家庭老年人显著多于农村。具体来说，居住在城市的困难家庭老年人占困难家庭老年人总数的 62.52%，远高于居住在农村地区的人数（37.48%）。普通家庭老年人城乡分布与困难家庭老年人的分布接近，都是以居住在城市地区的居多（占比 61.50%），居住在农村地区的普通家庭老年人仅占 38.50%。

表1-4　2017 年困难家庭老年人与普通家庭老年人现居住地分布状况

城乡分布	困难家庭老年人		普通家庭老年人	
	人数	百分比	人数	百分比
城市	2522	62.52%	805	61.50%
农村	1512	37.48%	504	38.50%
合计	4034	100%	1309	100%

注：本表报告的是有效百分比，无缺失值。

表1-5 描述了 2017 年困难家庭老年人与普通家庭老年人的户籍情况。数据显示，农业户口的困难老年人略多于非农业户口。困难家庭老年人中，有农业户口的 2161 人，占比 53.61%；非农业户口 1870 人，占样比 46.39%；普通家庭老年人中，农业户口与非农业户口占比相近，分别为 50.08% 和 49.92%。

表1-5　2017 年困难家庭老年人与普通家庭老年人的户籍分布情况

户籍	困难家庭老年人		普通家庭老年人	
	人数	百分比	人数	百分比
农业户口	2161	53.61%	655	50.08%
非农业户口	1870	46.39%	653	49.92%
合计	4031	100%	1308	100%

注：本表报告的是有效百分比，缺失值共 4 个。

（六）文化程度

文化程度对老年人的生活质量有直接影响。特别是在当前，受教育程度较低的老年人在获取信息、使用电子设备等方面都有较大困难，很容易被社会所排斥，生活质量极大可能会降低。

表1-6 描述了 2017 年困难家庭老年人与普通家庭老年人文化程度情况。数据显示，老年人的文化水平总体偏低，未上过学和只上过私塾或小学的老年

人占比最高。具体来说，有 40.60% 的困难家庭老年人读过私塾或小学，初中学历的困难家庭老年人占比 23.97%，高中或中专学历的困难家庭老年人占9.35%，大专或本科学历的困难家庭老年人最少，仅占 1.96%，未上过学的困难家庭老年人占 24.12%。而普通家庭老年人中，初中学历的人数最多，占比 33.95%，有 30.43% 的普通家庭老年人读过私塾或小学，高中或中专学历的普通家庭老年人占 18.88%，大专或本科学历的普通家庭老年人占比5.35%，有 11.39% 的普通家庭老年人从未上过学。

未上过学的普通家庭老年人所占比例是困难家庭老年人的二分之一，而高中或中专学历的普通家庭老年人所占比例是困难家庭老年人的两倍。可知，困难家庭老年人的文化程度不及普通家庭老年人，一定程度上意味着困难家庭老年人的社会经济地位和生存能力更低。

表 1-6　2017 年困难家庭老年与普通家庭老年人文化程度情况

文化程度	困难家庭老年人		普通家庭老年人	
	人数	百分比	人数	百分比
未上过学	973	24.12%	149	11.39%
私塾或小学	1638	40.60%	398	30.43%
初中	967	23.97%	444	33.95%
高中或中专	377	9.35%	247	18.88%
大专或本科	79	1.96%	70	5.35%
合计	4034	100%	1308	100%

注：本表报告的是有效百分比，缺失值共 1 个。

二、经济情况

（一）收入来源

老年人的收入主要来源于三个方面，劳动收入、子女赡养费以及政府转移性收入。表 1-7 描述了 2017 年困难家庭老年人与普通家庭老年人的收入来源情况。数据显示，困难家庭老年人的收入主要来源于政府转移性收入，普通家庭老年人的收入主要来源于子女的赡养费。具体来说，有 74.12% 的困难家庭老年人的收入主要来源于政府转移性收入，其次是子女给予赡养费，占比61.57%，通过参加劳动或者工作获取收入的困难家庭老年人最少，仅占

26.47%，这也是托底困难家庭老年人的共性。与困难家庭老年人不同的是，普通家庭老年人的收入主要来源于子女赡养费，占比72.41%，其次是政府的转移性收入，占比50.50%，排在最后的是劳动收入，占比34.68%。困难家庭老年人和普通家庭老年人的劳动收入水平不高，说明劳动收入在所有收入里占比不高。

表1-7 2017年困难家庭老年人与普通家庭老年人收入来源情况

		困难家庭老年人		普通家庭老年人	
		人数	百分比	人数	百分比
劳动收入	有	1068	26.47%	454	34.68%
	无	2966	73.53%	855	65.32%
子女赡养费	有	2293	61.57%	929	72.41%
	无	1431	38.43%	354	27.59%
政府转移性收入	有	3001	74.12%	661	50.50%
	无	1048	25.88%	648	49.50%

注：本表报告的是有效百分比，无缺失值。

（二）自评经济状况

老年人收入状况是衡量老年人生活质量的客观指标，而老年人自评经济状况是衡量老年人生活质量的主观指标。调查数据表明（表1-8），困难家庭老年人的经济状况较差，与普通家庭老年人相比，极少数的困难家庭老年人认为自己的经济状况"比较富裕"或"相当富裕"，其比例仅为1.73%和0.25%，而认为自己的经济状况"非常困难"和"比较困难"的比率高达30.54%和35.45%，困难家庭老年人的经济状况仍处于弱势地位，其经济困难程度远高于普通家庭老年人，由此可见，困难家庭老年人养老需求中的资金补贴格外重要。

表1-8 2017年困难家庭老年人与普通家庭老年人自评经济状况统计表

经济状况	困难家庭老年人		普通家庭老年人	
	人数	百分比	人数	百分比
非常困难	1232	30.54%	71	5.42%
比较困难	1430	35.45%	212	16.20%

续表

经济状况	困难家庭老年人		普通家庭老年人	
	人数	百分比	人数	百分比
大致够用，不感觉欠缺	1292	32.03%	838	64.02%
比较富裕	70	1.73%	169	12.91%
相当富裕	10	0.25%	19	1.45%
合计	4034	100%	1309	100%

注：本表报告的是有效百分比，无缺失值。

（三）年收支情况

表1-9描述了2017年困难家庭老年人年收支情况。结果显示，2017年困难家庭老年人家庭年收入均值为25426.72元，其中转移性收入[1]均值为6594.57元，达到家庭年总收入均值的25.94%；仅看老年人与配偶[2]的年收入，占到了家庭年收入（家庭年收入是指老年人及其共同生活的子女一年之内家庭的所有收入之和，老年人与配偶年收入是指受访老年人与其配偶二人的共同收入）的70.88%，2017年困难家庭老年人与配偶年收入均值为18022.42元，其中转移性收入均值为4928.65元，占与配偶年收入均值的27.35%。中国统计年鉴2017年的数据显示，全国居民人均可支配收入为25973.8元，其中转移净收入为4744.3元，转移性收入在居民人均可支配收入中占比18.27[3]，对比困难家庭老年人政府转移性收入，我们可以发现，政府对困难家庭老年人的补贴政策起到了一定的成效，转移性收入在困难家庭老年人收入中占比较大。

年支出方面，2017年困难家庭老年人家庭年支出均值为32466.94元，比家庭年收入均值高7000多元。其中，生活消费支出均值为13999.66元，占家庭年支均值的43.12%。医疗支出均值为13893.59元，达到家庭年支出均值的42.80%。可见日常消费支出和医疗支出是困难家庭老年人主要的支出部分。医疗支出中自费部分均值为8717.42元，达到医疗支出均值的62.74%和家庭

[1] 转移性收入包括：低保金、其他专项救助、临时救助、慰问金、老年津贴、计划生育扶助金、各种贫困补贴等。
[2] 老年人与配偶两人合计收入；若老年人独居或丧偶，则仅考虑其个人收入。
[3] 数据来源：国家统计局，载 http://www.stats.gov.cn/tjsj/ndsj/2018/indexch.htm。

年支出均值的 26.85%，困难家庭老年人自身的医疗支出负担相对较重。养老支出均值仅为 221.63 元。

表 1-9　2017 年困难家庭老年人年收支情况

收支类型	平均值（元）	标准差	最大值（元）	最小值（元）	样本数（个）
家庭年收入	25426.72	29801.92	550000	0	4009
其中：转移性收入	6594.57	916.5	106800	0	4024
与配偶合计收入	18022.42	21467.83	180000	0	4025
其中：转移性收入	4928.65	7700.12	88800	0	4029
家庭年支出	32466.94	48956.7	1310000	0	3969
其中：生活消费支出	13999.66	15061.53	148800	0	3956
医疗支出	13893.59	37793.3	1200000	0	3945
其中：自费	8717.42	22079.73	500000	0	3975
养老支出	221.63	2767.55	76800	0	4028

注：本表报告的是有效百分比，无缺失值。

（四）家庭债务情况

1. 债务数额

表 1-10 描述了 2017 年困难家庭老年人与普通家庭老年人的家庭债务情况。结果显示，困难家庭老年人家庭债务最大值为 700000[1].00 元，最小值为 0.00 元，均值为 24592.94 元。而普通家庭老年人家庭最大值为 300000[2].00 元，最小值也为 0.00 元，均值为 26370.93 元。相比之下，普通家庭老年人家庭债务均值更大。

表 1-10　2017 年困难家庭老年人与普通家庭老年人家庭债务情况

	平均值（元）	标准差	最大值（元）	最小值（元）	样本数（个）
困难家庭老年人	24592.94	132644	7000000.00	0.00	4009
普通家庭老年人	26370.93	152188	3000000.00	0.00	1304

注：本表报告的是有效百分比，缺失值共 30 个。

---

〔1〕　该户主要因经营需要而借债。
〔2〕　该户日常生活消费支出较多，为 300000 元，且其借债原因为买房、租房或修建房。

2. 借债原因

表1-11描述了2017年困难家庭老年人与普通家庭老年人家庭借债的原因情况（此项为多选）。数据显示，困难家庭老年人借债的主要原因是"看病"，占比76.04%，借债原因排在第二、三位的是"日常生活"开销和"买/租/修建房"，占比分别为23.26%和22.43%，"孩子上学"仅次其后，占比19.30%，而借债原因为"婚丧嫁娶""意外事故"及"经营需要"的比例分别为7.54%、5.11%和4.22%，因"重大自然灾害"借债的比例最小，仅占0.58%；普通家庭老年人借债的主要原因也是"看病"，占比50.54%，但其借债原因排在第二位的是"买/租/修建房"，占比32.85%，接下来是"孩子上学"，占18.41%，"日常生活"和"经营需要"这两个借债原因分别排在第四、五位，其比例为12.27%和11.91%，因"婚丧嫁娶"借债的普通家庭老年人占比7.58%，而因"意外事故"和"重大自然灾害"借债的普通家庭老年人比较少，两项指标加起来比例不超过2%。困难家庭老年人和普通家庭老年人借债的主要原因都是"看病"，且占比较高，说明"因病致贫"和"因病返贫"仍较为普遍。

表1-11　2017年困难家庭老年人与普通家庭老年人借债主要原因统计表

	困难家庭老年人		普通家庭老年人	
	人数	百分比	人数	百分比
看病	1190	76.04%	140	50.54%
孩子上学	302	19.30%	51	18.41%
日常生活	364	23.26%	34	12.27%
经营需要	66	4.22%	33	11.91%
买/租/修建房	351	22.43%	91	32.85%
婚丧嫁娶	118	7.54%	21	7.58%
意外事故	80	5.11%	4	1.44%
重大自然灾害	9	0.58%	1	0.36%
其他	45	2.88%	18	6.50%

注：本表报告的是有效百分比，无缺失值。

（五）家庭住房情况

1. 住房来源

表 1 - 12 描述了 2017 年困难家庭老年人与普通家庭老年人的住房来源情况。困难家庭老年人的住房以自建房和拆迁安置房为主，困难家庭老年人的住房质量不及普通家庭老年人。数据显示，困难家庭老年人住房来源多样，除自有房屋外，也存在亲属或其他人员资助的情况。困难家庭老年人和普通家庭老年人的主要住房来源都是自建房，占比分别为 48.44% 和 50.95%，这表明普通家庭老年人的经济基础优于困难家庭老年人，其更有能力自己建房；其次为拆迁安置房和自购普通商品房，困难家庭老年人居住拆迁安置房和自购普通房的占比分别为 13.16% 和 8.08%，低于普通家庭老年人（分别是 13.22% 和 13.52%）；再次，存在部分困难家庭老年人的住房为政府补贴建房和借住房，所占比例分别为 5.21% 和 2.98%，而普通家庭老年人在这两个方面的比例加起来还不超过 4%，这表明仍有少部分困难家庭老年人比普通家庭老年人更存在住房困难，需要政府补贴或者向亲戚借住；还有小部分困难家庭老年人的住房为自购的经济适用房或廉租房、公租房等，但比例均较小，不足 3%。

表 1 - 12　2017 年困难家庭老年人与普通家庭老年人住房来源列表

	困难家庭老年人		普通家庭老年人	
	人数	百分比	人数	百分比
自购普通商品房	326	8.08%	177	13.52%
自购经济适用房或限价商品房	92	2.28%	46	3.51%
自建房	1954	48.44%	667	50.95%
拆迁安置房	531	13.16%	173	13.22%
政府补贴建房	210	5.21%	26	1.99%
工作单位提供免费住房	101	2.50%	39	2.98%
租住单位住房	33	0.82%	8	0.61%
租住廉租房	94	2.33%	5	0.38%
租住公租房	94	2.33%	16	1.22%
市场租房	106	2.63%	17	1.30%
借房	120	2.98%	20	1.53%
其他	372	9.22%	115	8.79%

注：本表报告的是有效百分比，无缺失值。困难家庭老年人中有一个选择不知道，占比 0.02%。

2. 住房类型

表1-13描述了2017年困难家庭老年人与普通家庭老年人的住房类型情况。研究中，我们将住房类型分为平房（包括搭建棚户等与平房类似住房）、地下室和楼房（有2层及以上）。数据显示，困难家庭老年人住房以平房为主，普通家庭老年人住房以楼房为主。普通家庭老年人中居住楼房（有2层及以上）的比例最高，达到60.85%，远高于困难家庭老年人的49.73%，而居住平房（包括搭建棚户等与平房类似住房）的困难家庭老年人的比例为49.83%，高于普通家庭老年人的38.84%。值得注意的是，无论是普通家庭老年人还是困难家庭老年人，居住地下室的比例都很低，但困难家庭老年人的0.44%还是高于普通家庭老年人的0.31%。总的来说，普通家庭老年人的居住条件比困难家庭老年人的居住条件好。

表1-13　2017年困难家庭老年人与普通家庭老年人住房类型情况

住房类型	困难家庭老年人		普通家庭老年人	
	人数	百分比	人数	百分比
平房（包括搭建棚户等与平房类似住房）	2009	49.83%	508	38.84%
地下室	18	0.44%	4	0.31%
楼房（有2层及以上）	2005	49.73%	796	60.85%
合计	4032	100.00%	1308	100.00%

注：本表报告的是有效百分比，缺失值共3个。

3. 住房条件

表1-14描述了2017年困难家庭老年人与普通家庭老年人的住房基础设施情况。数据显示，普通家庭老年人的家庭住房条件明显优于困难家庭。从基础设施上来看，困难家庭老年人与普通家庭老年人在独立洗浴设施、独立卫生间和独立厨房三个方面差异比较明显（见表1-15）：有独立洗浴设施的困难家庭老年人家庭比例较低，仅占43.75%，远低于普通家庭老年人的61.42%；有自来水的困难家庭老年人家庭和普通家庭老年人家庭所占比例都比较高，分别占比为87.36%和91.14%；困难家庭老年人家庭拥有独立卫生间和独立厨房的比例分别为62.30%和72.38%，低于普通家庭老年人的77.77%和84.80%。这表明普通家庭老年人的经济基础比困难家庭老年人好，其基础设施拥有情况也比困难家庭老年人好。

表 1-14 2017 年困难家庭老年人与普通家庭老年人住房基础设施统计表

享受基础设施	困难家庭老年人		普通家庭老年人	
	人数	百分比	人数	百分比
独立洗浴设施	1765	43.75%	804	61.42%
自来水	3524	87.36%	1193	91.14%
独立卫生间	2513	62.30%	1018	77.77%
独立厨房	2920	72.38%	1110	84.80%

注：本表报告的是有效百分比，无缺失值。

表 1-15 描述了 2017 年困难家庭老年人与普通家庭老年人的住房拥有电梯的情况。数据显示，居住楼房的两类家庭老年人，在电梯情况这一变量上存在一定的差异。困难家庭老年人住房"有电梯且电梯可正常使用"的比例为 7.69%，低于普通家庭老年人的 9.20%，"有电梯但电梯不可使用"的普通家庭老年人家庭住房比例为 0.50%，高于困难家庭老年人家庭，而困难家庭老年人和普通家庭老年人的住房"没有电梯"的比例都很高，其比例分别为 92.16% 和 90.30%。

表 1-15 2017 年困难家庭老年人与普通家庭老年人住房电梯情况统计表

	困难家庭老年人		普通家庭老年人	
	人数	百分比	人数	百分比
有电梯且电梯可正常使用	154	7.69%	73	9.20%
有电梯但电梯不可使用	3	0.15%	4	0.50%
没有电梯	1846	92.16%	717	90.30%

注：本表报告的是有效百分比，无缺失值。

住房环境与老年人的日常生活密切相关，对老年人生活质量有直接影响。表 1-16 描述了 2017 年困难家庭老年人与普通家庭老年人的居住环境情况。数据显示，困难家庭老年人对自己的居住环境认可度不高。困难家庭老年人认为自己的居室卫生状况"一般"的接近一半（48.80%），认为自己的居室"比较干净"的占 30.37%，认为自己的居住卫生状况"欠佳"或"糟糕"的共占比 12%；而普通家庭老年人普遍认为自己的居室"比较干净"，占比为 45.61%，认为自己的居室卫生状况"一般"的比例为 34.75%，认为自己的居住卫生状况"欠佳"或"糟糕"的仅占 2.39%。这表明，困难家庭老年人对居住环境的满意度没有普通家庭老年人高。

表 1-16 2017 年困难家庭老年人与普通家庭老年人居住环境情况统计表

	困难家庭老年人		普通家庭老年人	
	人数	百分比	人数	百分比
居室干净整洁	357	8.89%	224	17.26%
居室比较干净	1219	30.37%	592	45.61%
居室卫生状况一般	1959	48.80%	451	34.75%
居室卫生状况欠佳	383	9.54%	28	2.16%
居室卫生状况糟糕	96	2.39%	3	0.23%

注：本表报告的是有效百分比，无缺失值。

4. 同吃同住对象情况

老年人的同吃同住对象主要有配偶、子女及其配偶、（岳/祖）父母、孙子女及其配偶、兄弟姐妹、保姆等专业照料人员以及其他人员几种情况。大多数老年人都是与自己的配偶同吃同住。由表 1-17 可知，71.75% 的困难家庭老年人跟配偶同吃同住，49.56% 的困难家庭老年人与子女及其配偶同吃同住，与孙子女及其配偶同吃同住的比例占 39.00%，而与（岳/祖）父母、兄弟姐妹和保姆等专业照料人员同吃同住的比例较低，分别仅占 3.80%、1.78% 和 0.12%。相比而言，普通家庭老年人与配偶同吃同住的比例比困难家庭老年人高，占 86.25%，可能原因在于，与普通家庭老年人相比，困难家庭老年人拥有配偶的比例比普通家庭老年人小。

表 1-17 2017 年困难家庭老年人与普通家庭老年人同吃同住情况统计表

	困难家庭老年人		普通家庭老年人	
	人数	百分比	人数	百分比
配偶	2344	71.75%	972	86.25%
子女及其配偶	1619	49.56%	464	41.17%
（岳/祖）父母	124	3.80%	54	4.79%
孙子女及其配偶	1274	39.00%	475	42.15%
兄弟姐妹	58	1.78%	6	0.53%
保姆等专业照料人员	4	0.12%	1	0.09%
其他	81	2.48%	22	1.95%

注：本表报告的是有效百分比，无缺失值。

三、健康情况

（一）自评健康状况

自评健康是指老年人对自身健康水平的主观评价。表 1 – 18 描述了 2017 年困难家庭和普通家庭老年人自评健康情况。数据显示，困难家庭老年人的自评健康状况不容乐观。大多数困难家庭老年人认为自己的健康状况"一般"，占比 43.85%，认为自己健康状况"非常好"和"比较好"的困难家庭老年人人数较少、比率较低（14.72%），远低于普通家庭老年人的 28.34%；普通家庭老年人中认为自己健康状况"比较差"和"非常差"的比率总共为 20.04%，而困难家庭老年人在这两个指标上的比率达到 40% 以上。这表明，困难家庭老年人的身体健康状况比较差，不如普通家庭老年人。

表 1 – 18　2017 年困难家庭老年人与普通家庭老年人自评健康状况统计表

	困难家庭老年人		普通家庭老年人	
	人数	百分比	人数	百分比
非常好	155	3.84%	85	6.49%
比较好	439	10.88%	286	21.85%
一般	1769	43.85%	671	51.26%
比较差	1011	25.06%	205	15.66%
非常差	660	16.36%	62	4.74%
合计	4034	100%	1309	100%

注：本表报告的是有效百分比，无缺失值。

（二）慢性病患病情况

慢性病是一种持续性的疾病，该变量所提出的慢性病包括白内障或青光眼、高血压、糖尿病、心脑血管疾病、胃病、骨关节病、慢性肺部疾病、癌症等恶性肿瘤、生殖系统疾病、老年痴呆、帕金森病和其他慢性病等。表 1 – 19 描述了 2017 年困难家庭和普通家庭老年人患慢性病的情况。数据显示，困难家庭老年人患慢性病的比例高达 89.54%，普通家庭老年人患慢性病的比例也达到了 85.09%，这说明我国绝大多数的老年人正在经受慢性病的长期折磨，相关医疗手段和技术需要加强干预。

表 1 - 19 2017 年困难家庭老年人与普通家庭老年人患慢性病情况

是否患慢性病	困难家庭老年人		普通家庭老年人	
	人数	百分比	人数	百分比
是	3612	89.54%	1113	85.09%
否	422	10.46%	195	14.91%
合计	4034	100.00%	1308	100.00%

注：本表报告的是有效百分比，无缺失值。

（三）日常生活自理能力情况

表 1 - 20 描述了 2017 年困难家庭老年人与普通家庭老年人日常生活自理能力的总体情况。与普通家庭老年人相比，困难家庭老年人的生活自理能力相对较弱。随着生活自理能力指标难度的提升，普通家庭老年人与困难家庭老年人的完成难度均呈上升趋势。数据显示，困难家庭老年人基本能够自己吃饭，比例达到 85.85%，但不及普通家庭老年人的 94.35%，而无法自主吃饭的困难家庭老年人比例仅占 0.07%，这表明只有少部分人员不具备自理能力，需要全方位呵护；大小便控制考验人的生理自控能力，难度高于吃饭能力，数据显示，困难家庭老年人能控制大小便的比例占 78.21%，低于普通家庭老年人的 89.69%；室内活动（起床、站立、坐在椅子上）是衡量老年人行动能力的一项重要指标，有 72.56% 的困难家庭老年人能够进行室内活动，27.44% 的困难家庭老年人在室内活动上面临困难，而只有不超过 14% 的普通家庭老年人表示在室内活动上面临困难；有 77.52% 的困难家庭老年人能够自己上厕所，而能够自己上厕所的普通家庭老年人达到 88.08%；穿、脱衣服是考验老年人的肢体协调能力，较前几个指标有一定的难度，普通家庭老年人能够自己穿、脱衣服的比例高达 91.83%，高于困难家庭老年人的 80.52%，说明困难家庭老年人的肢体协调能力不如普通家庭老年人；73.30% 的困难家庭老年人能够自己洗澡，89.61% 的普通家庭老年人表示没有洗澡困难。对比分析可看出，困难家庭老年人的生活自理能力不如普通家庭老年人。虽然困难家庭老年人能够完成简单肢体活动的比例较高，但在各项指标中，均有 15%—30% 的困难家庭老年人存在不同程度的困难，需要多方位照护。

表 1 - 20　2017 年困难家庭老年人与普通家庭老年人

生活自理能力状况统计表

	困难家庭老年人				普通家庭老年人			
	没有困难	有些困难	很困难	无法做	没有困难	有些困难	很困难	无法做
洗澡	73.30%	17.43%	6.10%	3.17%	89.61%	7.87%	1.60%	0.92%
穿、脱衣服	80.52%	14.87%	3.74%	0.87%	91.83%	6.80%	0.92%	0.46%
上厕所	77.52%	15.74%	6.00%	0.74%	88.08%	9.24%	2.22%	0.46%
室内活动〔1〕	72.56%	22.16%	4.59%	0.69%	86.33%	11.99%	1.38%	0.31%
大小便控制	78.21%	17.58%	3.69%	0.52%	89.69%	9.01%	1.22%	0.08%
吃饭	85.85%	12.07%	2.01%	0.07%	94.35%	4.89%	0.61%	0.15%

注：本表报告的是有效百分比，无缺失值。

（四）体检频率

体检有助于一些隐性疾病的早期发现，尽早治疗并控制，对老年人维持身体健康有着不可小觑的作用，也是体现老年人及其家人是否重视自己健康状况的一个重要因素。问卷中关于体检情况的测量指标为"过去 1 年，您是否做过健康体检？（不是就医时医生要求的检查）"。表 1 - 21 描述了 2017 年困难家庭老年人和普通家庭老年人的体检情况。数据显示，近一年内做过体检的困难家庭老年人占比 61.50%，低于普通家庭老年人的 70.66%，同时有 38.50% 的困难家庭老年人没做过体检，高于普通家庭老年人的 29.34%。这可能意味着，困难家庭老年人及其家人的健康管理意识较差或健康体检的可得性不高。

表 1 - 21　2017 年困难家庭老年人与普通家庭老年人体检情况

是否做过体检	困难家庭老年人		普通家庭老年人	
	人数	百分比	人数	百分比
是	2481	61.50%	925	70.66%
否	1553	38.50%	384	29.34%
合计	4034	100.00%	1309	100.00%

注：本表报告的是有效百分比，无缺失值。

---

〔1〕　包括起床、站立、坐在椅子上等。

(五) 精神健康状况

1. 愉悦感

由表 1 - 22 可知，困难家庭老年人的心情愉悦程度较低，"总是"感受到快乐的困难家庭老年人仅占困难家庭老年人总数的 28.02%，远低于普通家庭老年人的 46.64%，然而"没有"或"很少"感受到快乐的困难家庭老年人的比率达到 49.44%。可能的原因在于，许多困难家庭老年人的经济水平较低，自我封闭感较强，很少参加社会活动，也缺少社会联系，导致其幸福指数不高，心情愉悦程度不高。

表 1 - 22　2017 年困难家庭老年人与普通家庭老年人感到快乐的频率统计

您感到快乐吗	困难家庭老年人		普通家庭老年人	
	人数	百分比	人数	百分比
没有	1139	28.24%	159	12.16%
很少	855	21.20%	178	13.61%
常有	909	22.54%	361	27.60%
总是	1130	28.02%	610	46.63%
合计	4033	100.00%	1308	100.00%

注：本表报告的是有效百分比，缺失值共 2 个。

2. 寂寞感

寂寞感是老年人最主要的心理问题之一。困难家庭老年人的寂寞感较强。数据显示 (表 1 - 23)，困难家庭老年人"常有"和"经常"感到寂寞的比例达到了 27.93%，高于普通家庭老年人的 10.93%。这表明，困难家庭老年人孤独寂寞的问题普遍存在，也从一个侧面反映出困难老年人的精神需求未得到应有重视。

表 1 - 23　2017 年困难家庭老年人与普通家庭老年人寂寞感的频率统计

您感到寂寞吗	困难家庭老年人		普通家庭老年人	
	人数	百分比	人数	百分比
没有	2286	56.69%	977	74.69%
很少	620	15.38%	188	14.37%

续表

您感到寂寞吗	困难家庭老年人		普通家庭老年人	
	人数	百分比	人数	百分比
常有	564	13.99%	86	6.58%
总是	562	13.94%	57	4.36%
合计	4032	100.00%	1308	100.00%

注：本表报告的是有效百分比，缺失值共 3 个。

3. 亲子关系

亲子关系是中国传统家庭关系的核心。如果子女不履行赡养义务，不给予老年父母所需要的经济支持、生活照料和精神慰藉，大概率会造成老年人生活质量低下，严重的可影响老年人的生存，甚至构成家庭虐待。数据显示（见表 1 - 24），普通家庭老年人亲子关系"比较融洽"和"很融洽"的比率超过了 80%，而困难家庭老年人在这方面的比率不足 68%。这表明，困难家庭的亲子关系不如普通家庭融洽，这可能也是困难家庭老年人愉悦感较弱、孤独感较强的一个原因。

表 1 - 24 2017 年困难家庭老年人与普通家庭老年人亲子关系融洽程度统计

亲子关系	困难家庭老年人		普通家庭老年人	
	人数	百分比	人数	百分比
很融洽	1693	45.51%	793	61.81%
比较融洽	800	21.51%	278	21.67%
一般	1096	29.46%	202	15.74%
比较差	70	1.88%	4	0.31%
很差	61	1.64%	6	0.47%
合计	3720	100.00%	1283	100.00%

注：本表报告的是有效百分比，缺失值共 340 个。

4. 社会参与状况

由表 1 - 25 和表 1 - 26 可知，困难家庭老年人的社会融入面临困境，社会参与率低。通过分析困难家庭老年人"参与社会活动情况"和"网络互动频率"这两项指标发现，困难家庭老年人在这两项指标上的表现均低于普通家庭老年人，从不参加社会活动和网络互动的困难家庭老年人占绝大多数，其比率高达 73.38% 和 91.00%。这表明困难家庭老年人参与社会的意愿较低，也可能存在客观上的排斥现象。

表 1-25　2017 年困难家庭老年人与普通家庭老年人参与社会活动情况

参与社会活动情况	困难家庭老年人		普通家庭老年人	
	人数	百分比	人数	百分比
经常参加	411	10.19%	251	19.18%
偶尔参加	663	16.43%	327	24.98%
从不参加	2960	73.38%	731	55.84%
合计	4034	100.00%	1309	100.00%

注：本表报告的是有效百分比，无缺失值。

表 1-26　2017 年困难家庭老年人与普通家庭老年人网络互动频率统计

网络互动的频率	困难家庭老年人		普通家庭老年人	
	人数	百分比	人数	百分比
经常参加	150	3.72%	147	11.23%
偶尔参加	213	5.28%	159	12.15%
从不参加	3670	90.98%	1003	76.62%
合计	4033	99.98%	1309	100.00%

注：本表报告的是有效百分比，无缺失值。困难家庭中有一个选择不知道，占比 0.02%。

第三节　政策匹配与存在问题

一、社会保障

（一）困难家庭老年人的低保享受率较高，基本生活得到保障

大部分困难家庭老年人成功申请过和正在享受低保救助，比例明显高于普通家庭老年人。表 1-27 描述了 2017 年困难家庭老年人和普通家庭老年人成功申请过低保的情况。结果显示，成功申请过低保的困难家庭老年人有 2705 户，未成功申请的仅 331 户，申请成功率为 89.10%；而普通家庭老年人中，成功申请过低保的老年人有 156 人，未成功申请过低保的老年人有 43 人，申请成功率为 78.39%。

表1-27 2017年困难家庭老年人与普通家庭老年人成功申请过低保情况

	困难家庭老年人		普通家庭老年人	
	人数	百分比	人数	百分比
成功申请	2705	89.10%	156	78.39%
未成功申请	331	10.90%	43	21.61%

注：困难家庭老年人中有3036人申请过低保，995人未申请低保，普通家庭老年人中仅有199人申请过低保，1110人未申请低保。本表仅讨论提出申请低保老人的成功情况。

表1-28描述了2017年困难家庭老年人和普通家庭老年人目前是否享受低保的情况。调查结果显示，4034名困难家庭老年人样本中，目前仍享受低保的有2079人，未享受低保的有957人，低保享受率为68.48%；而1309人的普通家庭老年人样本中，目前仍享受低保的仅有35人，低保享受率为16.08%。可知，分别有近九成和近八成的困难家庭老年人和普通家庭老年人成功申请过低保救助，但目前仍享受低保救助的困难家庭老年人远远超过普通家庭老年人，部分原因可能是困难家庭老年人更难以摆脱贫困。

表1-28 2017年困难家庭老年人与普通家庭老年人目前是否享受低保

	困难家庭老年人		普通家庭老年人	
	人数	百分比	人数	百分比
享受	2079	68.48%	32	16.08%
不享受	957	31.52%	167	83.92%

注：本表报告的是有效百分比，无缺失值。困难家庭剔除数据997个（不适用），普通家庭剔除数据1110个（不适用）。

（二）高龄、低保困难老年人享受的福利津贴水平较高

老年人享受的福利津贴有高龄津贴、养老服务补贴、老年人护理补贴等。表1-29描述了2017年困难家庭老年人与普通家庭老年人享受老年津贴的情况。调查结果显示，享有老年津贴的困难家庭老年人占困难家庭老年人样本总量的57.50%，不享受老年津贴的困难家庭老年人占比42.50%。而普通家庭老年人中，享受老年福利津贴的老年人占48.82%，不享受老年福利津贴的老年人占51.18%。与普通家庭老年人相比，困难家庭老年人享有老年福利津贴的人数略多一些。

表1-29　2017年困难家庭老年人与普通家庭老年人享有老年津贴情况

	困难家庭老年人		普通家庭老年人	
	人数	百分比	人数	百分比
享受	2318	57.50%	639	48.82%
不享受	1713	42.50%	670	51.18%

注：本表报告的是有效百分比，缺失值共3个。

低保困难家庭老年人享有老年津贴的比例高于非低保困难家庭老年人。调查结果显示（图1-3），享有老年津贴的低保困难家庭老年人占比61.33%，高于非低保困难家庭的53.32%。这表明，低保困难家庭老年人享有福利津贴的状况比非低保困难家庭老年人好。

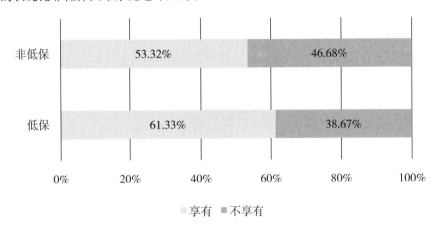

图1-3　2017年低保与非低保困难家庭老年人享有老年津贴情况

高龄困难家庭老年人享有老年津贴的比例高于低龄困难家庭老年人。调查结果显示（图1-4），60—69岁的低龄困难家庭老年人享有老年津贴的占比51.86%，70—79岁的中龄困难家庭老年人享有老年津贴的占比63.36%，80岁以上的高龄困难家庭老年人享有老年津贴的占比72.35%。这表明，年龄越高享受老年津贴的比例越高。

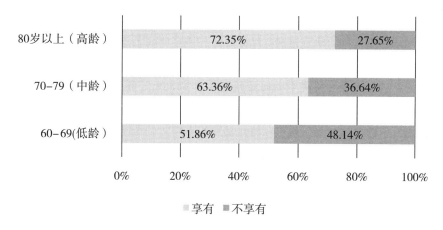

图 1 - 4　2017 年不同年龄段困难家庭老年人享有老年津贴情况

（三）困难老年人普遍认为低保金有效解决其实际困难

表 1 - 30 描述了 2017 年困难家庭老年人和普通家庭老年人认为更能解决他们实际困难的社会救助项目。调查结果显示，72.77% 困难家庭老年人认为"低保金"最能解决他们的实际困难，排在第二位的是"有低保证，获得的医疗、教育、住房等专项救助"，占比 14.93%，"低保配套优惠政策"仅次其后，占比 9.87%；同时，有 71.43% 的普通家庭老年人认为最能解决他们的实际困难的是"低保金"，其次是"低保配套优惠政策"，占比 17.14%，紧接着是"有低保证，获得的医疗、教育、住房等专项救助"，占比 8.57%。

表 1 - 30　2017 年困难家庭老年人与普通家庭老年人认为更能解决
实际困难的社会救助项目

	困难家庭老年人		普通家庭老年人	
	人数	百分比	人数	百分比
低保金	1526	72.77%	25	71.43%
低保配套优惠政策	207	9.87%	6	17.14%
有低保证，获得的医疗、教育、住房等专项救助	313	14.93%	3	8.57%
其他	51	2.43%	1	2.86%
合计	2097	100%	35	100%

注：本表报告的是有效百分比，无缺失值。（本表仅讨论目前享受低保老人的情况）

表 1-31 描述了 2017 年困难家庭老年人与普通家庭老年人对低保金解决生活困难作用大小的认定情况。结果显示，困难家庭老年人认为低保金对解决生活困难帮助"作用很大"和"作用比较大"的比例高达 74.47%，普通家庭老年人认为低保金对解决生活困难帮助"作用很大"和"作用比较大"的比例也到到了 65.71%。这表明，低保家庭中的困难家庭老年人和普通家庭老年人普遍都认为低保金对于解决家庭生活困难有很大的帮助。

表 1-31　2017 年困难家庭老年人与普通家庭老年人对低保金
解决生活困难作用大小的认定情况

	困难家庭老年人		普通家庭老年人	
	人数	百分比	人数	百分比
作用很大	1206	57.35%	17	48.57%
作用比较大	360	17.12%	6	17.14%
作用一般	405	19.26%	9	25.71%
作用比较小	64	3.04%	3	8.70%
作用很小	68	3.23%	0	0.00%
合计	2103	100.00%	35	100.00%

注：本表仅讨论目前享受低保老人的情况。

（四）困难老年人的社会救助和福利补贴形式单一，作用受限

由表 1-30 可知，仅四成左右的困难老年人认为低保配套优惠政策及医疗、教育、住房等专项救助更能解决实际困难。由此可见，我国当前针对低保老年人的配套福利政策及专项救助发挥的作用不大。原因部分在于，社会救助与福利补贴的具体形式较为单一，一些专项补贴适用范围太窄且附带多个限制条件。如不少地方都推出了可供老人免费乘坐公共交通的敬老服务卡，但这项政策只适用于频繁外出的健康老年人，对于高龄、失能半失能、失智老人来说，几乎用不上。

因此，在适当提高困难老年人供养金标准的同时，如何使其他救助项目更能贴近需求、切实发挥作用，是亟待解决的问题。

（五）困难老年人的认定和退出管理不规范，资源分配错位

调查发现，各地普遍存在一定比例的困难老年人不符合认定资格条件而被认定为补贴对象的情况。比如，有的受访者属于"五保"老人范畴，却同时享受低保政策；一部分最困难的老年人被列入低保范围，而不是享受特困人员供养等。由于困难老年人的识别标准不精确、认定和退出工作管理不规范，导致"人情保""关系保""错保""漏保"等问题频发。造成上述问题的原因较为复杂，主要是不少地方尚未建立困难老年人动态监测、审查系统，或相关系统不完善，造成底数不清、情况不明。

（六）部分困难家庭老年人未被政策覆盖，地域差异明显

低保和老年津贴的落实存在城乡和户籍差异。表1-32描述了2017年困难家庭老年人享受低保与老年津贴的城乡差异。调查结果显示，城市困难家庭老年人在享受低保方面的比例为54.51%，高于农村困难家庭老年人的48.32%，而在享受老年津贴方面恰恰相反，有75.45%的农村困难家庭老年人享受老年津贴，而城市困难家庭老年人在这方面的比例仅占46.75%。表1-33描述了2017年困难家庭老年人享受低保与老年津贴的户籍差异。调查结果显示，户籍为非农业的困难家庭老年人享受低保的人数占53.59%，略高于户籍为农业的困难家庭老年人，而在享受老年福利津贴这个变量上，户籍为农业困难家庭老年人占比73.38%，远高于户籍为非农业困难家庭老年人所占的比例39.13%。

农村和户籍为农业的困难家庭老年人享有老年津贴的人数远高于城市和非农业户口的困难家庭老年人，这可能与农村地区高龄困难家庭老年人居多有关。但同时，调查结果也表明，目前仍然有一部分困难家庭老年人未被纳入政策范围，"应保尽保、应兜尽兜"尚未落实。原因可能在于：一方面，低保和老年津贴的申请、审核、终止等流程较为复杂，超出了困难老年人的理解能力与活动能力；另一方面，地方政府对困难老年人的摸排不到位、底数不清楚，导致一些应该享受福利的老年人被遗漏。

表1-32　2017年困难家庭老年人享受低保与老年津贴的城乡差异

	城市		农村	
	人数	百分比	人数	百分比
低保	1375	54.51%	731	48.32%
老年津贴	1178	46.75%	1140	75.45%

表 1 - 33　2017 年困难家庭老年人享受低保与老年津贴的户籍差异

	农业		非农业	
	人数	百分比	人数	百分比
低保	1102	50.99%%	1002	53.59%
老年津贴	1585	73.38%	731	39.13%

二、权益保障

（一）困难老年人居住地法律、维权服务提供情况较差

法律、维权服务在老年人中的提供情况整体较差，近七成老年人居住的社区或社区周边没有提供法律、维权服务。表 1 - 34 描述了 2017 年老年人社区内或周边法律、维权服务提供的情况，困难家庭老年人居住的社区内或周边提供有法律、维权服务的仅占 29.78%；普通家庭老年人居住的社区内或周边提供有法律、维权服务的略高，达到 31.32%。这表明普通家庭老年人居住地的法律、维权服务提供情况比困难家庭老年人居住地稍好。

表 1 - 34　2017 年老年人社区内或周边法律、维权服务提供情况

	全部老年人		困难家庭老年人		普通家庭老年人	
	人数	百分比	人数	百分比	人数	百分比
有	1609	30.15%	1200	29.78%	409	31.32%
无	3727	69.85%	2830	70.22%	897	68.68%
合计	5336	100.00%	4030	100.00%	1306	100.00%

注：本表汇报的是有效百分比，缺失值共 7 个。

（二）困难老年人接触法律的渠道少，法律知识匮乏

大多数困难老年人居住的社区或周边都没有提供法律、维权服务，因此，困难老年人接受法律知识学习或宣传活动的机会也比较少，大多数困难老年人法律意识不高。这就导致当困难老年人的合法权利遭到侵犯时，因不知道有哪些明确的章则可遵循，从而大大增加了老年人维权的难度；同时，也给一些钻法律空子的骗子以"可乘之机"。

三、医疗保障

（一）困难老年人医疗保险参保率较高

全民医保的建立是中国医疗保障制度建设取得的重大成就，对于提高困难家庭老年人生活质量有重要贡献。由表 1 - 35 可知，困难家庭老年人参加（原）新型农村合作医疗保险的人数最多，占比 51.85%，排在第二位的是（原）城镇居民医疗保险，占比 29.02%，参加城镇职工医疗保险的困难家庭老年人，占比 17.11%，参加公费医疗和商业医疗保险的困难家庭老年人比较少，分别占比 4.48%、1.09%，未参加任何医疗保险的困难家庭老年人仅占5.52%。而普通家庭老年人参加医疗保险的情况与困难家庭老年人大同小异，有 49.01% 的普通家庭老年人参加（原）新型农村合作医疗保险，31.65% 的普通家庭老年人参加城镇职工医疗保险，参加（原）城镇居民医疗保险的普通家庭老年人占比 20.80%，参加公费医疗的普通家庭老年人占比 10.93%，参加商业医疗保险的普通家庭老年人较少，占比 2.91%，仅有 1.76% 的普通家庭老年人未参加任何医疗保险。

表 1 - 35　2017 年困难家庭老年人与普通家庭老年人参加医疗保障情况

	困难家庭老年人		普通家庭老年人	
	人数	个案百分比	人数	个案百分比
城镇职工医疗保险	688	17.11%	414	31.65%
公费医疗	180	4.48%	143	10.93%
（原）城镇居民医疗保险	1167	29.02%	272	20.80%
（原）新型农村合作医疗保险	2085	51.85%	641	49.01%
商业医疗保险	44	1.09%	38	2.91%
无医疗保险	222	5.52%	23	1.76%

（二）困难老年人的就医处置率不高

调查结果显示（如图 1 - 5 所示），57.11% 困难家庭老年人在其生病之后会找医生看病，38.48% 选择在家自己治疗，4.42% 选择不处置。与之相比，普通家庭老年人的就医处置率相对高一点，占比为 58.90%，在家自己治疗的占比 37.13%，不处置的占比 3.97%。就医处置率不高的原因可能在于：一是经济能力有限，无力支付需要自费的那部分费用；二是部分出于传统"不愿意看医生"的理念，不到迫不得已不愿意就医；三是受活动能力限制；四是医疗机构和服务的可及性较低，就医就诊不便利。

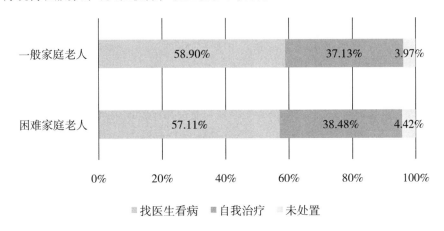

图 1 – 5　2017 年困难家庭老年人与普通家庭老年人患病处置方式

说明：本图汇报的是有效百分比，缺失值有 3 个。

（三）困难老年人医疗费用报销比例较低

看病贵是老年人最关注的医疗问题之一。虽然覆盖全体居民的医疗保险制度已经基本建立，但保障水平仍然较低。老年人罹患大病时，仅靠医疗保险不足以支付医药费。调查结果显示（如图 1 – 6 所示），困难家庭老年人的家庭医疗费用均值为 13893.59 元，其中自付费用为 8717.42 元，占比 62.74%，医疗费用报销的占比 37.26%。普通家庭老年人的家庭医疗费用均值为 10541.18 元，其中自付费用为 6929.99 元，占比 65.74%，医疗费用报销的占比为 34.26%。可知，困难老年人医疗费用支出高，而报销比率低。原因部分在于，困难老年人及其监护人对医疗保障政策的了解程度不高，难以获得花费较小并对自己更加有利的诊断方式，导致产生了一些不必要的自付费用，从而加重了其医疗负担。

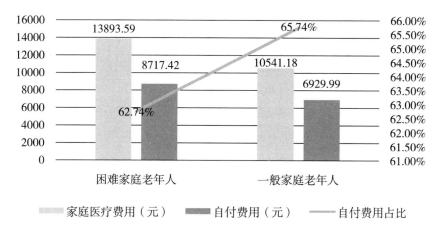

图1-6　2017年困难家庭老年人与普通家庭老年人医疗支付情况

从有无慢性病的角度来看，未患慢性病的困难老年人的医疗报销比例反而高于患慢性病的困难老年人。数据显示（如图1-7所示），患慢性病的困难老年人的家庭医疗费用均值为14266.2元，医疗费用报销的占比为36.97%；未患慢性病的困难老年人的家庭医疗费用均值为10724.16元，医疗费用报销的占比为40.71%。患慢性病的困难老年人的医疗保险比例不高，可能的原因在于部分患有大病或慢性病的困难老年人需长期用药，而这些药品尚未纳入药品报销目录，因而不能享受居民医保即时报销，导致每月用于购买药品的花费较大。

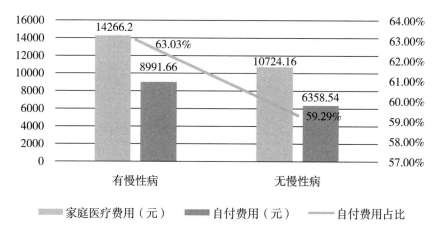

图1-7　2017年有无慢性病的困难老年人医疗支付情况

（四）居住在城市的困难老年人医疗可及性更高

医疗可及性是指，当老年人生病乃至住院时，能否及时到达最近的医疗机构并得到及时诊治。数据显示（表1-36），困难家庭老年人到达距离最近的医疗机构平均需要花费18.76分钟，普通家庭老年人到达距离最近的医疗机构平均需要花费16.62分钟，说明普通家庭老年人就医较困难家庭老年人更为方便。

表1-36　2017年困难家庭老年人与普通家庭老年人
到达最近医疗卫生机构的时间

	平均值 （分钟）	标准差 （分钟）	最大值 （分钟）	最小值 （分钟）	样本数 （个）
困难家庭老年人	18.76	19.11	200	0	4024
普通家庭老年人	16.62	21.34	360	0	1307

注：本表报告的是有效百分比，缺失值共12个。

从城乡差异来看，居住在城市的困难家庭老年人到达医疗机构的时间较短。数据显示（表1-37），居住在城市的困难家庭老年人距离最近的医疗机构平均需要花费17.50分钟，而居住在农村的困难家庭老年人则需要花费20.85分钟。可能的原因在于，乡镇医疗机构布局较少且医疗资源匮乏，医疗水平也普遍比较低，部分困难家庭老年人患重大疾病或紧急性疾病时，往往会选择前往城区医疗机构就医，因此路程花费时间较长。

表1-37　2017年城乡困难家庭老年人到达最近医疗卫生机构的时间

	平均值 （分钟）	标准差 （分钟）	最大值 （分钟）	最小值 （分钟）	样本数 （个）
城市	17.5	16.82	200	0	2516
农村	20.85	22.26	180	0	1508

注：本表报告的是有效百分比，无缺失值。

四、住房保障

（一）困难老年人的住房基本得到保障

表1-38描述了2017年困难家庭老年人与普通家庭老年人房产数情况。总体来看，有一处房产的困难家庭老年人居多，占比72.32%，7.67%的困难

家庭老年人有两处房产，有三处及以上房产的困难家庭老年人最少，仅占
1.10%，无房产的困难家庭老年人占18.89%。而普通家庭老年人中，81.88%
的普通家庭老年人有一处房产，15.29%的普通家庭老年人有两处房产，有三
处及以上房产的普通家庭老年人占2.8%，普通家庭老年人中无房产的占
10.93%。由此可见，大多数家庭的老年人都能实现"住有所居"；但与普通
家庭老年人相比，无房产的困难家庭老年人居多。

表1-38　2017年困难家庭老年人与普通家庭老年人房产数情况

房产数	困难家庭老年人		普通家庭老年人	
	人数	百分比	人数	百分比
无房产	761	18.89%	143	10.93%
一处房产	2913	72.32%	928	81.88%
两处房产	309	7.67%	200	15.29%
三处及以上房产	45	1.10%	37	2.83%
合计	4028	100.00%	1308	100.00%

注：本表汇报的是有效百分比，缺失值共7个。

图1-8描述了2017年困难家庭老年人与普通家庭老年人危房情况。结果
显示，25.76%的困难家庭老年人的住房是危房，14.98%的普通家庭老年人的
住房是危房。困难家庭老年人较普通家庭老年人相比，危房比例更大。但总的
来看，老年人的住房质量均有保障，住危房的老年人占少数。

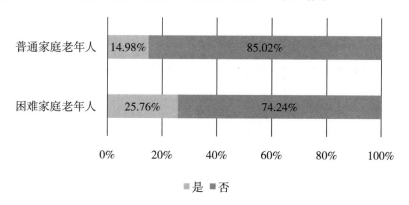

图1-8　2017年困难家庭老年人与普通家庭老年人危房情况

注：本图汇报的是有效百分比，无缺失值。

（二）农村困难老年人的住房质量堪忧

农村困难老年人虽然享有较多房产，但住房质量有待提高。数据显示（见表1-39、图1-9），居住在农村的困难老年人中有86.97%都有房住，这一比例高于居住在城市的困难老年人（80.69%）。但其中29.60%的农村困难老年人住的是危房，危房比例高于城市（6.14%）。困难老年人的住房条件及质量反映了其基本生活环境以及人身财产安全状况。调查发现，大部分困难老年人的住房质量不高，条件较差。原因主要在于经济困难，特别是有大病或慢性病患者的家庭更是需要依靠借债度日，因此，更不可能有多余的资金用在修建或改造房屋上。现有的住房保障政策在农村大多以危房改造等形式来进行，但危房改造尚未覆盖农村全部的困难老年人。

表1-39　2017年城乡困难老年人房产数情况

房产数	城市		农村	
	人数	百分比	人数	百分比
无房产	642	19.31%	262	13.03%
一处房产	2315	69.63%	1526	75.88%
两处房产	320	9.62%	189	9.40%
三处及以上房产	48	1.44%	34	1.69%
合计	3325	100.00%	2011	100.00%

注：本表汇报的是有效百分比，缺失值共7个。

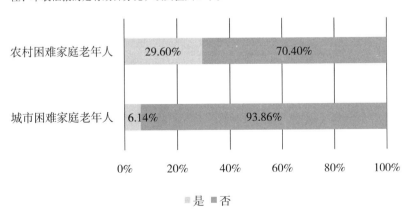

图1-9　2017年城乡困难老年人危房情况

五、养老服务保障

（一）困难老年人更倾向于居家与社区养老

困难家庭老年人与普通家庭老年人都倾向于居家与社区养老。调查结果显示（见表1－40），有81.26%的困难家庭老年人选择居家与社区养老，11.30%的困难家庭老年人选择在社区内小型养老机构养老，选择在社区外养老机构养老的老年人仅占4.33%；普通家庭老年人中选择居家与社区养老的人数最多，占总人数的81.09%，排在第二位的是在社区内小型养老机构养老，占比11.33%，选择在社区外养老机构养老的普通家庭老年人最少，占比4.29%。部分原因在于，随着经济社会的发展，空巢家庭比例随之增加，家庭养老功能弱化；同时，处于传统观念的影响或养老机构环境条件较差，老年人普遍不愿意或不适应养老机构生活，因此社区居家养老成为最优选择。根据调查，许多老人只有在生活完全不能自理，或者没有人可以照顾的情况下才会选择去养老机构。

表1－40　2017年困难家庭老年人与普通家庭老年人养老方式的选择

	困难家庭老年人		普通家庭老年人	
	人数	百分比	人数	百分比
居家与社区养老	3266	81.26%	1059	81.09%
社区内小型养老机构	454	11.30%	148	11.33%
社区外养老机构	174	4.33%	56	4.29%
其他	125	3.11%	43	3.29%
合计	4019	100%	1306	100%

注：本表报告的是有效百分比，缺失值共18个。

经济状况不同，老年人养老方式的选择也不同。具体来看（表1－41），经济状况"比较宽裕"和"相当宽裕"的老年人选择社区外养老机构养老的比例占11.50%，经济状况"比较困难"和"非常困难"的困难家庭老年人选择社区外养老机构养老的比例仅占9.23%。这表明，选择社区外养老机构养老的多为经济状况比较好的老年人。

表 1 - 41　2017 年不同经济状况家庭老年人养老方式的选择

经济状况 养老方式	非常困难		比较困难		大致够用		比较宽裕		相当宽裕	
	人数	百分比	人数	百分比	人数	百分比	人数	百分比	人数	百分比
居家与社区养老	1058	81.51%	1345	82.26%	1717	80.84%	181	75.73%	24	82.75%
入住社区内小型养老机	139	10.71%	178	10.89%	242	11.39%	41	17.16%	2	6.90%
入住社区外养老机构	61	4.70%	74	4.53%	82	3.86%	11	4.60%	2	6.90%
其他	40	3.08%	38	2.32%	83	3.91%	6	2.51%	1	3.45%
合计	1298	100%	1635	100%	2124	100%	239	100%	29	100%

注：本表报告的是有效百分比，缺失值共 18 个。

受传统观念影响，困难老年人认为自己养老的主要负责人应为自己的家庭成员。调查结果显示（见表 1 - 42），困难家庭老年人认为应由家庭成员、政府负责其养老的比例分别为 66.63% 和 64.89%，认为应由其本人及其配偶、社会负责其养老的比例分别为 45.19% 和 36.10%，仅有 6.21% 的困难家庭老年人认为应由其亲戚、朋友负担其养老。普通家庭老年人认为应由家庭成员负责其养老的比例最高，达到 72.76%，接下来是政府，占比 55.47%，认为应由其本人及其配偶负责其养老的人数紧随其后，占比 51.72%，认为应由社会负责其养老的比例为 31.37%，认为应由其亲戚、朋友负担其养老的人数最少，仅占 5.05%。

表 1 - 42　2017 年困难家庭老年人与普通家庭老年人对自己

养老主要负责人的认定[1]

	困难家庭老年人		普通家庭老年人	
	人数	百分比	人数	百分比
自己和配偶	1819	45.19%	676	51.72%
家庭成员	2682	66.63%	951	72.76%
亲戚、朋友	250	6.21%	66	5.05%
政府	2612	64.89%	725	55.47%
社会	1453	36.10%	410	31.37%
其他	37	0.92%	15	1.15%

注：本表报告的是有效百分比，无缺失值。

―――――――――――

[1] 此项调查为多选。

（二）困难老年人对于入住养老机构的支付意愿较低

表 1－43 描述了 2017 年困难家庭老年人与普通家庭老年人对养老机构的付费意愿情况。调查结果显示，如果入住养老机构，74.27% 的困难家庭老年人每个月愿意支付的费用范围在 1000 元以下，高于普通家庭老年人的 57.21%，困难家庭老年人每个月愿意支付 1000（含）～2000（不含）元的占 15.91%，愿意支付 2000（含）～3000（不含）元的占 6.57%，支付 3000（含）～4000（不含）元的占 2.06%，而愿意支付 4000 元及以上的困难家庭老年人占比最小，仅占 1.19%。普通家庭老年人如果入住养老机构，每个月愿意支付的费用范围在 1000（含）～2000（不含）元的占 25.42%，愿意支付 2000（含）～3000（不含）元的占 12.35%，愿意支付 3000（含）～4000（不含）元的占 3.35%，愿意支付 4000 元及以上的仅占 1.67%。由此可见，困难家庭老年人与普通家庭老年人愿意支付养老机构的费用多数都在 1000 元以下，这可能与老人本身收入、储蓄不多有关。

表 1－43　2017 年困难家庭老年人与普通家庭老年人对养老机构的付费意愿

	困难家庭老年人		普通家庭老年人	
	人数	百分比	人数	百分比
费用＜1000 元/月	2815	74.27%	718	57.21%
1000/月≤费用＜2000 元/月	603	15.91%	319	25.42%
2000/月≤费用＜3000 元/月	249	6.57%	155	12.35%
3000/月≤费用＜4000 元/月	78	2.06%	42	3.35%
费用≥4000 元/月	45	1.19%	21	1.67%
合计	3790	100%	1225	100.00%

注：本表报告的是有效百分比，缺失值共 298 个。

（三）困难老年人对基本社会服务的使用率偏低

表 1－44 对比了 2017 年困难家庭老年人与普通家庭老年人对助餐服务（送餐、老年餐桌等）的需求和使用情况，调查结果显示，13.26% 的困难家庭老年人表示需要助餐服务，但实际上使用过该服务的仅占 4.31%；普通家庭老年人中需要助餐服务的比例为 8.41%，使用过该服务的占 4.89%。这可

能因为普通家庭老年人家中有照护者为其做饭，所以困难家庭老年人比普通家庭老年人更需要助餐服务，但由于困难家庭老年人的经济状况不及普通家庭老年人，无力支付助餐服务的费用，故真正使用助餐服务的普通家庭老年人比困难家庭老年人多。

表 1-44　2017 年困难家庭老年人与普通家庭老年人
对助餐服务的需求和使用情况

助餐服务		困难家庭老年人		普通家庭老年人	
		人数	百分比	人数	百分比
需求情况	是	535	13.26%	110	8.41%
	否	3499	86.74%	1198	91.59%
使用情况	是	174	4.31%	64	4.89%
	否	3860	95.69%	1245	95.11%

注：本表报告的是有效百分比，缺失值共 1 个。

困难家庭老年人和普通家庭老年人对助浴服务的需求程度相对较低，很大一部分原因可能是因为助浴服务涉及个人隐私，导致许多老年人不会选择购买此项服务。数据显示（表 1-45），8.78% 的困难家庭老年人表示自己需要助浴服务，高于普通家庭老年人的 3.74%，而实际上使用过助浴服务的困难家庭老年人和普通家庭老年人仅占 3.32% 和 1.99%。

表 1-45　2017 年困难家庭老年人与普通家庭老年人
对助浴服务的需求和使用情况

助浴服务		困难家庭老年人		普通家庭老年人	
		人数	百分比	人数	百分比
需求情况	是	354	8.78%	49	3.74%
	否	3680	91.22%	1260	96.26%
使用情况	是	134	3.32%	26	1.99%
	否	3900	96.68%	1283	98.01%

注：本表报告的是有效百分比，无缺失值。

家政服务在市场上的供给比较充足，困难家庭老年人和普通家庭老年人想获得此项服务相对比较简单。数据显示（表 1-46），11.83% 困难家庭老年人表示对该项服务有需求，高于普通家庭老年人的 6.42%，但出于支付能力的考虑，只有 5.08% 的困难家庭老年人使用过家务服务。

表 1 - 46　2017 年困难家庭老年人与普通家庭老年人
对上门做家务的需求和使用情况

上门做家务		困难家庭老年人		普通家庭老年人	
		人数	百分比	人数	百分比
需求情况	是	477	11.83%	84	6.42%
	否	3556	88.17%	1225	93.58%
使用情况	是	205	5.08%	54	4.13%
	否	3829	94.92%	1255	95.87%

注：本表报告的是有效百分比，缺失值共 1 个。

大部分困难家庭老年人和普通家庭老年人都需要就医陪同、陪护服务。数据显示（表 1 - 47），困难家庭老年人和普通家庭老年人就医陪同、陪护的需求较大，但陪同、陪护缺失问题也比较严重。24.73% 的困难家庭老年人和 15.05% 的普通家庭老年人需要就医陪同、陪护服务，对该项服务的需求高出对助餐服务、助浴服务以及上门做家务服务的需求，但仅有 7.46% 的困难家庭老年人和 4.66% 的普通家庭老年人使用过该项服务，对该项服务的使用情况比例也高于其他服务项目。

表 1 - 47　2017 年困难家庭老年人与普通家庭老年人
对就医陪同陪护服务的需求和使用情况

就医陪同、陪护服务		困难家庭老年人		普通家庭老年人	
		人数	百分比	人数	百分比
需求情况	是	997	24.73%	197	15.05%
	否	3035	75.27%	1112	84.95%
使用情况	是	301	7.46%	61	4.66%
	否	3732	92.54%	1248	95.34%

注：本表报告的是有效百分比，缺失值共 3 个。

六、文化生活与社会参与

(一) 低龄、男性的困难老年人对社区事务参与率较高

公共事务也就是政治参与是老年人社会参与的重要组成部分。对大部分老年人来说,最主要的政治参与表现在投票、监督等。数据显示(表1-48),农村困难老年人参加社区(村)组织的公共事务的比例(59.52%)要高于城市困难老年人(56.74%)。无论是城市还是农村,男性困难老年人参加社区(村)组织的公共事务的比例(62.48%)都高于女性(51.90%)。随着年龄增长,困难老年人参加社区(村)组织的公共事务的比例逐步下降,80岁及以上的高龄困难家庭老年人参与的比例(45.59%),较60~69岁低龄老年人的参与比例(59.87%)下降了大约15个百分点。

表1-48　2017年不同类别困难家庭老年人参与公共事务的情况

		有	没有	不关心
城乡	城市	56.74%	40.13%	3.13%
	农村	59.52%	37.24%	3.24%
性别	男	62.48%	34.54%	2.99%
	女	51.90%	44.69%	3.41%
年龄段	60-69岁(低龄)	59.87%	37.07%	3.06%
	70-79岁(中龄)	57.28%	39.81%	2.91%
	80岁以上(高龄)	45.59%	49.41%	5.00%

(二) 城市、男性困难老年人较多参加文化、体育等社会活动

文化、体育等社会活动(如书法活动、棋牌活动等)的参与门槛较低,大部分老年人都有不同程度的参与。数据显示(表1-49),"经常参加"和"偶尔参加"文化、体育等社会活动的城市困难老年人占29.07%,高于农村的22.55%;"经常参加"和"偶尔参加"文化、体育等社会活动的男性困难老年人占29.05%,高于女性的23.58%;"经常参加"和"偶尔参加"文化、体育等社会活动的60—69岁低龄困难老年人占28.02%,70—79岁的中龄困难老年人占25.69%,80岁以上的困难老年人占20.89%,这表明随着年龄增长,困难家庭老年人参加文化、体育等社会活动的比例逐步下降。

表 1 – 49　2017 年不同类别困难家庭老年人参与文化、
体育等社会活动的情况

		经常参加	偶尔参加	从不参加
城乡	城市	11.58%	17.49%	70.94%
	农村	7.87%	14.68%	77.45%
性别	男	10.29%	18.76%	70.94%
	女	10.06%	13.52%	76.42%
年龄段	60 – 69 岁（低龄）	9.70%	18.32%	71.98%
	70 – 79 岁（中龄）	11.50%	14.19%	74.31%
	80 岁以上（高龄）	8.24%	12.65%	79.12%

（三）困难老年人精神贫困现象严重，社区融入的难度较高

精神贫困是指某个群体或个人的价值观念、文化水平，道德修养、心理素质、思维习惯等落后于社会主流精神水平，其精神需求无法得到满足，个体无法自由全面发展的状态[1]。首先，由于常年处于被救助的弱势地位，遭受来自社会各方的区别对待甚至排斥，困难老年人大多自卑、懦弱、敏感、多疑，对外界的防备心理较强，容易自我封闭，拒绝与他人接触；其次，由于困难老年人大多身体不好、活动能力有限，因此不乐于也不擅于与外界交流或参加社区活动，因此社区融入的意愿很低，社区参与度不高。

第四节　政策建议

一、提高福利津贴标准，强化经济支持保障

在养老保障需求中，首当其冲的是经济保障。政府应将满足困难家庭老年人的经济需求放在重要位置，尤其是重点关注农村困难家庭老年人和城镇低收入困难家庭老年人的经济需求，避免经济困难的老年人陷入贫困，保障其最基本的生活水平。

---

[1]　李萌：《消除精神贫困构建健康精神生活的对策探究》，河北师范大学博士论文，2014 年。

首先，提高特别扶助金标准。建立动态调整机制继续提高特别扶助金的省级标准，建议在目前不能够各省市统一的情况下，标准制定就高不就低。特别扶助金的发放标准的动态调整机制要建立在科学决策基础上，建议实行年度增长模式。

其次，制定一次性经济补偿金制度。建议在省级层面建立全省相对统一、城乡一体的困难老年人家庭一次性补偿制度，补偿额度在每户经济补偿金额在 3 – 5 万元之间。对尚未获得一次性补偿的困难老年人补发补偿。

二、健全医疗保障体系，提高健康管理水平

首先，建立困难家庭老年人医前救助制度。将经济困难家庭的老年人全部纳入到医疗救助体系之中，实行对特定病种提供免费或减免医疗费用的制度。设立困难老年人综合医疗保险制度，可由省卫健委和省财政厅牵头组织实施，将困难家庭老年人综合医疗保险费用纳入到财政预算或探索福利彩票收入补贴制度。规划建立政策性计划生育家庭住院护理保险制度，如对计划生育特殊家庭中的困难老年人，由政府给予全额补助参保，并给予护理补贴。

其次，搭建困难老年人绿色就医快速通道。困难老年人入院治疗优先挂号、优先就诊、优先取药、优先住院服务，并在服务窗口设置"特扶人员优先"提示牌。建立困难老年人免费年度体检制度，对行动不便者进行上门医疗服务。

最后，完善面向困难老年人的家庭医生制度，建立困难老年人身体健康状况数据库。建立困难老年人健康档案，为困难老年人提供定期的医疗服务，既有利于有效的管理困难老年人的健康，也可以追踪认定老年人身体健康状况，对其病情进行及时的诊断与治疗。

三、提高保险统筹层次，扩大低保覆盖范围

首先，提高养老保险统筹层次。针对地区差异，要加大政府财政转移支付，对经济状况较差的地区加大补贴力度。针对城乡待遇差异，要特别重视农村高龄老年人，特别是农村低收入高龄老年人的养老问题。

其次，推进低保"适度扩围"，最大限度发挥低保经济救助作用。加强"低保"制度向困难老年人的政策倾斜力度，通过实施以家庭为单位的"整户保"与只保障家庭中特殊困难人员的"单人户保"相结合的方式，扩大低保

覆盖范围。建议将全部农村困难老年人纳入到"低保"中来。

四、完善住房保障体系，落实政府兜底责任

适时开展城镇困难老年人住房免费适老化改造项目或补贴金，为困难老年人提供良好居住环境；进一步完善廉租住房、公共租赁租房制度，通过资格准入、资金补助等为困难老年人租房提供政策支持，优先满足无房老年人的租房需要。推动农村危房改造政策向困难老年人倾斜：对没有资金改造的，通过提高补助标准或全额补助，优先改造、优先发放；对没有劳动能力改造的，通过亲邻、结对党员等补上劳动力，同时注重发挥社会力量积极筹资筹劳。

五、整合社会多元力量，创新服务供给模式

首先，通过政府购买服务为高龄困难老人提供日常生活照顾、对有需要的家庭开展适老化设施改造。同时，也对于困难家庭老年人的家庭照顾者，给予一定的经济补贴或就业支持等优惠政策。对经济困难的老年人入住养老机构给予一定的优惠补贴。

其次，积极引入社会资本，拓宽资金来源渠道。建议通过各类优惠政策和措施，吸引社会资本加入，提高困难家庭老年人托底保障的社会化水平。建立健全慈善捐赠机制，加强慈善监管，通过设置便民捐助点与捐赠热线等措施，为社会捐赠提供便利。

最后，充分整合社会资源，建立社会支持网络。充分挖掘和联结与困难老年人相关的熟人社会网络，如社区、邻居、亲朋好友、老乡以及院友等，鼓励其在物质援助、照护服务及精神慰藉等方面给予困难老年人以支持。

六、关注精神心理健康，打造良好环境氛围

积极引入社工、志愿者、心理咨询师等，提供精神慰藉服务，拓宽困难老年人情感宣泄渠道，缓解困难家庭老年人的心理孤独感。其次，组织适合困难老年人的社区活动，通过社区工作人员引导，鼓励困难老年人积极参与，促进与其他社区居民的交流与互动。使困难老年人切实感受到社区的温暖。

第二章　儿童保护研究

儿童对自身的保护能力和对社会的适应能力尚未形成，具有心理和生理上的依赖性，是社会的弱势群体。关爱困难家庭儿童健康成长，关系千万家庭幸福和社会公平正义。本章以低收入、孤残、流浪、留守等类型的困境儿童为研究主体，并将普通家庭儿童亦纳入研究范围。结合党的十九大报告提出的"学有所教、病有所医、住有所居、弱有所扶"目标，并加入当下社会关注度颇高的儿童安全问题，提出"安有所保"，最终构成"学有所教、病有所医、住有所居、弱有所扶、安有所保"的"五有"分析框架。

第一节　儿童保护政策综述

困境儿童的类型和维度一直处在变化中，背后体现了国家关注度的不断加强。困境儿童指由于父母双方不能或不能完全履行抚养和监护责任，而致使其陷入个体生存、发展和安全困境的未满 18 周岁的未成年人。根据 2016 年发布的《国务院关于加强困境儿童保障工作的意见》，困境儿童依其困境来源分为三类：一是家庭贫困类，即"因家庭贫困导致生活、就医、就学等困难的儿童"；二是自身残疾类，即"因自身残疾导致康复、照料、护理和社会融入等困难的儿童"；三是监护风险类，即"因家庭监护缺失或监护不当遭受虐待、遗弃、意外伤害、不法伤害等导致人身安全受到威胁或侵害的儿童"。在过往补缺型儿童福利制度中，困境儿童主要包括孤儿、残疾儿童、流浪儿童等传统民政救助对象；在当下适度普惠型儿童福利制度中，事实无人抚养儿童、留守儿童等群体亦被视为身处"困境"。2020 年 10 月最新修订的《中华人民共和国未成年人保护法》首次将困境儿童、留守儿童纳入法律保护，并对民政部门履行法定职责、开展救助保护、开展家庭监护监督指导、受理未成年人权益侵害案件等提出重点要求。

近年来，针对儿童的福利改善行动进展较大。国务院及其相关部门接连颁布相关文件，如《关于加强孤儿救助工作的意见》《关于加强和改进流浪未成年人救助保护工作的意见》《关于进一步加强受艾滋病影响儿童福利保障工作的意见》《关于发放艾滋病病毒感染儿童基本生活费的通知》等，为特殊困境儿童织就安全网。2014年11月，国务院总理李克强主持召开国务院常务会议，部署促进贫困地区儿童发展、让困难家庭孩子拥有美好未来。会议通过《国家贫困地区儿童发展规划》，明确提出，以健康和教育为重点，坚持政府直接提供和购买服务相结合，为集中连片特困地区的农村困难家庭儿童给予从出生到义务教育结束的关怀和保障。

表2-1梳理和归纳了国内外在儿童教育、健康、住房、安全以及特殊群体救助等5个方面的保护政策，展现了儿童保护政策的历史发展与演进。

表2-1 国内外儿童保护政策综述框架

目的	政策	维度	国内政策	国外政策
学有所教	儿童教育保护政策	覆盖面	9年义务教育	美国：13年义务教育 法国：12年义务教育 韩国、日本：9年义务教育
		涵盖面	财政资助政策、校车制度、营养餐计划	专项经费支持、交通补贴制度、免费餐饮及费用减免
		受益面	临时困境儿童"停课不停学"	澳大利亚：隔离学生扶持计划
病有所医	儿童健康保护政策	医疗保护	儿童传染病、常见病的预防与控制	传染病、常见病的预防；专门医疗保障制度；危害因素规避
		精神保护	侧重发挥学校的主体作用	发挥学校、卫生部门、医院等多主体作用
住有所居	儿童住房保护政策	住房保障	孤儿住房分类保障	德国：儿童建房基金

目的	政策	维度	国内政策	国外政策
弱有所扶	困境儿童救助政策	困境儿童保护	最低生活保障制度	美国"预防性政策"现金救助，税收抵免政策
		孤儿和事实无人抚养儿童保护	寄养政策	家庭寄养政策"安全弃婴"机制
		残疾儿童保护	医疗分类保障政策	注重残疾儿童教育保护政策
		流浪儿童保护	临时性救助服务	生存救助服务流浪儿童预防政策
		留守儿童	留守儿童关爱和保护	
安有所保	儿童安全保护政策	安全保护政策	界定各主体责任	"严法"强迫父母监管

一、教育保护政策

教育作为一项人力资本投资，可通过对受助者知识能力的提升，提高社会人力资本水平及社会发展程度。

第一，建立、完善义务教育制度，扩大教育保障对象的覆盖面。中国于1986年颁布《中华人民共和国义务教育法》，实行9年免费义务教育。2017年全国两会期间，有代表提出将高中纳入义务教育范畴，实行12年义务教育政策。之后，该政策在浙江、广东等省开展试点，取得较好反响，但是否能够普及有待检验。

我国对困境儿童的义务教育实行分类保障政策。其中，对于残疾儿童，提供12年义务教育；对于义务教育阶段的孤儿寄宿生，全面纳入生活补助范围；对于完成义务教育阶段的孤儿，纳入国家资助政策体系；对于农村贫困家庭儿童，实行"两免一补"政策；完善义务教育"控辍保学"机制，确保困境儿童入学、不失学。

美国是世界上率先实行义务教育的国家，并将学前教育纳入进来，实行从幼儿园到十二年级（类似于我国的高三）的13年义务教育。德国实行12年义务教育，其中9—10年必须接受全日制教育，另外的2—3年可以进行两种选择：一是继续完成全日制学习；二是进入职业学校接受非全日制教育。韩国、日本实行 9 年义务教育，公立学校均为免费。目前，国内部分城市针对学前教育的地方性立法进程加快。

第二，建立各项配套制度，提升教育保障项目的涵盖面。首先，通过政府财政支持提供教育资助。我国颁布的《国务院关于加强困难家庭儿童保障工作意见》、《国务院办公厅关于加强孤儿保障工作的意见》等政策法规提出，政府建立教育资助政策。实施教育资助政策是国际上比较通行的做法。例如，法国针对学习困难儿童，颁布《学校未来的导向与纲要法》，在学校中设置教育成功个人项目，给予专项经费支持。日本的《就学困难儿童国家援助法》、《生活保护法》，对家庭经济困难学生、特殊儿童提供课外学习费用和学习用品。其次，通过政府财政支持，实施营养改善计划被越来越多的国家所采用。我国实行"营养餐计划"，向农村学生提供免费的早餐和午餐。韩国的《韩国学校给食法》，规定政府免费为经济落后地区学生提供餐饮，为其他地区分担部分餐饮费用。日本的《学校供餐法》规定，国家对农村学校供餐设施费用、家庭经济困难儿童采取费用减免措施；美国对小学生提供免费午餐，对贫困学生家庭发放救济。再次，建立交通补贴制度，对儿童教育的"行"予以保障。我国已建立校车制度，但是覆盖面较小，这与我国实行的"划片入学""就近入学"政策有关。多国建立了儿童上下学交通补贴制度，韩国颁布《岛屿、偏僻地区教育振兴法》，在教师、学生上下学交通方面，对偏僻地区进行特别扶持。澳大利亚对农村寄宿制学校通过"偏远地区儿童补助计划""学生交通补贴"提供补贴。法国与美国都建立上学交通补贴制度，解决离校较远学生的上学交通问题，费用由政府承担。

第三，将特殊时期临时性困境儿童纳入保障范围。为应对 2020 年新冠肺炎疫情对儿童教育的冲击，我国颁布《关于中小学延期开学期间"停课不停学"有关工作安排的通知》，对于新冠肺炎疫情影响下的监护缺失儿童，以政府、学校和社会为责任主体，加强居家学习指导。并要求教育部门和学校采取多种方式，加强对监护缺失适龄儿童的居家学习服务，如：政府提供移动终端设备、流量补贴，学校精准分析学情、制定网上学习计划等，以确保"停课不停学"。与此相类似的做法是，澳大利亚针对由于地理隔离、残疾和特殊健康需求而无法就读合适的州立学校的学生，实施"隔离学生扶持计划"，为儿童提供离家寄宿上学补贴、寄宿家庭补贴和远程教育补贴。

二、健康保护政策

儿童健康主要包括生理健康与心理健康两类，分别对应的健康保护政策为：医疗卫生保护政策和精神卫生保护政策。

1. 医疗保护政策

重点关注儿童传染病、常见病的预防与控制。例如，我国颁布的《关于进一步加强和规范学生健康服务工作管理的通知》提出，加强学生体检、传染病控制等疾病群体防治工作，保护学生身体健康。国际上类似的政策举措较多。例如，美国大多数州立法规定学生入学及转学均需进行体检，小学入学时还要提供预防接种证书。再如，波兰将学生体检分为两类：常规性预防体检、教学单位需要而进行的体检，及时评价学生健康状况。部分国家专门为儿童设计了医疗保障制度。其中，美国建立"医疗补助""州儿童健康保险项目"，该项目是以政府为主导、涉及儿童的全国性医疗保险项目，向全国符合条件的儿童提供服务。越南针对6岁及以上的学校儿童，由卫生部下属的越南医疗保险公司设立社会医疗保险。我国现行制度是将儿童作为城乡居民享受城乡居民医疗保险。此外，国外还关注到儿童身体健康的影响因素，从源头规避出发制定政策。在吸烟危害源方面，北欧多数国家立法规定，不准出售、提供烟草制品给16岁以下的未成年人；保加利亚规定禁止在学校周围200米以内销售香烟。在酒精危害源方面，匈牙利规定禁止在青少年经常出入的地方销售酒饮；法国、瑞典等国禁止酒精饮料的广告、广播宣传。我国也提出禁止儿童吸烟、饮酒等政策举措，有待从法律层面予以规制。

2. 儿童精神卫生政策

2012年我国颁布的《中华人民共和国精神卫生法》提出学校是承担儿童心理健康的责任主体，要求各级学校采取多样化方式，如：配备心理健康教师、设立心理健康辅导室、组织心理援助、与学生家长沟通等，对学生进行心理健康教育。部分国家在发挥学校作用的同时，注重青少年精神患疾的治疗。如希腊立法规定符合条件的医院，包括：300张床以上的综合性医院、50张床以上的儿童医院，设立向3—17岁精神病患者提供专门服务的青年精神病科。

三、住房保障政策

我国专门性的儿童住房保障是针对孤儿群体的。《国务院办公厅关于加强孤儿保障工作的意见》提出，按照分类原则，加强孤儿的住房保障和服务。其中，对居住在农村、无住房的成年孤儿，纳入农村危房改造计划，优先予以资助，由乡镇政府和村民委员会负责，组织动员社会力量和当地村民帮助其建房；对居住在城市的成年孤儿，当地政府对符合城市廉租住房保障条件或其他保障性住房供应条件的，坚持优先安排、应保尽保；对有房产的孤儿，则由监护人帮助其做好房屋的维修和保护工作。

国内外单独针对儿童住房保障的政策较少，多将儿童视为家庭中的个体，从整体角度对家庭住房进行保障。例如，德国《联邦、州及乡镇三级政府的住房共同举措》规定，面向单亲儿童家庭给予特别住房支持政策。联邦政府通过投资儿童建房基金，帮助 18 岁以下儿童家庭购买自住住房。对于单亲儿童来说，政府向其提供连续 10 年的建房基金，每年支付额度为 1200 欧元，该笔资金可用于其家庭购买首套住房。对于"一孩"家庭，政府对补贴住房则有要求，包括：住房面积不超过 120 平米、家庭税前收入不超过 75000 欧元等[1]。

四、困境儿童保护政策

困境儿童是儿童群体中的弱势群体，也是我国兜底保障的对象。依据 2016 年《国务院关于加强困境儿童保障工作意见》，以及国内外儿童救助政策的共性，本报告主要从困境儿童、孤儿、残疾儿童及流浪儿童四类群体展开救助政策的梳理。

（一）困境儿童救助

我国对困境儿童实行最低生活保障制度。《国务院关于加强困难家庭儿童保障工作意见》提出，中央和省级财政采取基本生活保障资金测算方法，补助各类困境儿童，包括：建档立卡贫困户家庭、城乡最低生活保障家庭等生活困难和纳入特困人员救助供养范围的事实无人抚养儿童。2014 年《国家贫困地区儿童发展规划（2014—2020 年）》提出，切实提高集中连片特殊困难地区 4500 万儿童的健康与教育发展水平，切断贫困的代际传递。2019 年 6 月，民政部等 12 部门联合印发《关于进一步加强事实无人抚养儿童保障工作的意

---

〔1〕 高恒、焦怡雪：《德国住房制度体系经验借鉴与启示》，载《城市开发》2020 年第 6 期。

见》，提出重点保障建档立卡贫困户家庭、城乡最低生活保障家庭。对于未达到事实无人抚养儿童基本生活保障补贴标准的家庭进行补差发放，其他事实无人抚养儿童按照补贴标准全额发放，且事实无人抚养儿童基本生活补贴不计入家庭收入。

国外对困境儿童的救助同样主要以现金救助的方式进行。例如，瑞典每年对困境儿童的补助占税收的 15%，地方署每月还向单亲家庭困境儿童给付 1173 克朗的补贴费；英国的儿童税收抵免（CTC）是针对所有困境儿童，根据其家庭收入抵免税收的政策，该政策以年收入 6429 欧元为界限，低于此线，则领取全额儿童税收抵免；新加坡则成立社区关怀基金，以中央政府实行的社会救助项目作为社区关怀计划，着重照顾贫困家庭孩子的成长。有些国家比较重视政策的预防性。如美国开展"提前教育项目"，为 5 岁以下的困境儿童提供专门的营养、教育、医疗救助。目前，我国对困境儿童的兜底保障政策仍以补缺为主，预防性措施有待进一步提上议事日程。

（二）孤儿和事实无人抚养儿童救助

新中国成立之初，我国对孤儿实行"院内集中供养"模式，保障内容仅限于基本生活需要。而后，《关于加强孤儿救助工作的意见》《关于加强孤儿保障工作的意见》等政策的出台，对孤儿安置形式、参与主体、保障内容等提出要求。包括：号召社会力量参与孤儿救助；拓展孤儿安置渠道；加大对孤儿基本生活、医疗康复、教育、就业、住房等保障。国外多主张以家庭寄养代替院舍集中供养，如瑞典的新《社会服务法》规定将寄养家庭更名为家庭之家，减弱国民对寄养子女的概念，保护寄养和被寄养人员的个人隐私，对儿童身心发展有着积极作用；美国和英国均采取较低的收养门槛，在收养家庭经过审查通过后，会向收养家庭提供家庭津贴或财政补助，并定期、动态访问儿童生活。

与国外相比，我国的孤儿家庭寄养政策仍然处于不断完善过程中。其一，发达国家的很多家庭愿意接收各类孤儿，无论其是否有身体或智力残疾，而受传统观念的影响，我国多数领养家庭只愿意接收健康孤儿。其二，我国儿童收养政策设置门槛过高、收养程序复杂，使很多有意愿收养孤儿的家庭望而却步。其三，民间收养也处于合情不合法的尴尬位置，加之易于滋生出某些收养、送养的非法中介。前瞻地看，应通过培养公民精神、简化收养程序、完善孤儿收养政策。

事实无人抚养儿童即通俗所说的"事实孤儿"，指父母因死亡、失踪、服刑、强制戒毒、重残或重病等原因无法履行抚养责任的未满 18 周岁的未成年人。2020 年民政部印发《关于进一步做好事实无人抚养儿童保障有关工作的通知》，又增加了"父母被撤销监护资格"和"父母被遣送（驱逐）出境"两种情形。相比法律意义上的"孤儿"，事实无人抚养儿童长期处于政策关照不足的角落，但目前这种状况正在改善。2019 年 6 月，民政部等 12 部门联合印发《关于进一步加强事实无人抚养儿童保障工作的意见》，首次从国家层面将事实无人抚养儿童纳入保障范围，保障内容参照孤儿标准，包括：基本生活保障，如发放基本生活补贴；医疗康复保障，如医疗救助、参保资助以及符合条件享受的重度残疾人护理补贴及康复救助等；教育资助救助，如助学金、减免学费和住宿费等。对于确实无人照顾的儿童，民政部门负有兜底监护的责任。国家政策以外，各省市也依据自身经济条件和实际需求进行了政策创新和福利叠加。如陕西等地对事实无人抚养儿童实行全额医保；北京和重庆等地将事实无人抚养儿童纳入助学工程，保障这些孩子在大学期间仍能够得到资助。

（三）残疾儿童救助

残疾儿童救助朝系统化发展，由最初的衣食住行等基本物质保障拓展到关爱服务、心理辅导等更高层次的保障。首先，孤残儿童收养制度是我国建立最早的兜底保障制度。而后，1994 年，中国残联、教育部出台《关于开展残疾儿童少年随班就读工作的试行办法》，建立特殊儿童教育制度，保障特殊儿童义务教育。《残疾人教育条例》的陆续修订，逐步建立"以随班就读和特教班为主体、特殊教育学校为骨干"的残疾儿童义务教育体系，并将学前教育、义务教育、职业教育、普通高级中等以上教育以及继续教育放到了同等重要的地位。

20 世纪 80 年代，民政部通过举办残疾儿童福利院康复专业训练班，培养康复专业的医务人员，为残疾儿童康复事业奠定人才基础。2004 年，民政部启动"明天计划"，为城乡各类社会福利机构中具有手术适应症的残疾孤儿和由民政部门监护分散供养的残疾孤儿实施康复手术。目前，"明天计划"救治的病种已从手术矫治拓展到全科医疗康复。此外，还有针对残疾儿童兜底保障制度的重度残疾人生活补贴和护理补贴制度。

目前，我国残疾儿童康复与医疗救助实行分类保障政策。其中，对于重病、重残儿童，推动城乡居民基本医疗保险和大病保险向其适当倾斜；对于听力残疾儿童，将小儿行为听力测试、儿童听力障碍语言训练等医疗康复项目纳入基本医疗保障范围政策；对于最低生活保障家庭儿童、重度残疾儿童，给予补贴其参加城乡居民基本医疗保险的个人缴费部分。"精准分类、分策实施"极大地提高了救助效率。

国外的残疾儿童救助除了保护和医疗外，特别重视教育救助。日本《儿童福利法》提出，残疾儿童救助的重点是日常生活指导和技能获取，确保残疾儿童享有与正常儿童相同的尊严和人格。美国特殊教育例法（IDEA）提出保障残疾儿童权益的六项基本原则：零拒绝、无歧视性评估、个别化教育、最少限制的环境、合法的程序与家长的参与，保障所有残疾儿童的受教育权利。

（四）流浪儿童救助

我国对流浪儿童的救助起步于 2003 年。《城市生活无着的流浪乞讨人员救助管理办法》规定，设于全国各市县的社会救助站点，对流浪儿童开展主动性救助，为他们提供食宿保护，护送他们返回家乡。《关于加强和改进流浪未成年人救助保护工作的意见》提出，帮助流浪未成年人及时回归家庭、做好流浪未成年人的教育矫治、强化流浪未成年人源头预防和治理。这些应急性的临时救助，其着眼点主要是解决流浪儿童当时面临的具体困境，而较少关注产生这些困境的深层次的家庭和社会原因。有鉴于此，建立儿童社会救助工作的长效机制势在必行。

国外对流浪儿童的救助政策成熟。美国向各种类型的流浪儿童提供生存救助服务，如街头救助、应急避难和生存技能培训等，并为其提供重建生活所必需的工具和服务。除此之外，还为流浪儿童提供生活照顾、医疗护理、心理咨询、学习教育等各方面服务。《俄罗斯流浪儿童预防性原则纲领》侧重从源头上预防了流浪儿童违法问题的产生，其预防程序为：汇总儿童信息、建立电子信息系统计算救助人数、建立统一的救助制度、巩固预防机构的物质基础、提高救助服务的质量与水平。

五、安全保护政策

我国儿童安全保护政策主要围绕责任主体的界定。如，2003 年《学生伤害事故处理办法》首次明确学校、学生监护人在学生伤害事故发生时各自应承担的责任，对事故处理程序、事故损害赔偿、事故责任者的处理作了规定。2006 年《中小学幼儿园安全管理办法》再次明确政府各部门在学校安全方面的职责，规定需建立校内安全管理制度，落实安全管理要求，将安全教育纳入教学内容，并对安全事故处理与奖罚责任作了规定。但相关政策仅明确了责任，对于责任主体如何落实义务、如何开展校园安全保护等实质性内容涉及较少。

部分国家对于儿童安全保护，不仅强调政府、学校和社会的责任，还"严法"强迫父母监管。澳大利亚建立家长培训制度，刚出生的孩子家长必须参加为期一个月的学习班，保证新生儿在家中的安全。在暑假到来之前，父母也必须参加学习班，以保障孩子在假期的各种安全。为防止意外发生，美国法律明确规定父母或监护人任何时间、任何地点都不能将 12 岁以下儿童置于无人看管的状况，否则将被追究法律责任。

第二节　困难儿童家庭生活质量动态监测

借鉴统计局对家庭生活质量的测量与解读[1]，本报告从六个维度对家庭生活质量进行动态监测，分别为：家庭消费支出、食品消费支出比重（恩格尔系数）、服务性消费支出、居住条件、耐用消费品拥有量及家庭债务情况。本节采用 2018 年家庭入户调查问卷（儿童青少年 6－16 岁版）和 2019 年家庭入户调查问卷数据，实际反映的是 2017 年和 2018 年困难家庭儿童青少年的基本状况。构建以 2 年为时间周期、以 6 项测量指标为维度的纵向分析框架，动态监测困难儿童家庭生活质量。

需要说明的是，由于 2017 年和 2018 年数据中对困境儿童的分类方法有所差异。其中，2017 年数据依据家庭类型将儿童分成了三类：低保户家庭儿童、低保边缘户家庭儿童、普通户家庭儿童；2018 年数据直接将全部儿童分成了三类：普通儿童、困境儿童与留守儿童。为便于比较和分析，本报告首先将

---

〔1〕　王友捐：《全国居民收入稳步增长，居民生活质量持续改善》，载《经济日报》2019 年 1 月 22 日。

2017年的儿童青少年分为两大类：困难家庭儿童、普通家庭儿童[1]，然后以监护人类型为划分依据，将每一大类细分为留守、非留守儿童。至此，2017年儿童数据形成四个类别：困难留守、困难非留守、普通留守与普通非留守。其中，前两类分别对应2018年数据中的留守儿童与困境儿童。数据经过处理后（见表2-2），2017年数据共得到2530个困难家庭儿童样本，其中，有674个留守儿童，1856个非留守儿童；2018年数据得到863个困难家庭儿童样本，其中，留守儿童样本数量为375个，困境儿童样本数量为488个。从样本量占比可知，困难家庭留守儿童的比例呈上升趋势。

表2-2　困难儿童类别的样本量

	2017年			2018年		
	全部困难儿童	困难留守儿童	困难非留守儿童	全部困难儿童	留守儿童	困境儿童
样本量	2530	674	1856	863	375	488
占全部困难儿童比例	100%	26.64%	73.36%	100%	43.45%	56.55%

注：本表报告的是有效百分比。

一、家庭消费支出情况

（一）消费总支出情况

困难儿童家庭消费总支出增加，其占家庭总收入的比例降低。调查结果显示（见表2-3），从2017年到2018年，困难儿童家庭的消费总支出的均值增加4346.85元。从儿童家庭类别来看，与非留守儿童家庭相比，留守儿童家庭消费总支出增长的比例更大。困境儿童家庭消费支出占比下降10.07%，留守儿童的这一比例更是高达12.55%。这"一升一降"反映了困难儿童家庭，特别是留守儿童家庭收入水平的增加、消费层次的提高及生活质量的提升。

---

[1] 困难家庭儿童包括低保户家庭儿童、低保边缘户家庭儿童；普通家庭儿童即普通户（非低保户或低保边缘户）家庭儿童。

表 2 - 3　2017 年和 2018 年困难儿童家庭消费总支出的情况（单位：元）

消费总支出的情况	2017 年			2018 年		
	全部困难儿童	困难留守儿童	困难非留守儿童	全部困难儿童	留守儿童	困境儿童
消费支出	37593.14	36672.79	37925.16	41939.99	46824.88	38186.23
扣除 5% 极端值	33148.76	30903.62	33958.73	38854.51	42490.65	36060.34
消费支出占比	30.20%	35.41%	28.34%	20.13%	22.86%	18.06%

注：本表报告的是均值和有效百分比。

（二）日常生活消费支出情况

困难儿童家庭日常生活消费支出、食品消费支出比重（恩格尔系数）降低。

2017 年数据中没有专门的食品消费指标，对日常生活消费支出的统计较为广泛，包括：吃、穿、住、用、行、燃气、水电等，虽不能准确地反映恩格尔系数，但包括食品消费的指标在一定程度上仍能够反映其家庭生活质量。结果显示（见表 2 - 4），2017 年全部困难儿童家庭的生活消费支出为 16083.28 元，占消费总支出的比例为 53.88%。这一项目仅以满足基本生活需要为目的，超过 50% 的比例反映了其家庭生活质量不高。2018 年，困难儿童家庭的食品消费支出为 11509.26 元，占消费支出比重为 33.41%，已达到一般富裕水平[1]。这表明，困难家庭儿童的生活质量得到提升。

表 2 - 4　2017 年和 2018 年困难儿童家庭日常生活消费支出的情况（单位：元）

	2017 年			2018 年		
	全部困难儿童	困难家庭留守儿童	困难家庭非留守儿童	全部困难儿童	留守儿童	困境儿童
日常消费支出	16083.28	14916.03	16509.58	11509.26	11335.24	11642.99
扣除 5% 极端值	15691.08	14698.59	16053.56	7798.01	7884.24	7736.78
日常消费占比	53.88%	54.45%	53.68%	33.41%	29.91%	36.10%

注：本表报告的是有效百分比和均值。

---

[1]　恩格尔系数是食品支出总额占家庭消费支出总额的比重，达 59% 以上为贫困，50% - 59% 为温饱，40% - 50% 为小康，30% - 40% 为富裕，低于 30% 为最富裕。

（三）服务性消费支出情况

医疗和教育是儿童家庭最大的两项服务性消费，因此，本报告主要着眼于这两项服务，动态分析困难儿童家庭生活质量。由于2017年调查数据中没有家庭教育服务指标，故使用孩子教育费用来反映。为便于与家庭收支状况进行比较，将以半年为单位的孩子教育费用支出乘以2，处理成年教育费用支出。

调查结果显示（见图2-1），困难儿童家庭在不同服务性消费方面的差异显著，且医疗费用支出减少，教育费用增加。从服务性消费类别角度看，家庭消费支出不平衡。困难儿童家庭在教育费用上的支出较少，占家庭消费支出的13%-15%；2017年医疗服务费用支出占比却高达27.38%。2018年，困难儿童家庭的教育费用支出略增，医疗费用支出骤减，两者占家庭总支出的比例基本持平。

上述指标反映出针对困难儿童家庭实施的医疗保障制度取得的成效，家庭医疗费用的减少，能够为改进其家庭生活质量提供资金支持；另一方面，困难儿童家庭对教育的重视程度不足，投入的教育费用仍较少，难以从"根源上"阻断代际贫困。对此，为根本性、长远性地提升困难儿童家庭的生活质量，应加大对困难儿童的教育保护，探索多形式、多领域的教育保障政策，并由基础教育拓展至课外教育、个人特长发展教育等。

图2-1 2017年和2018年困难儿童家庭服务性消费支出的情况

二、家庭居住条件

困难儿童家庭的居住条件改善。随着收入水平的提升，困难儿童家庭的居住条件和生活设施持续改善，生活质量得到提升。调查结果显示（见图 2 - 2），整体上来看，2018 年全部困难儿童家庭有独立洗浴设施的比重为64.94%，比 2017 年提高 10.79%；有自来水的比重为 96.18%，比 2017 年提高 7.21%。其中，从困难儿童家庭类别来看，与留守儿童家庭相比，困难非留守儿童家庭的居住条件和生活设施质量提升的幅度较大。这也对进一步改善困难儿童家庭居住条件、重点关注留守儿童的居住环境提出要求。

图 2 - 2　2017 年和 2018 年困难儿童家庭的居住条件

三、耐用消费品拥有情况

困难儿童家庭耐用品拥有量增幅较小，且不同消费品类别的增幅差异较大，表明生活质量得到不同程度的改善。从多重响应结果来看（见表 2 - 5），困难儿童家庭在基础消费品，如电视机、洗衣机、冰箱等持续增长的基础上，稳步提升发展型消费品，包括汽车、智能手机等，生活质量显著提升。

从困难儿童家庭类别来看，困难留守儿童家庭的耐用消费品拥有量增幅较大，例如：留守儿童家庭洗衣机的拥有量增加 12.09%，智能手机的拥有量增长 17.31%。然而，困难儿童家庭对其他耐用消费品的拥有量减少，如电脑、贵重物品等。这可能与耐用消费品价格较高、投资成本较大的特征有关。受家庭经济水平制约，困难儿童家庭多出于现实需要，而非投资增值目的购买耐用消费品。

表 2-5　2017 年和 2018 年困难儿童家庭耐用消费品拥有情况（多重响应结果）

	2017 年			2018 年		
	全部困难儿童	困难家庭留守儿童	困难家庭非留守儿童	全部困难儿童	困境儿童	留守儿童
电视机	86.21%	84.12%	86.96%	85.17%	82.4%	87.3%
洗衣机	80.75%	78.04%	81.73%	87.25%	90.13%	85.04%
冰箱	78.97%	78.19%	79.26%	82.85%	78.4%	86.27%
空调	47.67%	49.11%	47.14%	9.27%	2.93%	14.14%
电脑	25.02%	18.69%	27.32%	14.72%	8.27%	19.67%
电动车	54.62%	47.77%	57.11%	19.24%	12.27%	24.59%
摩托车	21.38%	19.73%	21.98%	31.98%	38.13%	27.25%
智能手机	76.36%	58.16%	82.97%	78.56%	75.47%	80.94%
汽车	6.96%	4.45%	7.87%	9.85%	13.34%	7.17%
贵重物品	3.24%	1.93%	3.72%	0.93%	0.53%	1.23%
无	1.58%	2.97%	1.08%	1.97%	2.4%	1.64%
共计	483%	443.16%	497.14%	421.79%	404.27%	435.24%

注：本表汇报的是个案百分比。

四、家庭债务情况

（一）借债数额及比例

困难儿童家庭借债数额无显著变化，借债比例显著下降[1]。调查结果显示（见图 2-3），困难儿童家庭的借债数额变动幅度较小。2018 年借债数额比2017 年减少 1986.46 元，扣除 5% 极端值后，借债数额的均值增加 1332.54。

---

[1] 本处的借债比例由借债人数与全部儿童数量之比计算得出。

然而，借债比例变动幅度较大。2018 年全部困难儿童家庭借债比例仅为 5.56%，比 2017 年降低 35.75%。这表明，整体上困难儿童家庭债务减少，生活质量提升。

从困难儿童家庭的类别来看，留守儿童家庭的债务情况较为严峻，生活质量需重点改善。首先，无论是否扣除 5% 极端值，留守儿童家庭的借债数额都持续增加，增长比例分别为 12.83% 和 10.86%，而非留守儿童的借债数额都显著减少。其次，留守儿童家庭借债比例下降的幅度最小，仅为 7.03%，留守儿童家庭的这一比例高达 28.72%。对此，应重点关注困难留守儿童家庭的经济状况。

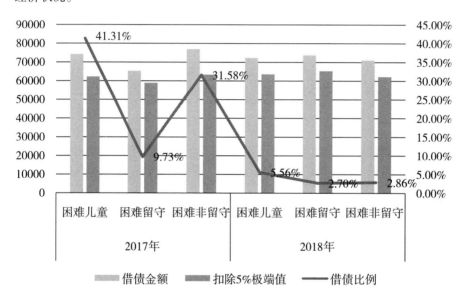

图 2 - 3　2017 年和 2018 年困难儿童家庭的借债情况

（二）借债原因

困难儿童家庭的借债原因具有多样化、差异化特征。图 2 - 4 描述的是响应百分比。调查结果显示，2018 年困难儿童家庭因看病、孩子上学、日常生活需要等原因而借债的比例显著下降，而在经营及其他方面的借债比例增加，如买车、养殖等。这表明，困境儿童家庭的生活需求及质量正在由较低层次向较高层次转变。

尽管较低层次借债原因的比例下降，但不可忽视的一个客观现象是：这类借债原因的占比仍处于较高水平。2018 年困难儿童家庭借债原因最多的仍是看病（31.9%），其后，依次是孩子上学（12.06%）、买房、租房或修建房（15.66%）以及日常生活需要（6.5%）。这表明，困难儿童家庭生活质量较低，以满足基本生活为主；也从深层次反映出，当前的兜底保障对困难儿童家庭并未完全实现"应保尽保"，仍存在部分"因病致穷""因学致穷"的问题。

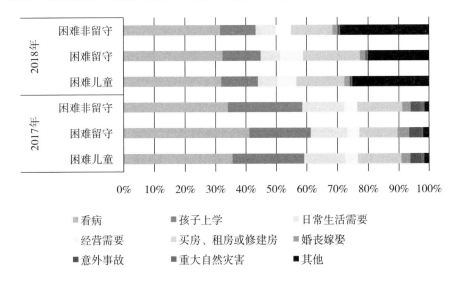

图 2-4　2017 年和 2018 年困难儿童家庭的借债原因

第三节　政策匹配与存在问题

基于上述建立的"五有"分析框架，将其与儿童青少年数据结合，本节则从营养、教育、身体健康、心理健康、安全保护五个视角展开，主要使用2018 年儿童青少年数据，采取困难家庭儿童与普通家庭儿童横向对比的方法，分析儿童青少年兜底保障政策存在的问题。

2018 年家庭入户调查问卷（儿童青少年 6-16 岁版）是专门针对儿童青少年群体，故本节主要使用该数据进行分析[1]。该数据是采用计算机面访的方法，由民政部政策研究中心和北京大学中国社会科学调查中心调查所得。数

---

〔1〕 2018 年入户调查问卷调查的实际是 2017 年情况。

据为截面数据，包含全国 29 个省（市、自治区）的 110 个市、150 个区县、1800 多个村委会和居委会，共 3342 个家庭儿童样本。经过数据清理，删除异常值后，共得到 3341 个有效样本（见表 2 - 6）。困难家庭儿童占调查总体的 75.73%；普通家庭儿童数量占调查总体的 24.27%。其中，困难家庭中的留守儿童占比为 26.64%，非留守儿童占比为 73.36%；普通家庭中的留守儿童占比为 18.37%，非留守儿童占比为 81.63%。

表 2 - 6　2017 年困难家庭儿童的总体分布

	困难儿童家庭		普通儿童家庭	
	人数	百分比	人数	百分比
留守儿童	674	26.64%	1856	73.36%
非留守儿童	149	18.37%	662	81.63%
合计	2530	100.00%	811	100.00%

一、营养保护政策落实程度偏低

调查发现，困难家庭儿童存在营养状况不良的情况。儿童青少年处于生长发育期，水果和牛奶的摄入对补充其所需的蛋白质、维生素等营养具有重要价值。数据显示（见图 2 - 5 和图 2 - 6），每周吃水果、喝牛奶的频率不超过 1 周 2 次的困难家庭儿童占比分别是 58.25%、69.98%。根据 2016 年《中国居民膳食指南》的规定，每人每天的水果摄入量应达到 200—300 克，液态奶摄入量应达到 300 克[1]。由此可知，困难家庭儿童儿童每天的水果、牛奶的摄入量无法满足其成长所需。

---

〔1〕　中国营养学会：《中国居民膳食指南（2016）》，人民卫生出版社 2016 年版。

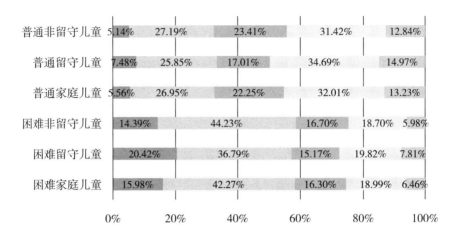

图 2 - 5   2017 年困难家庭儿童吃水果的频率

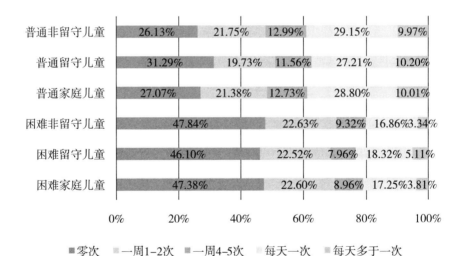

图 2 - 6   2017 年困难家庭儿童喝牛奶的频率

困难家庭儿童营养不良从深层次反映出,营养健康保护政策的落实状况较差。调查结果显示(见表 2 - 7),营养早餐与午餐的落实情况都较差。其中,向困难家庭儿童、普通家庭儿童提供营养早餐的比例分别为 12.21% 和 8.15%,向农村儿童、城市儿童提供营养早餐的比例分别为 19.09% 和 6.1%。可见,尽管"营养餐计划"适当向困难家庭儿童和农村儿童倾斜,但总体上仍存在普及率低、落实不到位的问题。

营养餐的提供还存在地区差异。首先，营养餐的落实程度由高到低依次为：西部、中部、东部地区。其次，在营养餐的类别上，各地区总体上的提供率都未超过20%。因此，需要进一步扩大覆盖面，加大"营养餐计划"政策的落实力度。

表 2 - 7　2017 年营养餐的提供情况（多重响应结果）

营养餐的提供情况	提供营养早餐			提供营养午餐		
	频数	个案百分比	响应百分比	频数	个案百分比	响应百分比
全部儿童	374	11.22%	49.73%	378	11.34%	50.27%
困难家庭儿童	308	12.21%	49.76%	311	12.33%	50.24%
普通家庭儿童	66	8.15%	49.62%	67	8.27%	50.38%
农村儿童	251	19.09%	54.80%	207	15.74%	45.20%
城市儿童	123	6.1%	41.84%	171	8.47%	58.16%
东部地区儿童	61	3.88%	34.08%	118	7.50%	65.92%
中部地区儿童	129	12.07%	50.19%	128	11.97%	49.81%
西部地区儿童	184	16.67%	58.23%	132	19.13%	41.77%

注：本表报告的是有效百分比，缺失值共有 2967 个。

从营养餐的落实效果来看，营养餐在"够吃"与"好吃"两方面的供给差异较大。调查结果显示（见表 2 - 8），各类儿童都普遍认为营养餐够吃，但不好吃。这反映出，营养餐的提供过于重视"数量"，侧重单一指标的下达，如食谱数量、价格及次数等；而忽视营养餐的"质量"，如营养餐的味道、食材新鲜度等。这也表明，国家对"营养餐政策"的落实缺少监督和评估，导致政策仅能满足儿童的温饱需求，既难以发挥出政策的真实效果，也容易滋生营养餐寻租等现象。

表 2 - 8　2017 年营养餐的提供效果

提供效果	免费早餐是否够吃			免费早餐是否好吃		
	足够	不太够	完全不够	好吃	一般	不好吃
全部儿童	89.30%	8.62%	2.08%	36.59%	52.89%	10.52%
困难家庭儿童	89.49%	8.33%	2.17%	34.48%	54.51%	11.01%

续表

提供效果	免费早餐是否够吃			免费早餐是否好吃		
	足够	不太够	完全不够	好吃	一般	不好吃
普通家庭儿童	88.43%	9.92%	1.65%	46.28%	45.45%	8.26%
农村儿童	90.55%	8.21%	1.24%	34.65%	57.43%	7.92%
城市儿童	87.40%	9.23%	3.32%	39.48%	46.13%	14.39%
东部地区儿童	85.99%	10.83%	3.18%	42.68%	45.22%	12.10%
中部地区儿童	88.50%	7.52%	3.98%	30.40%	56.83%	12.78%
西部地区儿童	91.72%	8.28%	0	38.14%	53.95%	7.90%

注：本表报告的是有效百分比，缺失值共有 2668 个。

营养餐的实施效果也存在显著的地区差异，不同地区在营养餐"数量"与"质量"之间呈现不协调。这与地区的财政能力相关，补贴标准越高，用于提高营养餐"质量"的能力越强。例如，东部地区膳食补贴标准为每天 5元；中部地区以河南省为例，每天 4 元膳食补贴；西部每天只有 3 元的膳食补贴。然而，西部农村贫困孩子的身高和体重都明显低于正常年龄儿童，每 100个中就有近 12 个生长迟缓[1]，更需要较高的膳食补贴。

二、教育保护政策的保障层次较低

（一）困难儿童的家庭教育不充分

困难家庭儿童的学业成绩在一定程度上能够反映其家庭教育的提供程度。学业成绩的计算方法是，由最近一次，该学生在班上的排名除以班级总人数得到。数值越小，排名越靠前，则学业成绩越好；数值越大，排名越靠后，则学业成绩越差。与普通家庭儿童相比，困难家庭儿童的学业成绩较低。其中，困境留守儿童学业成绩更差。进一步使用 2017 年数据佐证，结果显示（见图2-7），困境儿童和留守儿童的成绩较差，多处于班级中下游水平。

---

[1] 张艳玲：《调查称西部贫困生严重营养不良政府干预存漏洞》，载搜狐网 http：//news.sohu.com/20110228/n279568429.shtml，最后访问日期：2011 年 3 月 1 日。

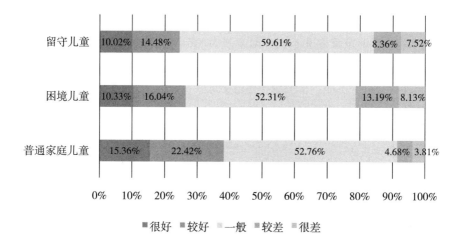

图 2 - 7　2017 年困难家庭儿童的学习成绩分布

　　究其原因，一方面，家庭经济状况影响困难家庭儿童的学业成绩。调查结果中，42.14% 的困难家庭儿童同意或有时同意"因为家庭经济困难影响了学习成绩"。另一方面，受家庭预算的影响，困境儿童家庭投入的教育资源较少，导致儿童难以进入师资力量雄厚、教学设施先进的重点学校。仅有 9.14% 的困境儿童在重点学校就读，9.49% 的留守儿童在重点学校就读。同时，相当部分的困境儿童在农村，整体上的教学条件、学习环境比较落后，且多采用大班制的教学方式，教师无法兼顾每一位同学的学习，难以"因材施教"。（见图 2 - 8）

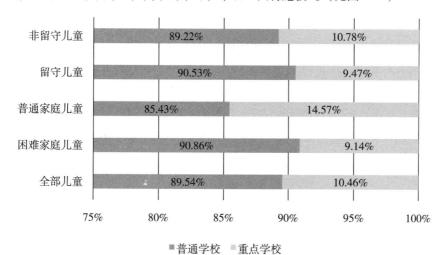

图 2 - 8　2017 年困难家庭儿童就读学校的情况

　　另一方面，家庭教育与辅导影响困难家庭儿童的学业成绩。调查结果显示（见图2-9），困难家庭儿童，特别是其中的留守儿童面临家庭教育的缺失。27.95%的留守儿童没有得到作业辅导，17.86%的留守儿童的作业辅导者是祖父母和外祖父母。然而，祖父母、外祖父母等长辈或文化程度较低，或身体状况欠佳，又或过分溺爱儿童，对儿童的教育心有余而力不足，难以对儿童给予正确、有效的引导。

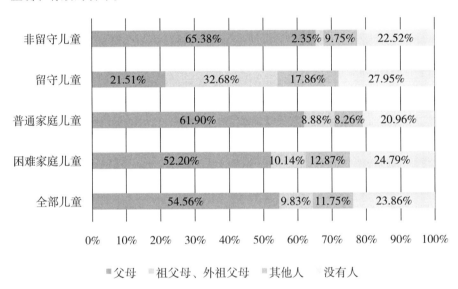

图2-9　2017年困难家庭儿童督促或辅导写作业的情况

　　在辅导频率的调查结果中（见图2-10），困难家庭儿童得到作业辅导的频数较少。其中，21.65%的困难家庭儿童每周只得到1次辅导，5.80%的困难家庭儿童每月得到1次辅导，还有2.21%的困难家庭儿童得到作业辅导的频率为0。对此，应当鼓励父母或监护人关注儿童的教育辅导，增加对儿童作业辅导的频次。

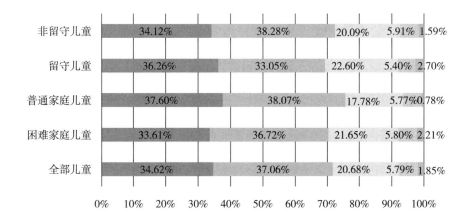

图 2 - 10 2017 年困难家庭儿童被辅导写作业的频率

此外，家庭教育方式也影响困难家庭儿童的学业成绩。调查结果显示（见表 2 - 9），困难家庭儿童的监护人缺乏科学的教育方式。当困难家庭儿童学业成绩不理想时，42. 70% 的困难家庭儿童监护人常采取责骂、体罚和限制活动等方式，还有 4. 83% 的困难家庭儿童监护人不采取任何措施。不科学的教育方式容易造成孩子对学习的逆反心理，使儿童丧失对学习的信心，较难重新激发其对学习的热情。因此，需要向其监护人宣传正确的教育观及科学的教育方法。

表 2 - 9 2017 年困难家庭儿童监护人的家庭教育方式（多重响应结果）

家庭教育方式	全部儿童		困难家庭儿童		普通家庭儿童	
	个案百分比	响应百分比	个案百分比	响应百分比	个案百分比	响应百分比
体罚	6. 35%	3. 26%	6. 42%	3. 33%	6. 17%	3. 07%
责骂	22. 54%	11. 57%	23. 37%	12. 11%	19. 98%	9. 96%
限制互动	13. 70%	7. 03%	12. 91%	6. 69%	16. 15%	8. 05%
联系老师	16. 58%	8. 51%	16. 83%	8. 73%	15. 78%	7. 87%
更多帮助	52. 04%	26. 72%	49. 78%	25. 81%	59. 06%	29. 44%
努力学习	79. 08%	40. 60%	78. 73%	40. 82%	80. 15%	39. 95%
不采取任何措施	4. 47%	2. 29%	4. 83%	2. 51%	3. 33%	1. 66%
总体	194. 76%	100. 00%	192. 87%	100. 00%	200. 62%	100. 00%

注：本表报告的是有效百分比，缺失值共有 5 个。

> **专栏 2-2：多举措解决儿童教育问题**
>
> 一是加强家庭教育。最普遍的形式是定期召开家长会、校长办公会等。例如，上海复旦中学将家庭教育纳入学校顶层设计，树立"家校合作"的家庭教育理念，构建"学校引导、家庭融入"的家庭教育协调机制。又如，上海开放大学建立"上海家庭教育指导服务中心"，帮助家长提升教育技巧，解决养育难题。
>
> 二是社会组织帮扶。政府购买社会组织服务或发动慈善力量，采取财务资助、结对帮扶、一对一学业辅导等方式解决困境儿童学业难题。例如，广州市社会组织公益创投活动"护苗计划"聚焦困境儿童真实需求，一对一学业辅导78人次。再如，爱德基金会发起的"e万行动"不仅向贫困孤儿提供资助，更关注受资助儿童的学业进步，要求其定期提交学习反馈和成长分享。截止2018年，已资助429名困境儿童，累计发放助学资金133.7万元。[1]

（二）教育保障内容的覆盖面较窄

家长及儿童日益增长的优质教育需求与教育资源稀缺的矛盾日益突出。在优质教育资源稀缺的背景下，课外"培优"、发展个人特长等成为儿童胜出的重要手段。调查结果显示（见表2-10），困难家庭儿童参加各类课外辅导班的比例较低。其中，28.92%的困难家庭儿童参加学校课程辅导，如：语文、数学、英语、物理、化学等科目。12.89%的困难家庭儿童参加才艺培养，如琴、棋、书、画、体育等。分别不超过5%的困难家庭儿童参加竞赛辅导、心智开发和亲子活动，如奥赛、华杯赛、魔方、右脑开发等。由此可见，困难家庭儿童个人特长发展不足，在与同辈竞争的场域中难以脱颖而出。

表 2-10 2017年困难家庭儿童参加课外辅导班的情况（多重响应结果）

	全部儿童		困难家庭儿童		普通家庭儿童	
	个案百分比	响应百分比	个案百分比	响应百分比	个案百分比	响应百分比
学校课程辅导	32.53%	53.04%	28.92%	57.00%	43.81%	46.40%
竞赛辅导	3.36%	5.48%	3.01%	5.94%	4.46%	4.72%
才艺培养	17.51%	28.55%	12.89%	25.41%	31.93%	33.81%
心智开发	1.98%	3.23%	1.35%	2.66%	3.96%	4.19%
亲子活动	4.36%	7.10%	3.13%	6.18%	8.17%	8.65%
其他	1.59%	2.60%	1.43%	2.81%	2.10%	2.23%
总计	61%	100.00%	50.73%	100%	94.43%	100%

注：本表报告的是有效百分比，缺失值共有12个。

---

[1] 根据网络资料整理。

　　困境儿童个人特长发展不足的根本原因是家庭经济状况。调查结果显示（见图2-11），53.30％的困境儿童经常或有时发生"因家庭经济困难影响个人特长发展不足的情况"。同时，困境儿童也表示最需要的帮助是学业辅导（图2-12），这表明，受家庭经济的影响，困境儿童缺乏优质的教育资源和良好的成长环境，进而难以实现教育起点和过程的公平。

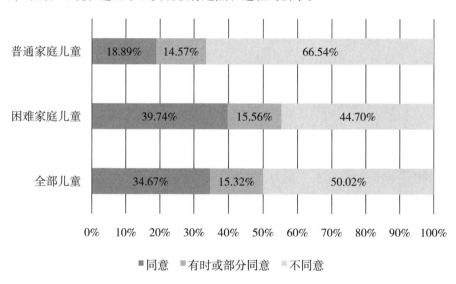

图 2-11　2017 年因家庭困难影响个人特长发展的情况

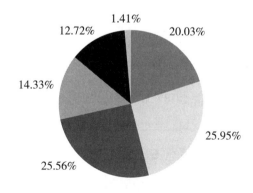

图 2-12　2017 年困难家庭儿童需要的帮助

这从深层次上反映出教育保障政策存在的不足。其一，教育保障政策落实不到位。"两免一补"政策作为一种经济保障形式，能够通过直接减少家庭的教育支出，增加家庭在儿童个人特长培养方面的支出。然而，调查结果中，教育保障政策整体上存在覆盖率较低的现象，导致政策的功能发挥有限，难以从根本上实现教育保障的目标。因此，应加大教育保障政策的落实力度，完善教育保障的形式，将其由单一的经济形式转为经济与服务双重形式的结合。

其二，教育保障内容覆盖面较窄，无法满足儿童日益增长的多元化、个性化需求。目前，儿童兜底保障以"项目""活动"等形式为主。例如，各类暑假大学生志愿活动、夏令营等，属于临时性和节点性的关怀。然而，儿童青少年的发展是一个持续性状态，需要得到时刻关注与保护，包括课程学业辅导、个人特长发展等，这都是目前儿童兜底保障政策所不能及的。因此，不仅要关注困难家庭儿童的正规学校教育，加大对其课外辅导等持续性教育也应成为教育保障政策的重点。

专栏 2-3："向日葵读书点"——课外教育长期帮扶模式

2014 年 6 月，江苏省徐州市妇联在全市开展"牵手困难家庭儿童——向日葵关爱培养行动"活动。该活动致力于困境儿童的阅读和教育帮扶，通过在基层党支部、村级小学或村民家庭等建立若干"向日葵读书点"，既弥补了乡村学校阅读教育的短板，又满足了广大乡村困境儿童的课外阅读需求。

具体做法：采取"2+1"结对模式，即 1 名爱心妈妈 + 1 名成长伙伴 + 1 名困境儿童，通过发挥成长伙伴结对帮扶、爱心妈妈陪读的方式，让困境儿童爱上阅读。采用"教师 + 学生 + 家长"联手志愿的管理方式，在放学后、节假日期间全面开放，为困境儿童创造长期的阅读环境，满足儿童长期性、持续性的发展需求。与此同时，以读书点为契机，探索"基地 + 团队 + 活动"三位一体的困境儿童关爱新模式，为社会力量参与搭设"桥梁"。目前，"向日葵读书点"已募集 406.6 万元社会帮扶资金，结对帮扶 2.5 万名困境儿童。[1]

（三）困境儿童家庭教育信息化水平偏低

2020 年新冠肺炎疫情期间，为响应"停学不停课"号召，各地推行网上教学，教育信息化的重点便落在了家庭。电脑和网络是家庭教育信息化的硬件

---

[1] 王作金：《春风化雨，滋润困境儿童的心田》，载凤凰网 https://finance.ifeng.com/a/20160616/14492325_0.shtml，最后访问日期：2016 年 6 月 16 日。

设备。根据调查结果显示（见表2-11），困境儿童家庭配备电脑和网络的比例较低，网络可及性较差。首先，在电脑配备方面，68.06%的普通家庭儿童有电脑，仅有34.15%的困境儿童家庭有电脑。其次，在网络配备方面，高达84.69%的普通家庭儿童拥有网络设备，仅有57.73%的困境儿童家庭配备网络。因此，在教育信息化背景下，应加大对困难家庭儿童，特别是困难留守儿童家庭教育信息化硬件的支持力度，提升家庭教育信息化水平。

表2-11 2017年困难儿童家庭教育信息化的情况

家庭教育信息化	困难家庭儿童			普通家庭儿童		
	总体	留守儿童	非留守儿童	总体	留守儿童	非留守儿童
有电脑	34.15%	29.08%	36.00%	68.06%	56.38%	70.69%
有网络	57.73%	50.60%	60.31%	84.69%	76.35%	86.56%

注：本表报告的是有效百分比，缺失值共有10个。

家庭经济状况影响家庭教育信息化水平。困境儿童的家庭经济困难，教育投入资源有限，对教育信息化的支持力度较低，基础设施配备不足。"网课"等居家在线教育形式或将拉开困难家庭儿童与普通家庭儿童、城乡教育的差距，形成新的教育不公平。因此，应重点关注困境儿童、农村地区儿童的家庭教育信息化，加大对教育信息化的财政支持力度，夯实欠发达地区的网络基础环境。

三、医疗保护政策的补助水平不高

困难家庭儿童的就医处置率较低。调查结果显示（见图2-13），困难家庭儿童在其生病之后，71.41%的困难家庭儿童会找医生看病，但有1.11%的困难家庭儿童不处置，27.48%的困难家庭儿童在家自己治疗。与之相比，普通家庭儿童的就医处置率较高，占比为75.19%。可见，困难家庭儿童的患病处置率有待提高。

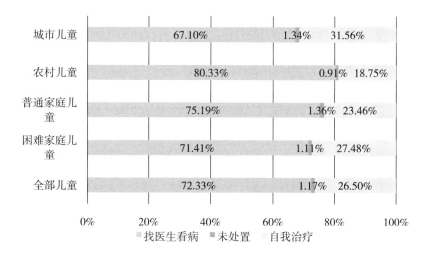

图 2 – 13　2017 年不同类别儿童的患病处置方式

就医处置率较低的原因有三：其一，监护人照料的缺失导致困难家庭儿童的低就医处置率。32.56% 的困难家庭儿童或因父母残疾，或因父母外出务工，实际监护人为其祖父母、外祖父母等。他们一方面没有基本的医疗常识，在儿童生病时，倾向于采取"土方法""偏方"乃至封建迷信的方法去医治，而非选择正规、科学的治疗途径。另一方面，祖父母、外祖父母本身年纪已大，大部分身体健康状况较差，照顾孩子的精力有限。这就导致儿童在生病时难以得到及时有效的、科学的治疗。

其二，医疗服务的可及性。通过社区内或周边是否有为社区居民提供医疗卫生服务的机构来体现。调查结果显示（见表 2 – 12），儿童所在社区提供卫生服务中心的比例较小，医疗服务可及性不足。其中，困难家庭儿童所在社区提供医疗服务的比例为 58.04%，农村儿童所在社区提供医疗服务的比例为 47%。可见，社区医疗卫生服务中心的整体覆盖率较低，医疗服务的可及性有待进一步提高。

表 2 – 12　2017 年困难家庭儿童医疗服务的可及性

医疗服务中心提供情况	全部儿童	困难家庭儿童	普通家庭儿童	农村儿童	城市儿童
	有效百分比	有效百分比	有效百分比	有效百分比	有效百分比
未提供	42.35%	41.96%	43.56%	53.00%	35.11%
提供	57.65%	58.04%	56.44%	47.00%	64.89%
总体	100%	100%	100%	100%	100%

注：本表报告的是有效百分比，缺失值共有 85 个。

其三，困难家庭儿童的家庭经济状况较差，医疗服务的可负担性较低。26.22%的困难家庭儿童同意"因付不起医疗费用在需要的时候不能看病"（见图2-14），还有69.06%的困境儿童家庭因看病而借款，使家庭经济状况更加困难，陷入因病致穷的"恶性循环"。这在一方面反映了因病致穷、因贫穷导致就医处置率低的客观事实之外，也在深层次反映出困难家庭儿童的医疗保障政策未落实到位，需要进一步优化和完善。

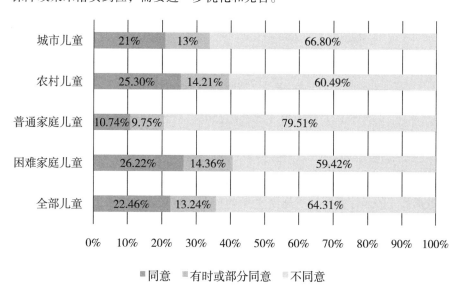

图 2-14　2017 年困难家庭儿童的医疗服务可负担性

困难儿童家庭较低的医疗可负担性反映出，医疗保护政策对儿童医疗费用补贴方面的不足。困难儿童家庭医疗费用包括报销与自付两类。通过自付费用及其占比，可以得知儿童医疗补助的情况。调查结果显示（见图2-15），困难家庭儿童与农村儿童的医疗费用补助水平较低，医疗报销费用比例分别为33.76%和38.12%。由此可知，我国整体上的医疗费用报销比例有待提高，特别是对家庭经济困难、身体健康状况较差的困难家庭儿童，应加大医疗费用报销的比例，避免其家庭陷入因病致贫的困境。

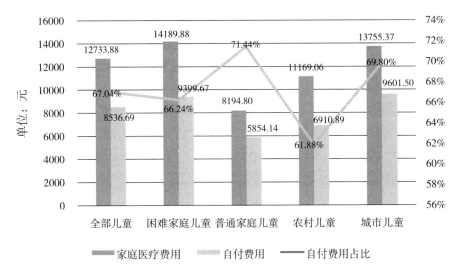

图 2 – 15 2017 年困难家庭儿童医疗费用补助情况

目前，各地对困难家庭儿童的医疗救助实行分类保障。例如，昆山市对社会散居孤儿的医疗费用给予超出 80% 的补助，对父母监护缺失和不力的儿童给予 60% – 70% 的补助；但是，相比上文提到的困难家庭儿童医疗报销费用占比仅为 33.76%，这一水平远未达到标准。又如，杭州市为贫困残疾儿童提供"抢救性康复"项目；但是，由于该项目并非惠及所有 0 – 6 岁贫困残疾儿童，且不提供陪护家长的食宿，导致很多农村地区的贫困残疾儿童只能无奈放弃。因此，困难家庭儿童的健康保障，不仅在于要加大政策落实力度，而且要从困难家庭的真实需求出发，增加医疗服务的可及可得。

四、心理健康保护政策轻事前预防

儿童处于成长的关键时期，心理健康问题尤其重要。儿童的心理健康问题主要体现在自我认知水平、抗挫水平以及孤独、焦虑水平等三个方面（见表 2 – 13）。

第一，困难家庭儿童的自我认知水平。其衡量方法是，将问卷中的"自我价值判断、自我满意度评价"等与自我认知相关的 10 个题目，转化为赋值方向相同的有序分类变量。通过相加总分来衡量儿童的自我认知水平，得分越高，儿童的自我认知越清晰。调查结果显示，困难家庭儿童与农村儿童的自我认知水平较低，存在不自信、自我否定、自我满意度较低等现象。

　　第二，困难家庭儿童的抗挫能力。其衡量方法是，将问卷中的"有办法解决问题、有办法解决困难、遇到困难不放弃"等与抗挫能力相关的 6 个题目，转化为赋值方向相同的变量。通过得到的总分来衡量儿童的抗挫水平，得分越高，儿童的抗挫能力越强。调查结果显示，困难家庭儿童与农村儿童的抗挫水平均值较低，抗挫能力较差，在遇到困难时，没有好的办法进行解决。

　　第三，困难家庭儿童的孤独、焦虑水平。其衡量方法是，将"感觉空虚或孤独、突然无缘无故地恐慌、感觉坐立不安、会想关于死亡的事情"等 25 个与孤独、焦虑相关的问题，用总分衡量儿童的孤独和焦虑程度。由于问题的赋值是反向计分的，故总得分越高，表示儿童孤独、焦虑较严重。调查结果显示，困难家庭儿童和农村儿童的平均值都高于总平均值，孤独和焦虑水平较高。

表 2 - 13　2017 年困难家庭儿童心理健康的情况

心理健康情况	自我认知水平		抗挫水平		孤独、焦虑水平	
	样本量	均值	样本量	均值	样本量	均值
全部儿童	3338	24.59	3338	24.76	3338	42.90
困难家庭儿童	2527	24.59	2527	24.49	2527	43.01
普通家庭儿童	811	24.60	811	25.58	811	42.54
留守儿童	823	24.76	823	24.26	823	44.06
非留守儿童	2515	24.54	2515	24.92	2515	42.51
农村儿童	1319	24.79	1319	23.99	1319	44.39
城市儿童	2019	24.46	2019	25.26	2019	41.92

注：本表报告的是有效百分比，缺失值共有 3 个。

　　亲子互动关系影响儿童的心理健康。亲子互动的活动越频繁、质量越高，越有利于儿童的心理健康。亲子互动关系可通过父母的生活照料、情感支持和物质支持三个方面体现。

　　一是，父母生活照料的缺失影响儿童的自我认知。调查结果中，48.95%的困境儿童由父母之外的其他人照料，如祖父母、外祖父母等。儿童正处于身心发展的关键时期，处于人格、价值观形成的年龄阶段，是极其需要父母引导的时期。而困境儿童的父母或身有残疾，或为维持家庭生计外出务工，对儿童的生活照料较少，难以及时向儿童传递正确的人生观和价值观。此外，父母对孩子较低的容错度，采取体罚、责骂、限制活动等方式，也容易使孩子对挫折产生害怕、恐惧以及自信心缺失等不健康心理问题。藉此，应进一步强化"家庭监护为基础、社会监护为补充、国家监护为兜底"的监护体系，对问题家庭进行排查梳理和监督干预，对监护人不履行监护职责或者侵害儿童合法权益的，依法予以惩处。

二是，家庭物质支持的不足影响儿童青少年的心理健康。较差的家庭经济状况、较低的家庭社会地位、不足的家庭背景等"问题"容易使儿童受到同辈群体的嘲讽和打骂，成为"青少年社会"中的弱势群体。此外，39.39%的困境儿童同意"因为家庭生活困难在学校或其他地方让别人瞧不起"。47.54%的困境儿童同意"因为付不起费用而减少社会交往或与朋友的交往"。可见，不足的物质支持通过影响儿童与同伴的交往，并进一步影响儿童的自我认知水平。

三是，家庭情感支持的匮乏影响儿童的心理健康。这是由于父母日常照料的缺失，困难家庭儿童无法与父母进行情感交流和和互动。在造成亲情缺失的同时，使得困难家庭儿童的负面情绪无法宣泄，甚至出现无助感，极易出现孤独、自闭、暴躁等心理问题。其中，与父亲缺失的留守状态相比，母亲单独外出务工对孩子的心理负面影响更大。藉此，应鼓励母亲多采取温柔接纳方式，诸如鼓励、陪伴等。

困难家庭儿童的心理健康问题从深层次反映出，当前的儿童保障政策重事后救助，轻事前预防。儿童心理承受的痛苦和压力难以被察觉，常在出现自杀、自残等行为之后才被政府和社会关注。藉此，事前预防应成为心理健康与关爱服务的侧重点。例如，引入专业社会服务机构，提早辨识和发现困难家庭儿童的心理风险；对于事先"筛选"出的困难家庭儿童，进行一对一心理疏导，并对其后续发展进行跟踪调查，以确保其困难得到有效解决。又如，重视儿童情感支持，通过"代理妈妈"或"家庭寄养"等方式[1]，使留守儿童、孤残儿童等感受家庭温暖，弥补亲情缺失。

---

[1] 禹丽敏：《宁夏创新模式保护困境儿童：织张网看好病给个家》，载环京津网 https：//baijiahao.baidu.com/s？id=1650506008932556027&wfr=spider&for=pc，最后访问日期：2019 年 11 月 18 日；景朝荣：《永德开展"代理妈妈"为孤困儿童架起连心桥》，载云南文明网 http：//www.wenming.cn/syjj/dfcz/201106/t20110602_197645.shtml，最后访问日期：2011 年 6 月 1 日。

五、安全保护政策不健全

电影《少年的你》是国内首部反映校园霸凌的影片，一经上映，便引发社会对校园霸凌话题的关注。根据 2018 年最高人民法院发布的《司法大数据专题报告之校园暴力》显示[1]，近六成校园暴力案件为故意伤害案件，11.59% 的校园暴力案件中出现受害人死亡的情况，五成校园暴力案件因发生口角、小摩擦等琐事而引发，校园暴力发生频繁。

调查结果显示（见表 2-14），困难家庭儿童欺负他人的比例较低，但受他人欺负的比例较高。其中，23.84% 的困难家庭儿童欺负别人，35.74% 的困难家庭儿童受到他人欺负。而且，困难家庭儿童受他人欺负的频率较高，5.59% 的困难家庭儿童一周被欺负若干次。

表 2-14 2017 年困难家庭儿童校园暴力的情况

校园暴力的情况	在学校欺负他人			在学校被他人欺负		
	全部儿童	困难家庭儿童	普通家庭儿童	全部儿童	困难家庭儿童	普通家庭儿童
从未	75.53%	76.16%	73.58%	64.82%	64.26%	66.54%
一周若干次	1.23%	1.15%	1.48%	5.43%	5.59%	4.94%
一周一次	1.89%	1.82%	2.1%	3.87%	3.88%	3.83%
两周一次	0.96%	0.91%	1.11%	1.95%	1.98%	1.85%
一个月一次	2.64%	2.46%	3.21%	5.55%	5.47%	5.8%
几乎没有	17.75%	17.5%	18.52%	18.39%	18.82%	17.04%
总体	100%	100%	100%	100%	100%	100%

注：本表报告的是有效百分比，缺失值共有 7 个。

困难家庭儿童遭遇校园暴力的发生频率较高，且未形成合适的处理方式。调查结果显示（见表 2-15），当困难家庭儿童受到欺负之后，55.88% 的困难家庭儿童会告诉老师，还有 75.38% 的困难家庭儿童在受到欺负之后采取不当方式，如：暴力手段反击、大哭、辍学或什么也不做等。由此可见，困难家庭

[1]《校园暴力司法大数据揭示了什么》，载《北京青年报》2018 年 9 月 6 日，https://news.163.com/18/0906/11/DR1231CI000187R3.html。

儿童的暴力行为与安全需要得到社会各界的重点关注。

表 2－15　2017 年困难家庭困难家庭儿童受欺负后的反映（多重响应结果）

受欺负后的反映	频数	个案百分比	响应百分比
大哭	85	9.42%	7.18%
告诉老师	504	55.88%	42.57%
反击	285	31.6%	24.07%
什么也不做	197	21.84%	16.64%
辍学	5	0.55%	0.42%
其他	108	11.97%	9.12%
总体	1184	131.26%	100%

注：本表报告的是有效百分比，缺失值共有 2157 个。

目前，我国处理校园霸凌的相关法律有《未成年人保护法》《教育法》《刑法》《预防青少年犯罪法》《宪法》等。2017 年 11 月，教育部等 11 个部门联合发布的《加强中小学生欺凌综合治理方案》，是一部针对校园霸凌的专门性法规。随之，全国各地均制定了相关实施方案。但总体而言，这些政策的内容仍然有待优化和细化。

校园霸凌政策实施的重点在于，应明确责任主体及具体责任。例如，应强化家长的监护责任，鼓励家长多与孩子沟通和交流；又如，学校应发挥主导作用，通过开设心理辅导课程、安排儿童心理专家等形式，帮助遭遇校园霸凌的孩子走出创伤，同时对施暴者给予正确引导；再如，政府应设计霸凌处理方案，对被欺负的孩子进行及时、正当的保护。只有各主体共同努力，方能为孩子们筑牢学校这片"象牙塔"。

第四节　政策建议

针对困难家庭儿童兜底保障政策存在的问题，其解决方案是：构筑家庭、学校、政府、社会多方参与的共治网络，夯实兜底保障内容；以需求为抓手，优化保障政策的内容与形式；建立动态监测机制，实时监控兜底保障的实施效果。籍此，促进保障政策的有效落实。

一、丰富保障内容，拓展保障主体

按照"提标、扩面、保基本、兜住底"的原则，动员多方主体参与，不断丰富保障内容，从生活保障到医疗康复、教育、住房、监护、精神等各方面对困难家庭儿童提供关怀。具体要求为：

首先，要发挥学校的引导作用，加强对困难家庭儿童的管理和关爱。通过建立电子档案、信息记录等方式，了解困难家庭儿童的基本情况，做好学校和家长的沟通工作，并进行动态监护；定期举办心理辅导、"一对一""一对多"帮扶活动等，培养孩子良好的行为习惯，并帮助激发其积极向上的情感，塑造良好的心理品质。此外，学校应积极落实兜底保障政策，如营养餐计划、"两免一补"政策等。

其次，政府要为家庭监护责任的发挥创造条件。向留守家庭儿童提供更多帮扶支持，促进留守儿童与父母居住在一起，从而为儿童成长提供支持。推进农民工市民化，落实农民工子女在输入地参加中考、高考政策，推进符合落户条件者落户；通过发展县域经济、地方优势特色产业，引导扶持农民工返乡创业就业。

最后，社会组织应加大对困难家庭儿童的关注力度。组织关于留守儿童的公益性活动，开展团体心理辅导。各大社会媒体和网络要进行正确的舆论引导，呼吁社会各界对留守儿童加强关爱。

二、扩展保障形式，关注个性化需求

儿童兜底保障政策是否有效的衡量指标之一是供需是否匹配。对此，应当从困难家庭儿童的需求出发，向其提供个性化的保障，而非"千篇一律"的服务。

首先，对儿童青少年的兜底保障形式不应拘泥于现金救助，需要探索更多的保障形式，诸如心理辅导、精神服务等，进一步完善和优化保障体系。其次，在兜底保障政策的落实中，既要关注困难家庭儿童的共性，也要重视困难家庭儿童年龄、性别等个体差异，做到因人施策、精准关爱，瞄准困境儿童的个性化需求，开展物质救助、心理疏导、安全教育、情感需求、身体康复等，创新服务供给模式，采取针对性、差异性、个性化的措施。

三、重视事前干预，建立动态监测机制

困难家庭儿童兜底保障政策的完善方向，应当注重事前干预，建立日常化、全面性的困难家庭儿童问题监测机制，形成家庭、学校、政府、社会四层监测网络。

首先，注重源头预防，将干预由事后提至事前。建立健全舆情监测预警和应对机制，督促并引导未成年人父母或监护人依法履行监护职责和抚养义务。建立信息档案，对困难家庭进行风险评估，并为评估为高风险的儿童进行动态跟踪，向他们提供监护干预服务，打造"源头预防—强制报告—应急处置—评估帮扶—监护干预"的闭环机制。由于受传统文化的影响，家庭层面的干预与监测较难实现，但还是应当鼓励家长与孩子多进行沟通和交流，及早发现孩子的不健康心理，及时引导和干预。

其次，建立家庭之外的干预机制。受能力局限，儿童通常很难有效并完整地表达自身感受和观点。因此，需要引入专业社会组织参与，建立家庭之外的社会保护机制。例如，开展困难家庭儿童一对一关心帮扶，定期探访困难家庭儿童，设立"代理家长"等，有利于及时发现受困于家庭贫困、暴力、孤独的困难家庭儿童，并深入开展更精准、更有效的儿童关爱保护活动。

四、加强顶层设计，健全法律法规

目前，以司法、家庭、学校、政府和社会保护为主体的政策框架尚未完全搭建起来。因此，需要加强顶层设计，将儿童青少年的保护建立在专门的法律法规之上。

以近年来社会反响较大的校园霸凌问题为例，我国目前仅有一部专门性法规《加强中小学生欺凌综合治理方案》，而且在具体举措、责任主体等方面还有待优化和完善。基于此，可借鉴世界各国在立法、具体举措等方面的经验。例如，日本的《校园欺凌预防对策推进法》明确规定学校和居民的责任。学校要积极协助家长，维持学校周边的良好风气；居民在校外目睹欺凌事件时，应及时告知学校。又如，韩国多次出台预防和治理校园暴力的法案，并开通举报校园暴力的 24 小时电话热线。再如，英国规定了家长的责任与义务，当家长发现老师对校园欺凌处理不当时，可向校长乃至地方教育当局申诉；学生若因欺凌行为被永久停学，地方教育局或学校可向法院申请，对该学生的家长发

出"教养令"，要求家长共同担负起纠正学生偏差行为的责任。

此外，积极打造普惠性儿童福利体系。践行"儿童利益最大化"原则，完善政策体系，为儿童福利提供制度化保障。在政策创制方面，建立涵盖生活、医疗、教育、安全、司法、就业等保障内容的立体式儿童福利政策法规体系。在政策衔接、机制整合方面，完善康复救助制度，通过与基本医疗保险、大病保险、临时救助等制度相衔接，形成政策叠加效应。

五、理顺管理体制，统筹福利资源

困难家庭儿童兜底保障应建立统筹规划、统一监管的管理体制，以确保儿童福利资源的统一性、协调性。积极协调相关部门，形成各司其职、相互协调、有力配合、共同推进的工作格局，完善联席会议和关爱保护工作机制。统筹民政社会救助、社会组织管理、社区建设、社会工作等政策和资源，运用社会化方式和现代化手段，建立并畅通渠道，鼓励争取社会力量广泛参与，凝聚强大合力。

借鉴广东省"大儿童保障体系"，即建设省、市、县三级未成年人救助保护中心。以层级联动的未成年人保护救助中心为平台，以儿童主任和儿童辅导员为依托，及时发现、报告困难家庭儿童的情况，并开展困境儿童的评估、转介、监护及干预。推动形成高效的工作协调机制，为困境儿童开辟一条有效的求助渠道，提升困境儿童的保障水平。

针对城乡和区域之间发展不平衡的情况，应在全面、客观评价我国困难家庭儿童事实的基础上，充分利用互联网和信息技术，基于现代社会社区和社会组织平台建设，统筹城乡之间、发达地区和欠发达地区之间儿童福利的发展，将更多的福利资源向农村倾斜、向欠发达地区倾斜，满足农村及欠发达地区儿童福利需求，缩小城乡和区域差距，将儿童福利有效传递至需求迫切的群体之中。

第三章 残疾人民生兜底保障研究

以习近平同志为核心的党中央一直高度关注残疾人这个特殊困难群体，明确提出"全面建成小康社会，残疾人一个也不能少"。残疾人因其自身障碍或外界环境限制，在自我发展及社会交往上往往陷入困境；其中，贫困残疾人更是贫中之贫，困中之困。2019 年数据显示，全国 719.3 万建档立卡贫困残疾人中，674.1 万残疾人脱贫，626.3 万残疾人被纳入低保，但仍有 47.9 万残疾人尚未脱贫、生活十分困难，脱贫攻坚任务艰巨[1]。

第一节 残疾人兜底保障政策综述

我国残疾人保障政策的发展大致经历了四个阶段[2]：

第一阶段是 1949 年至 1988 年。这一时期以建设居养机构（干休所、敬老院、精神病院等）为主，保障对象只面向部分残疾人，如残疾军人、农村五保残疾人等，保障水平较低，保障效果较差。残疾人被收养于福利机构，长期生活在封闭的环境之中，逐步与社会脱离，甚至造成"社会退却"。

第二阶段是 1988 年至 2008 年。1988 年中国残疾人联合会成立，通过政策和立法形式，大力推进残疾人劳动就业、教育、康复和扶贫事业。这一时期的政策理念是建立在"弱者优先"基础上的"特殊保护"策略，虽在一定程度上促进了残疾人权益和保障水平，但自强自立的目标远未达成。

第三阶段是 2008 年至 2014 年。这一时期的残疾人政策以增进社会权利为核心，旨在促进残疾人融入社会。2008 年，国务院出台《关于促进残疾人事

〔1〕 孙少龙：《到 2019 年底全国已有 674.1 万建档立卡贫困残疾人脱贫》，载新华网 http：// news. xmnn. cn/xmnn/2020/03/31/100697296. shtml，最后访问日期：2020 年 3 月 19 日。

〔2〕 杨立雄：《中国残疾人社会政策范式变迁》，载《湖北社会科学》2014 年第 11 期。

业发展的意见》，同年修订《中华人民共和国残疾人保障法》。残疾人事业由改革开放初期以救济为主的社会福利工作，逐步发展成为包括康复与残疾预防、教育、就业、扶贫、社会保障、维权、文化、体育、无障碍环境建设等领域的综合性社会事业。

第四阶段是 2014 年至今。这一时期以建立健全残疾人兜底保障制度、织密织细残疾人民生安全网为重要任务。2015 年 2 月 5 日《国务院关于加快推进残疾人小康进程的意见》发布，明确了在国家普惠政策基础上的特惠扶持措施，要求重点建立健全残疾人基本民生兜底保障制度。2017 年 9 月，中共中央办公厅、国务院办公厅联合印发《关于支持深度贫困地区脱贫攻坚的实施意见》，以专节明确"解决因残致贫问题"，要求全面落实各项贫困残疾人兜底保障和医疗救助政策[1]。这一阶段，残疾人事业得到较大发展，财政资金逐年增加，中国残联领导的盲人协会、聋人协会、肢残人协会、智力残疾人及亲友协会、精神残疾人及亲友协会等专门协会发展良好，动态更新的残疾人基础数据库基本建立。

一、社会保障政策

（一）残疾人福利救助

包括最低生活保障、特困人员供养、医疗救助、困难残疾人生活补贴、重度残疾人护理补贴、居民养老保险缴费补贴、城居保/新农合缴费补贴等。据国务院新闻办发表的《平等、参与、共享：新中国残疾人权益保障 70 年》记载，截至 2018 年 3 月，全国共有 904.4 万残疾人享受城乡最低生活保障，将近 90 万残疾人纳入特困人员救助供养范围。"两补"受益残疾人超过 2190 万人次，发放补贴超过 230 亿元[2]。

残疾人"两补"（即困难残疾人生活补贴和重度残疾人护理补贴）是专门针对残疾人的两项专项救助。根据《国务院关于全面建立困难残疾人生活补贴和重度残疾人护理补贴制度的意见》《困难残疾人生活补贴和重度残疾人护

〔1〕 《中办、国办〈意见〉要求"解决因残致贫问题"》，载中国残疾人联合会网 http：//www. cdpf. org. cn/yw/201711/t20171123_ 612724. shtml，最后访问日期：2017 年 11 月 23 日。
〔2〕 国务院新闻办：《平等、参与、共享：新中国残疾人权益保障 70 年》，载中华人民共和国中央人民政府网 http：//www. gov. cn/zhengce/2019－07/25/content_ 5414945. htm，最后访问日期：2019 年 7 月 25 日。

理补贴资金管理办法》《民政部　财政部　中国残联关于建立困难残疾人生活补贴和重度残疾人护理补贴动态调整机制的指导意见》等文件规定，困难残疾人生活补贴面向城乡低保家庭中的残疾人，主要用于因残疾产生的额外生活支出补助；重度残疾人护理补贴面向残疾等级为一、二级且在此基础上需长期照护的残疾人。两补资金由各级财政预算安排，因此呈现出一定的地区差异，一些省市在国家标准基础上不同程度地扩大了补贴覆盖对象范围或提高了补贴标准，如安徽将建档立卡贫困户全部纳入"两补"范围，广东、广西将三、四级精神障碍患者纳入护理补贴对象范围。目前，残疾人两项补贴信息系统已经建成，采用大数据集中管理方式，补贴申领、监测等工作全部转入线上运行，制度覆盖范围不断扩大[1]。2021年4月，民政部办公厅、中国残联办公厅联合印发《关于全面开展残疾人两项补贴资格认定申请"跨省通办"的通知》，明确"两补"资格认定申请不受户籍地限制，尽快实现"跨省通办"。

（二）残疾人保险

包括新型农村社会养老保险残疾人参保优惠政策、新型农村合作医疗扶助政策、城镇居民医疗保险残疾人参保优惠政策、城镇贫困残疾个体户参加基本养老保险补贴政策和个体就业残疾人参加社会保险等扶持政策。《中华人民共和国残疾人保障法》第四十七条规定，残疾人及其所在单位应当按照国家有关规定参加社会保险。残疾人所在城乡基层群众性自治组织、残疾人家庭，应当鼓励、帮助残疾人参加社会保险。对生活确有困难的残疾人，按照国家有关规定给予社会保险补贴。《"十三五"加快残疾人小康进程规划纲要》明确要求，要落实符合条件的贫困和重度残疾人参加城乡居民社会保险个人缴费资助政策，完善重度残疾人医疗报销制度，逐步扩大基本医疗保险支付的医疗康复项目范围。部分地区探索残疾人意外伤害保险制度，财政给予参保补贴。在全国15个城市试点长期护理保险制度，对符合条件的长期失能残疾人基本护理服务费用按规定支付[2]，极大缓解了残疾家庭的护理负担和经济压力。

[1] 孙冰洁：《民政部：全国残疾人两项补贴申领、审核等今起将全面移至线上》，央广网 https://baijiahao.baidu.com/s?id=1619640605445416185&wfr=spider&for=pc，最后访问日期：2018年12月12日。
[2] 国务院新闻办：《平等、参与、共享：新中国残疾人权益保障70年》，载中华人民共和国中央人民政府网 http://www.gov.cn/zhengce/2019-07/25/content_5414945.htm，最后访问日期：2019年7月25日。

（三）残疾人托养服务

即针对处于就业年龄段的智力、精神和重度肢体残疾人提供的，基本生活照料和护理、生活自理能力训练、社会适应能力训练、职业康复和劳动技能训练、辅助性就业服务、支持性就业服务和运动功能训练等社会服务。2007 年，残疾人托养服务纳入残联正式业务范畴。2013 年 1 月，中国残联制定《残疾人托养服务基本规范（试行）》，实施"阳光家园计划"[1]和"托养服务能力建设项目"[2]，为城乡残疾人提供多层次、多元化的托养服务。各地方也积极探索并形成了一些有益模式，如广州"先发先试"模式、上海"阳光之家"模式、北京"温馨家园"模式、浙江"城乡统筹"模式等[3]。数据显示，截至 2018 年，全国共建成 8435 个残疾人托养机构，为 22.3 万残疾人提供托养服务，为 88.8 万残疾人提供居家服务[4]。2019 年 4 月，民政部等 5 部委联合发布《关于在脱贫攻坚中做好贫困重度残疾人照护服务工作》的通知，提出要建立贫困重度残疾人服务信息管理系统和信息台账，动态掌握本地区贫困重度残疾人的基本信息和基础数据，以对象意愿为前提，提供集中照护服务或居家、日间照料、邻里互助等社会化照护服务。

二、权益保障政策

《中华人民共和国残疾人保障法》（2018 年修订）是我国在残疾人权益保障领域的专门性立法，涉及残疾人劳动就业、康复、教育、社会保险、社会救助、社会优待、文化生活、无障碍环境保障等诸多内容，旨在维护残疾人的合法权益，保障残疾人参与社会生活、分享社会成果的正当权利。以该法为基础，之后陆续出台《残疾人就业条例》《残疾人教育条例》《残疾预防和残疾人康复条例》等一系列配套法律法规。据不完全统计，截至 2018 年 4 月，全国直接涉及残疾人权益保障的法律有 80 多部，行政法规有 50 多部。2020 年 5 月发布的《民法典》中直接涉及残疾人权益保障的内容有近 30 条，进一步对

---

[1] "阳光家园计划"是通过购买服务的方式对符合条件的残疾人接受托养服务给予补助。
[2] "托养服务能力建设项目"是用来培训残疾人托养服务专业管理和服务人才。
[3] 张瑶：《我国残疾人托养服务政策的变迁》，载《残疾人研究》2017 年第 4 期。
[4] 国务院新闻办：《平等、参与、共享：新中国残疾人权益保障 70 年》，载中华人民共和国中央人民政府网站 http://www.gov.cn/zhengce/2019-07/25/content_5414945.htm，最后访问日期：2019 年 7 月 25 日。

残疾人监护制度、民事行为能力认定、侵权责任划分、民事权利保护以及相关社会责任等进行了完善和强化。

针对残疾人维权事宜，最高人民法院要求各级人民法院为残疾人开辟绿色通道，提供优先服务；同时要求为残疾人提供司法便民服务，为残疾人参加庭审活动提供无障碍设施。全国普遍开通 12385 残疾人服务热线，建成残疾人信访工作网上服务平台，拓宽残疾人利益诉求渠道[1]。如，广州市利用"互联网+"平台，为残疾人开辟法援维权绿色通道，持续打造完善法援咨询预约、案件进度查询、法援律师查询及法援申请网上预受理功能，为残疾人提供"足不出户"的法援申请便捷渠道，并为行动不便的重度残疾人提供上门咨询、受理等服务[2]。

三、康复服务政策

党的十九大报告提出"发展残疾人事业，加强残疾康复服务"。残疾人康复服务是指综合运用医学、教育、职业、社会、心理和辅助器具等措施，帮助残疾人恢复或者补偿功能，减轻功能障碍，增强生活自理和社会参与能力的服务。2016 年 10 月发布的《残疾人康复服务"十三五"实施方案》，从完善政策体系、健全服务体系、实施精准服务、提升专业水平、加强残疾预防等多个方面对残疾人康复保障工作做出了部署，并提出"到 2020 年，有需求的残疾儿童和持证残疾人接受基本康复服务的比例达 80% 以上"的任务目标。2017年 7 月正式施行《残疾预防和残疾人康复条例》，提出以预防为主、预防与康复相结合的工作方针，并要求残疾预防与康复工作应覆盖全人群和全生命周期，形成重点工程与社区康复相结合、残疾康复与家属培训同步推动的残疾人康复服务新格局。

2018 年 1 月，中国残联等 6 部门共同制定《着力解决因残致贫家庭突出困难的实施方案》，提出要为 16 岁以上有照料护理需求的重度残疾人提供照护和托养服务。2018 年 10 月，《国务院关于建立残疾儿童康复救助制度的意见》正式施行，旨在为 0 - 6 岁的残疾儿童和孤独症儿童提供康复救助，改善残疾

---

[1] 国务院新闻办：《平等、参与、共享：新中国残疾人权益保障 70 年》，载中华人民共和国中央人民政府网站 http：//www. gov. cn/zhengce/2019 - 07/25/content_ 5414945. htm，最后访问日期：2019 年 7 月 25 日。

[2] 魏丽娜：《残疾人士可"足不出户"提交法援申请》，载《广州日报》2019 年 12 月 10 日，https：//baijiahao. baidu. com/s? id = 1652447461572218575&wfr = spider&for = pc。

儿童康复状况，促进残疾儿童全面发展，减轻残疾儿童家庭负担。2019 年 7 月，残联、民政部、卫健委、国务院扶贫办 4 部门联合发布《残疾人基本康复服务目录（2019 年版）》（表 3 - 1 和表 3 - 2），为 6 岁以下儿童和 6 岁以上儿童及成年两大年龄段的残疾人提供康复医疗、康复训练、辅助器具适配、支持性服务等基本康复服务。

表 3 - 1　0 - 6 岁残疾儿童基本康复服务目录（2019 年版）

残疾类别	服务对象	服务项目	服务内容
视力残疾	符合条件的有康复需求的 0 - 6 岁视力残疾儿童	康复医疗	纳入当地基本医疗保险支付范围的视力康复医疗项目
		康复训练	视功能、定向行走、感知觉补偿训练
		辅助器具	助视器、盲杖等基本型辅助器具适配及使用训练
		支持性服务	家长康复知识培训及家庭康复训练指导、心理疏导、康复咨询等服务
听力残疾	符合条件的有康复需求的 0 - 6 岁听力残疾儿童	康复医疗	1. 人工耳蜗植入手术。 2. 其它纳入当地基本医疗保险支付范围的听力康复医疗项目
		康复训练	听觉言语康复训练。
		辅助器具	1. 人工耳蜗适配及使用指导 2. 助听器适配及使用指导 3. 耳模、电池等助听器辅助材料
		支持性服务	家长康复知识培训及家庭康复训练指导、心理疏导、康复咨询等服务
肢体残疾	符合条件的有康复需求的 0 - 6 岁肢体残疾儿童	康复医疗	1. 先天性马蹄内翻足等足畸形、脑瘫导致严重痉挛、肌腱挛缩、关节畸形及脱位等矫治手术 2. 其它纳入当地基本医疗保险支付范围的肢体康复医疗项目
		康复训练	粗大运动功能、精细运动功能、认知能力、语言能力、生活自理能力和社会适应能力等训练
		辅助器具	假肢、矫形器、轮椅、助行器、坐姿椅、站立架等基本型辅助器具适配及使用训练
		支持性服务	家长康复知识培训及家庭康复训练指导、心理疏导、康复咨询等服务

续表

残疾类别	服务对象	服务项目	服务内容
智力残疾	符合条件的有康复需求的0-6岁智力残疾儿童	康复医疗	纳入当地基本医疗保险支付范围的智力康复医疗项目
		康复训练	认知、生活自理和社会适应能力等训练
		支持性服务	家长康复知识培训及家庭康复训练指导、心理疏导、康复咨询等服务
孤独症	符合条件的有康复需求的0-6岁孤独症儿童	康复医疗	纳入当地基本医疗保险支付范围的孤独症康复医疗项目
		康复训练	沟通和社交能力、生活自理能力、情绪和行为调控等训练
		支持性服务	家长康复知识培训及家庭康复训练指导、心理疏导、康复咨询等服务

表3-2 7岁以上残疾儿童和成年残疾人基本康复服务目录（2019年版）

残疾类别	服务对象	服务项目	服务内容
视力残疾	符合条件的有康复需求的7岁以上视力残疾儿童和成年持证视力残疾人	康复医疗	纳入当地基本医疗保险支付范围的视力康复医疗项目
		康复训练	定向行走、生活技能及社会适应能力等训练
		辅助器具适配	盲杖、助视器等基本型辅助器具适配及使用训练
		支持性服务	导盲随行外出、心理疏导、社会融合活动、康复知识讲座等服务
听力残疾	符合条件的有康复需求的7岁以上听力残疾儿童和成年持证听力残疾人	康复医疗	纳入当地基本医疗保险支付范围的听力康复医疗项目
		辅助器具适配	助听器适配及使用指导
		支持性服务	康复指导、心理疏导、手语翻译等服务

续表

残疾类别	服务对象	服务项目	服务内容
肢体残疾	符合条件的有康复需求的7岁以上肢体残疾儿童和成年持证肢体残疾人	康复医疗	纳入当地基本医疗保险支付范围的肢体康复医疗项目
		康复训练	日常生活能力、体能、社会适应能力等训练
		辅助器具	假肢、矫形器、轮椅、助行器、坐姿椅、站立架、生活自助具、护理器具等基本型辅助器具适配及使用训练
		支持性服务	康复知识与实用训练方法培训、心理疏导、社会融合活动、生活自理和居家护理指导、日间照料等服务
智力残疾	符合条件的有康复需求的7岁以上智力残疾儿童和成年持证智力残疾人	康复医疗	纳入当地基本医疗保险支付范围的智力康复医疗项目
		康复训练	认知、日常生活能力、职业康复和社会适应能力等训练
		支持性服务	康复知识培训、家庭康复指导、心理辅导、社会融合活动、生活自理和居家护理指导、日间照料等服务
精神残疾	符合条件的有康复需求的7岁以上孤独症残疾儿童和成年持证精神残疾人	康复医疗	纳入当地基本医疗保险支付范围的精神康复医疗项目（含药物、住院治疗）。
		康复训练	沟通和社交能力、日常生活能力、情绪和行为调控、职业康复和社会适应能力等训练
		支持性服务	康复知识培训、家庭康复指导、心理疏导、生活自理和居家护理指导、社会融合活动、日间照料、随访等服务

　　目前，我国已经建立起省、市、县三级残疾人康复设施网络，近万家专业康复服务机构在社区为残疾人服务；建立了重度残疾人护理补贴制度、残疾人辅助器具补贴制度等，为残疾人提供免费的特需医疗服务和盲杖、假肢等各类辅具；将残疾人列为家庭医生签约服务的优先对象；将运动疗法等29项医疗康复项目纳入基本医疗保险支付范围等等。各地也结合实际，在国家政策基础上，不断细化和完善当地基本康复服务项目，加大服务供给和保障。如，2017

年甘肃安排 6300 多万元助力贫困残疾人康复脱贫，培训 1000 名残疾人服务机构专业人才，组织 1000 名听障儿童人工耳蜗术后康复强化训练，为 70 万贫困残疾人建立康复档案，并组建了残疾人康复流动服务队，深入基层开展康复服务指导[1]。河北省实施贫困重度残疾人康复体育关爱计划，截至 2017 年 8 月，共建成国家级、省级残疾人自强健身示范点 279 个，培育健身指导员 2903 名。同时，为 6700 名不易出户的重度残疾人提供康复体育器材[2]。

四、教育培训政策

教育是劳动就业的前提，残疾人所受教育的层次往往决定着其就业的层次。残疾人教育不仅包括学校教育，还包括生活自理能力教育、文化知识教育、心理辅导和职业技术教育。

其中，残疾学生教育政策经历了由特殊教育向融合教育的转变。建国初期，残疾人教育以聋哑学校等特殊教育单一安置模式为主。20 世纪八九十年代，国家提出"随班就读"，将患有肢体残疾、情绪障碍、自闭症等儿童纳入普通学校招生范围。至 2007 年，涵盖学前教育、义务教育、高等特殊教育、职业教育、成人教育为一体的残疾人教育体系基本形成。2012 年，《国务院关于加强特殊教育教师队伍建设的意见》要求"特教特办"，第一次从规划、培养、培训、管理、待遇、营造氛围等方面对特殊教育教师队伍建设作出全面部署。2014 年 1 月，国务院办公厅印发《特殊教育提升计划（2014—2016 年）》，提出要"全面推进全纳教育，初步建立起布局合理、学段衔接、普职融通、医教结合的特殊教育体系"。2017 年 7 月，教育部等 7 部门联合印发《第二期特殊教育提升计划（2017—2020 年）》提出"以普通学校随班就读为主体、以特殊教育学校为骨干、以送教上门和远程教育为补充，全面推进融合教育"。2017 年 5 月，国务院正式施行修订后的《残疾人教育条例》，从义务教育、职业教育、学前教育等方面为残疾人教育提供保障。2018 年 7 月，教育部等 4 部门联合发布《关于加快发展残疾人职业教育的若干意见》，明确进一步推动残疾人职业教育、提高残疾人职业教育的普及水平与保障能力的政策措施和举措。

---

〔1〕 王博、张文静：《甘肃今年安排 6300 多万元助力贫困残疾人康复脱贫》，载新华社 http：//www.gov.cn/xinwen/2017–05/21/content_ 5195663.htm，最后访问日期：2017 年 5 月 21 日。

〔2〕 高珊：《河北：贫困重度残疾人康复体育关爱计划将实施》，载《河北日报》2017 年 8 月 30 日，http：//www.gov.cn/xinwen/2017–08/30/content_ 5221417.htm。

我国已经建立起从幼儿园到高等院校的残疾儿童和残疾学生资助体系，将家庭经济困难的残疾儿童学前教育纳入幼儿资助范围。自 2016 年秋季学期起，免除普通高中家庭经济困难残疾学生学杂费，实现了家庭经济困难残疾学生从小学到高中阶段的 12 年免费教育。为增加残疾学生上大学机会，教育部要求，对肢体残疾、生活能够自理、能完成所报专业学习且高考成绩达到要求的考生，高校不能因其残疾而不予录取；同时批准同意 22 所高校面向残障考生采取单独考试、单列计划、单独录取，鼓励高校开设特殊教育专业[1]。

五、就业创业政策

残疾人就业创业政策经历了由国家福利包分配到自主创就业扶持的转变。初期政策是以建立福利企业、集中安排就业为主。1990 年 12 月通过的《中华人民共和国残疾人保障法》第一次明确了"国家保障残疾人劳动的权利"，并提出三种就业渠道：集中安置就业[2]、按比例安排残疾人就业[3]和个体就业[4]。2007 年 2 月，《残疾人就业条例》正式施行，进一步规范了残疾人就业行为，明确了政府和企业的职责。2015 年 6 月发布的《关于发展残疾人辅助性就业的意见》提出，通过政策扶持和市场推动，针对就业年龄段内有就业意愿但难以进入竞争性劳动力市场的智力、精神和重度肢体残疾人，形成辅助性就业[5]模式。

近年，在大力推进精准扶贫和"双创"背景下，国家政策转向鼓励支持残疾人自主创业、灵活就业。2016 年 5 月，《残疾人职业技能提升计划（2016 - 2020 年）》出台，同年 10 月《残疾人就业促进"十三五"实施方案》出台，要求省、市、县三级政府建立专门的残疾人就业服务机构，为残疾人提供政策

---

〔1〕　国务院新闻办：《平等、参与、共享：新中国残疾人权益保障 70 年》，载中华人民共和国中央人民政府网站 http：//www. gov. cn/zhengce/2019 - 07/25/content_ 5414945. htm，最后访问日期：2019 年 7 月 25 日。

〔2〕　指将残疾人安置在各类福利企业、工疗机构和盲人按摩医疗等单位劳动就业。

〔3〕　指将残疾人按一定比例（通常为 1.5%）安置在政府机构和企业中就业，凡安排残疾人达不到规定比例的机构需缴纳残疾人就业保障金。

〔4〕　政府对残疾人开办经营实体给予税收优惠、场地租金减免等优惠措施，鼓励残疾人从事独立的生产、经营活动，取得劳动报酬或经营收入。

〔5〕　指对特定的残疾人（主要包括中重度智力、精神和重度肢体等残疾程度较重、适应能力较弱、难以通过一般途径实现常规就业的残疾人）安排简单的劳动并提供康复治疗、生活能力训练、就业技能训练等服务，帮助其获得一定的职业技能并逐步实现回归社会就业。

咨询、求职登记、职业指导、职业介绍、职业培训等就业服务；定期举办就业援助专项活动；加强残疾妇女实用技术和就业技能培训，促进贫困残疾妇女就业脱贫。2018 年 1 月，《关于扶持残疾人自主就业创业的意见》发布，明确了包括合理便利和优先照顾、落实税收优惠和收费减免、提供金融扶持和资金补贴、支持重点对象和"互联网＋"创业、提供支持保障和就业服务等在内的20 多项扶持政策。2019 年 12 月，《关于完善残疾人就业保障金制度更好促进残疾人就业的总体方案》发布，提出残保金分档征收、残保金优先用于保障就业等综合性措施，并对残疾人就业服务等提出要求。

政策指引下，各地方从免征税收、就业培训等多方面为残疾人就业创业提供支持。如，湖北省残疾人个体从事劳务、修理、修配和其他服务性业务所取得的收入，免征营业税、增值税；从事商业经营月销售额达不到 5000 元的，经国税部门核准，免征增值税。江苏省连云港市对全市就业年龄段持证残疾人，尤其是35 岁以下残疾人、残疾人大学生，开展全市范围内的精准登记造册，建立残疾人就业培训需求，一人一档一卡[1]。这些政策的出台有助于开发残疾人的人力资源和个人价值。数据显示，截至 2018 年，全国残疾人就业服务机构共有 2811家，残疾人扶贫基地 5490 个，城乡持证残疾人就业人数达到 948.4 万人。

六、住房保障与无障碍环境政策

（一）住房保障

2004 年，国家规定将有住房困难的城镇贫困残疾人纳入政府廉租房制度，对特别困难的贫困残疾人家庭要优先实行实物配租。2013 年，要求各地在农村危房改造中优先支持农村贫困残疾人家庭危房改造，对无力自筹资金的残疾人家庭等给予倾斜照顾。2015 年，要求优先保障城乡残疾人基本住房，为符合住房保障条件的城镇低收入残疾人家庭优先提供公共租赁住房或发放住房租赁补贴。2016 年，国务院出台《关于进一步健全特困人员救助供养制度的意见》，将残疾人纳入特困人员救助供养范围。在城市公租房、旧住宅区整治建设中，优先安排贫困残疾人住房。在此基础上，各地方政府针对残疾人住房保障出台相应政策。比如深圳市住房保障署为解决残疾人住房问题，决定在 6 个

---

〔1〕《连云港市残疾人专场招聘会达成就业意向近 50 个》，载江苏省人民政府网站 http：//www.jiangsu.gov.cn/art/2017/7/3/art_ 46502_ 2537027. html，最后访问日期：2017 年 7 月3 日。

小区安排 300 套住房，定向配租给公共租赁住房轮候册中申请人或共同申请人属残疾人的在册轮候家庭[1]，进一步保障残疾人的基本住房权益。

（二）无障碍环境

无障碍环境指既可通行无阻而又易于接近的理想环境，包括物质环境、信息和交流环境。其中，物质环境无障碍要求城市道路、公共设施等要适应残疾人特点，方便残疾人通行；信息和交流无障碍要求公共传媒应使用手语、字幕等多种形式确保听力或视力残疾者也能够获取到信息。1986 年 7 月，我国第一部《方便残疾人使用的城市道路和建筑物设计规范》（JGJ508）正式发布，该规范主要针对视力和下肢残疾者需要，制定了较为细致的标准。1998 年 4 月和 10 月，建设部相继发出《关于做好城市无障碍设施建设的通知》《关于贯彻实施方便残疾人使用的城市道路和建筑物设计规范的若干补充规定的通知》，要求加强无障碍工程的规划、设计审查和审批后管理、监督。2008 年修订出台的《中华人民共和国残疾人保障法》，通过梳理审定无障碍建设的相关标准规范，形成了较为全面的技术标准体系。2009 年住房和城乡建设部出版《无障碍建设指南》，进一步细化相关的规范要求。2012 年 7 月，国务院发布《无障碍环境建设条例》，对无障碍设施的建设、无障碍信息交流以及无障碍社区服务等方面做出明确要求；同年 9 月最新版《无障碍设计规范》（GB50763－2012）发布，作为一部在全国范围内实施的强制性规范，对城市道路、居住区、房屋建筑中需要实施无障碍设计的区域范围进行了明确。

第二节　困难残疾人家庭生活质量动态监测

本节采用 2018 年"中国城乡困难家庭社会政策支持系统建设"残疾人调查问卷数据，实际反映的是 2017 年城乡困难家庭残疾人的基本状况。调查包含 2543 个残疾人观测值，经过数据清理，最终得到共 2524 个观测值。

从年龄构成来看，被调查残疾人年龄结构呈现"两头小中间大"的橄榄型分布（图 3－1）。其中，残疾人人数占比最高的年龄段为 41—50 岁，占总

---

[1]《深圳市住房保障署关于面向在册轮候残疾人家庭配租公共租赁住房有关事项的通告》，2019 年 4 月 26 日。

观测值的 25.87%；其次为 51—60 岁年龄段，占总观测值的 23.38%；61—70
岁的残疾人共有 416 人，占 16.48%；31—40 岁的残疾人占总人数的 16.01%。
其他年龄段的残疾人数较少，占比均不超过 10.00%，其中 91—100 岁的残疾
人仅有 3 人，占 0.12%，比重最小。

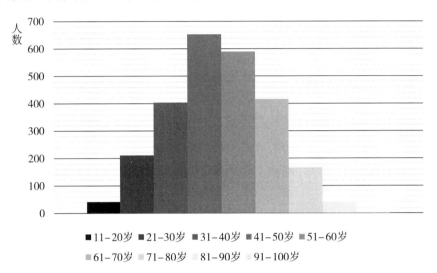

图 3-1 受访残疾人年龄分布

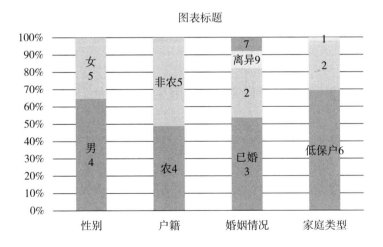

图 3-2 受访残疾人特征分布

从性别分布来看（图 3-2），调查样本中男性占大多数。数据显示：男性
残疾人共 1631 人，占总观测样本的 64.62%；女性残疾人共 893 人，占观测值

的35.38%。人数上，男性残疾人人数较女性残疾人人数多738人；比例上，男性残疾人比例较女性残疾人比例多29.24%。

从户籍方面来看（图3-2），调查样本中残疾人户籍分布较为均衡，非农业户口残疾人略多于农业户口。农业户口的残疾人有1232人，占总观测值的48.81%；非农业户口的残疾人有1292人，占总观测值的51.19%。

从婚姻情况来看（图3-2），调查样本中残疾人大部分都已婚，共1353人，占总观测值的53.61%；未婚的残疾人共721人，占总观测值的28.57%；离异的残疾人共251人，占总观测值的9.94%；丧偶的残疾人共199人，占总观测值的7.88%。

从家庭类型来看（图3-2），调查的残疾人大部分都是低保户，共1751人，占总观测值的69.37%；边缘户共724人，占总观测值的28.68%；普通户人数最少，共49人，仅占总观测值的1.94%。

一、残疾情况

（一）残疾等级

1. 总体情况

图3-3描述了2017年残疾人残疾等级的情况。调查样本以二级残疾人为主，共有1001人，占总样本的39.98%。占比排第二的是三级残疾人，共有650人，占总样本的25.96%。一级残疾人共有459人，占总残疾人数的18.33%。残疾四级的人数最少，共有394人，占总残疾人数的15.73%。

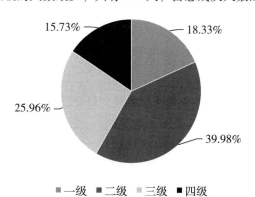

图3-3 2017年残疾人残疾等级总体情况

注：本图报告的是有效百分比，缺失值共20个。

2. 不同性别情况

表 3 - 3 描述了 2017 年不同性别残疾人的残疾等级情况。数据显示，男性残疾人中残疾二级的人数最多，占男性总人数的 39.79%。其次是残疾三级（26.55%）和残疾一级（18.38%）。残疾四级的男性最少，共 247 人，占比 15.28%。女性残疾人中也是残疾二级的人数最多，占女性残疾人总数的 40.32%。其次残疾三级（24.89%）、残疾一级（18.24%）。残疾四级的女性残疾人最少，共 147 人，占比 16.55%。

表 3 - 3   2017 年不同性别残疾人残疾等级情况

残疾等级	男性		女性	
	人数	有效百分比	人数	有效百分比
残疾一级	297	18.38%	162	18.24%
残疾二级	643	39.79%	358	40.32%
残疾三级	429	26.55%	221	24.89%
残疾四级	247	15.28%	147	16.55%
合计	1616	100.00%	888	100.00%

3. 不同年龄情况

表 3 - 4[1] 描述了 2017 年不同年龄段残疾人的残疾等级情况。总体来看，残疾二级的人数在各年龄段中的占比都是最大。25 岁及以下的残疾人中，45.16% 是残疾二级，31.45% 是残疾一级。26—50 岁的残疾人中有 42.07% 为二级残疾，残疾一级和残疾三级的人数分别占 18.15% 和 25.70%。51—80 岁的残疾人中残疾二级占比 37.30%，残疾三级的人数占比 27.56%。80 岁以上的残疾人中残疾二级的人数占比 40.00%，残疾四级的人数占比较前三个年龄段显著增多，占比 30.00%。随年龄增长，重度残疾的占比越小，说明这个群体生存不易，存活率较低。

---

[1] 表格中百分比一列相加总数会出现 99.99% 或 100.01% 的情况，是四舍五入时存在的微小误差。后文中类似情况，也是这个原因。

表3-4 2017年不同年龄残疾人残疾等级情况

残疾等级	25 岁及以下	26－50 岁	51－80 岁	80 岁以上
残疾一级	31.45%	18.15%	17.40%	10.00%
残疾二级	45.16%	42.07%	37.30%	40.00%
残疾三级	15.32%	25.70%	27.56%	20.00%
残疾四级	8.06%	14.08%	17.74%	30.00%
合计	100.00%	100.00%	100.00%	100.00%

注：本表报告的是有效百分比，缺失值共20个。

4. 不同户籍情况

表3-5描述了2017年不同户籍残疾人的残疾等级情况。调查结果显示，农业户籍残疾人中，残疾二级占比最大，为38.23%，残疾三级占比26.09%，残疾一级占20.84%，残疾四级占14.85%。非农业户籍残疾人中也是残疾二级比重最大，为41.63%，残疾三级占25.84%，残疾四级占16.58%，残疾一级占15.95%。可见，农业户籍残疾中重残者较非农户籍要多。

表3-5 2017年不同户籍残疾人残疾等级情况

残疾等级	农业		非农业	
	人数	有效百分比	人数	有效百分比
残疾一级	254	20.84%	205	15.95%
残疾二级	466	38.23%	535	41.63%
残疾三级	318	26.09%	332	25.84%
残疾四级	181	14.85%	213	16.58%
合计	1232	100.00%	1292	100.00%

注：本表报告的是有效百分比，缺失值共20个。

5. 不同婚姻情况

表3-6描述了2017年不同婚姻情况的残疾人残疾等级情况。我们将婚姻情况共分为四类：已婚、未婚、丧偶、离异。其中，"已婚"包括已婚（初婚）、再婚、事实婚姻[1]；"未婚"包括从未结婚、同居未婚；"离异"包括

---

[1] 考虑到"事实婚姻"中两方共同生活，相互照顾，所以归类为"已婚"。

离异、已婚但分居、已婚但配偶下落不明[1]。

调查结果显示，已婚残疾人的残疾等级排序是残疾二级（36.64%）、残疾三级（28.51%）、残疾四级（18.06%）、残疾一级（16.79%）。未婚残疾人中残疾二级（47.08%）和残疾一级（25.21%）共计占比近80%，可见重度、极重度残疾人大多未婚，推测只能由家人朋友提供照护。丧偶残疾人中，残疾二级和残疾三级占比相似，分别为31.28%和30.77%，此外，残疾四级占23.59%，残疾一级占14.36%。离异残疾人的残疾等级排序与已婚残疾人相同，分别为残疾二级（44.22%）、残疾三级（29.08%）、残疾四级（16.73%）、残疾一级（9.96%）。

表 3 – 6　2017 年不同婚姻情况残疾人残疾等级情况

残疾等级	已婚	未婚	丧偶	离异
残疾一级	16.79%	25.21%	14.36%	9.96%
残疾二级	36.64%	47.08%	31.28%	44.22%
残疾三级	28.51%	18.80%	30.77%	29.08%
残疾四级	18.06%	8.91%	23.59%	16.73%
合计	100.00%	100.00%	100.00%	100.00%

注：本表报告的是有效百分比，缺失值共20个。

（二）残疾类别

1. 总体情况

表 3 – 7 描述了 2017 年残疾人残疾类别的情况。调查结果显示，56.30% 的残疾人样本是肢体残疾，占总响应[2]的 42.07%。其次，23.02% 的残疾人有精神残疾，占总响应的 17.20%。20.40% 的残疾人有智力残疾，占总响应的 15.25%。11.93% 的残疾人有视力残疾，8.91% 的残疾人有听力残疾。只有 1.70% 的残疾人有其他残疾，人数最少，占总响应的 1.27%。

---

[1] 考虑到"不同居"、"分居"等11种情形两方已经不共同生活，不相互照顾，不维系实际婚姻关系，所以归类为"离异"。

[2] 因为一些残疾人存在多种残疾，继而产生多选的情况，所以残疾类别分析运用多重响应分析方法。响应百分比＝N/全部已选项，个案百分比＝N/总调查人数。

表 3 - 7　2017 年残疾人残疾类别情况

残疾类别	人数	响应百分比	个案百分比
视力残疾	301	8.91%	11.93%
听力残疾	243	7.19%	9.63%
言语残疾	274	8.11%	10.86%
肢体残疾	1421	42.07%	56.30%
智力残疾	515	15.25%	20.40%
精神残疾	581	17.20%	23.02%
其他残疾	43	1.27%	1.70%
合计	3378	100.00%	133.84%

注：本表报告的是有效百分比，无缺失值。

2. 不同性别情况

表 3 - 8 描述了 2017 年残疾人性别与残疾类别的多重响应结果。调查结果显示，肢体残疾是主要的残疾类型，59.29% 的男性残疾人和 50.84% 的女性有肢体残疾，分别占总响应的 44.44% 和 37.77%。精神残疾是第二大残疾类型，分别有20.23% 的男性残疾人和 28.11% 的女性残疾人患此种残疾。智力残疾的人数也较多，有 19.07% 的男性残疾人和 22.84% 的女性残疾人都存在智力残疾。听力残疾和其他残疾的人数较少，只有 9.69% 的男性残疾人和 9.52% 的女性残疾人存在听力残疾，1.90% 的男性残疾人和 1.34% 的女性残疾人有其他残疾。

表 3 - 8　2017 年不同性别残疾人残疾类别情况（多重响应）

残疾类别	男性		女性	
	响应百分比	个案百分比	响应百分比	个案百分比
视力残疾	9.28%	12.39%	8.24%	11.09%
听力残疾	7.26%	9.69%	7.07%	9.52%
言语残疾	8.13%	10.85%	8.07%	10.86%
肢体残疾	44.44%	59.29%	37.77%	50.84%
智力残疾	14.29%	19.07%	16.97%	22.84%
精神残疾	15.17%	20.23%	20.88%	28.11%
其他残疾	1.42%	1.90%	1.00%	1.34%
合计	100.00%	133.42%	100.00%	134.60%

注：本表报告的是有效百分比，无缺失值。

3. 不同年龄情况

表3-9描述了2017年残疾人年龄与残疾类别的多重响应结果。调查结果显示，25岁及以下残疾人中残疾类别占比最高的三位依次是智力残疾（38.49%）、肢体残疾（44.35%）、精神残疾（27.42%），26—50岁的残疾人中残疾类别占比最高的三位依次是肢体残疾（48.02%）、精神残疾（31.05%）、智力残疾（26.33%）。51—80岁的残疾人群体中肢体残疾超过六成（65.36%），患有视力残疾、精神残疾、智力残疾的均在15%左右，患有听力残疾和言语残疾的均在10%左右。80岁以上的残疾人中有72.09%的人患有肢体残疾，比重最大；其次为视力残疾（23.26%）和听力残疾（25.58%）。可见，肢体残疾是所有年龄段中均占比较大，年轻残疾人中与大脑发育、病变有关的残疾更多。

表3-9 2017年不同年龄残疾人残疾类别情况（多重响应）

残疾类别	25岁及以下		26—50岁		51—80岁		80岁以上	
	响应百分比（%）	个案百分比（%）	响应百分比（%）	个案百分比（%）	响应百分比（%）	个案百分比（%）	响应百分比（%）	个案百分比（%）
视力残疾	6.60	10.48	6.22	8.44	11.78	15.19	16.39	23.26
听力残疾	4.57	7.26	6.34	8.61	8.01	10.32	18.03	25.58
言语残疾	12.69	20.16	8.76	11.90	7.08	9.13	1.64	2.33
肢体残疾	27.92	44.35	35.36	48.02	50.69	65.36	50.82	72.09
智力残疾	30.46	48.39	19.39	26.33	9.33	12.03	3.28	4.65
精神残疾	17.26	27.42	22.87	31.05	11.45	14.76	9.84	13.95
其他残疾	0.51	0.81	1.06	1.43	1.65	2.13	0.00	0.00
合计	100.00	158.87	100.00	135.78	100.00	128.92	100.00	141.86

注：本表报告的是有效百分比，无缺失值。

4. 不同户籍情况

表3-10描述了2017年残疾人户籍与残疾类别的多重响应结果。结果显示，农业户籍残疾人中有60.55%是肢体残疾，21.59%是精神残疾，17.37%是智力残疾，视力残疾和言语残疾均占比12.01%。非农业户籍残疾人中有52.55%是肢体残疾，24.54%的人有精神残疾，23.30%的人有智力残疾，视

力残疾和言语残疾分别占比 11. 92% 和 9. 75%。可见，农业残疾人中肢体残疾较之非农残疾人更多，非农残疾人中精神残疾和智力残疾更多。

表 3 - 10　2017 年不同户籍残疾人残疾类别情况（多重响应）

残疾类别	农业		非农业	
	响应百分比	个案百分比	响应百分比	个案百分比
视力残疾	8. 87%	12. 01%	8. 97%	11. 92%
听力残疾	7. 25%	9. 82%	7. 11%	9. 44%
言语残疾	8. 87%	12. 01%	7. 34%	9. 75%
肢体残疾	44. 72%	60. 55%	39. 55%	52. 55%
智力残疾	12. 83%	17. 37%	17. 53%	23. 30%
精神残疾	15. 95%	21. 59%	18. 46%	24. 54%
其他残疾	1. 50%	2. 03%	1. 05%	1. 39%
合计	100. 00%	135. 39%	100. 00%	132. 89%

注：本表报告的是有效百分比，无缺失值。

5. 不同婚姻情况

表 3 - 11 描述了 2017 年残疾人婚姻与残疾类别多重响应结果。调查结果显示，已婚残疾人中患有肢体残疾的占比 63. 78%，其次是精神残疾 17. 81%、智力残疾 12. 64%、视力残疾 12. 20%，听力残疾、言语残疾和其他残疾比重较小。未婚残疾人中，患有肢体残疾、智力残疾和精神残疾的比重同样较大，分别占比 41. 89%、41. 33% 和 32. 59%。丧偶残疾人中，66. 33% 的人患有肢体残疾，其他均在 20% 以下。离异残疾人中有 49. 60% 的人患有肢体残疾，精神残疾人数（31. 47%）次之，智力残疾（12. 35%）和视力残疾（11. 95%）较少。以上侧面说明肢体残疾和精神残疾的家庭负担较重，更需要配偶照料与陪伴。

表 3 – 11   2017 年不同婚姻情况残疾人残疾类别情况

残疾类别	已婚		未婚		丧偶		离异	
	响应百分比（%）	个案百分比（%）	响应百分比（%）	个案百分比（%）	响应百分比（%）	个案百分比（%）	响应百分比（%）	个案百分比（%）
视力残疾	9.52	12.20	6.24	9.43	14.50	19.10	10.24	11.95
听力残疾	7.85	10.05	5.60	8.46	11.83	15.58	5.12	5.98
言语残疾	7.67	9.83	10.64	16.09	6.11	8.04	3.07	3.59
肢体残疾	49.80	63.78	27.71	41.89	50.38	66.33	42.32	49.40
智力残疾	9.87	12.64	27.34	41.33	5.73	7.54	10.58	12.35
精神残疾	13.91	17.81	21.56	32.59	9.92	13.07	26.96	31.47
其他残疾	1.38	1.77	0.92	1.39	1.53	2.01	1.71	1.99
合计	100.00	128.09	100.00	151.18	100.00	131.66	100.00	116.73

注：本表报告的是有效百分比，无缺失值。

（三）所患残疾数量

1. 总体情况

图 3 – 4 描述了 2017 年残疾人所患残疾数量的总体情况。患一种残疾的残疾人最多，共有 1983 人，占总人数的 78.57%。同时患有两种残疾的有 350 人，占总人数的 13.87%。同时患有三种残疾的残疾人有 113 人，占 4.48%。同时患有四种及以上残疾的残疾人共有 78 人，占 3.09%。

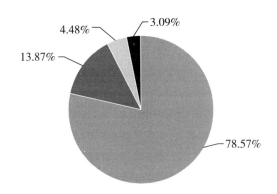

　　＝患一种残疾　＝患两种残疾　＝患三种残疾　＝患四种及以上残疾

图 3 - 4　2017 年残疾人所患残疾数量总体情况

　　注：本图报告的是有效百分比，无缺失值。

2. 不同性别情况

　　表 3 - 12 描述了 2017 年不同性别残疾人所患残疾数量的情况。患有一种残疾和三种残疾的男性残疾人比女性残疾人略多，分别是 78.85% 和 78.05%，4.78% 和 3.92%。患有两种残疾和患有四种以上残疾的女性比男性略多，分别为 14.67% 和 13.43%，以及 3.36% 和 2.94%。

表 3 - 12　2017 年不同性别残疾人所患残疾数量情况

所患残疾数量	男性		女性	
	人数	有效百分比	人数	有效百分比
患一种残疾	1286	78.85%	697	78.05%
患两种残疾	219	13.43%	131	14.67%
患三种残疾	78	4.78%	35	3.92%
患四种及以上残疾	48	2.94%	30	3.36%
合计	1631	100.00%	893	100.00%

　　注：本表报告的是有效百分比，无缺失值。

3. 不同年龄情况

　　表 3 - 13 描述了 2017 年不同年龄段残疾人所患残疾数量的情况。调查结果显示，全年龄段残疾人患有一种残疾的比例最高，之后依次减少。并且，患有一种残疾的比例均达到六成以上，分别为 25 岁及以下的残疾人中有 67.74%

患一种残疾，26—50 岁的残疾人中有 77.30% 患一种残疾，51—80 岁的残疾人中患一种残疾的人数最多，有 81.14%，80 岁以上的残疾人中有 74.42% 的人患一种残疾。此外，80 岁以下的三个年龄段中，患两种残疾的比例一般在 15% 左右，相当于患三种、四种及以上残疾的合计比例。80 岁以上残疾人中患两种残疾和三种残疾的比例均为 11.63%，患四种及以上残疾的人数最少，仅 1 人，占比 2.33%。

表 3 – 13　2017 年不同年龄残疾人所患残疾数量情况

所患残疾数量	25 岁及以下	26—50 岁	51—80 岁	80 岁以上
	有效百分比	有效百分比	有效百分比	有效百分比
患一种残疾	67.74%	77.30%	81.14%	74.42%
患两种残疾	16.94%	14.77%	12.71%	11.63%
患三种残疾	8.87%	4.81%	3.41%	11.63%
患四种及以上残疾	6.45%	3.12%	2.73%	2.33%
合计	100.00%	100.00%	100.00%	100.00%

注：本表报告的是有效百分比，无缺失值。

4. 不同户籍情况

表 3 – 14 描述了 2017 年不同户籍残疾人所患残疾数量的情况。调查结果显示，患一种残疾的非农业户口残疾人较农业户口高出 2.53 个百分点，同时，患两种残疾的农业户口残疾人较非农业户口高出 2.25 个百分点。这说明农村残疾人的残疾情况更为复杂。

表 3 – 14　2017 年不同户籍残疾人所患残疾数量情况

所患残疾数量	农业户口		非农业户口	
	人数	有效百分比	人数	有效百分比
患一种残疾	952	77.27%	1031	79.80%
患两种残疾	185	15.02%	165	12.77%
患三种残疾	56	4.55%	57	4.41%
患四种及以上残疾	39	3.17%	39	3.02%
合计	1232	100.00%	1292	100.00%

注：本表报告的是有效百分比，无缺失值。

5. 不同婚姻情况

表 3-15 描述了 2017 年不同婚姻情况的残疾人所患残疾数量的情况。调查结果显示，患一种残疾的残疾人中已婚最多，占比 55.32%；患两种残疾的残疾人中已婚最多，占比 50.57%；患三种残疾的残疾人中以已婚与未婚为主，已婚占比 43.36%，未婚占比 41.59%；患四种及以上残疾的残疾人中未婚最多，占比 53.85%。

表 3-15　2017 年不同婚姻情况残疾人所患残疾数量情况

	患一种残疾		患两种残疾		患三种残疾		患四种及以上残疾		合计
	人数	百分比	人数	百分比	人数	百分比	人数	百分比	
已婚	1099	55.32%	177	50.57%	49	43.36%	30	38.46%	1355
未婚	506	25.52%	124	35.43	47	41.60%	42	53.85%	719
丧偶	159	8.02%	25	7.14%	11	9.73%	4	5.13%	199
离异	219	11.04%	24	6.86%	6	5.31%	2	2.56%	251
合计	1983	100%	350	100%	113	100%	78	100%	2524

注：本表报告的是有效百分比，无缺失值。

二、经济情况

（一）自评经济状况

1. 总体情况

图 3-5 描述了 2017 年残疾人自评经济的总体状况。结果显示，绝大多数残疾人经济上存在困难。其中，37.93% 的残疾人经济状况比较困难，35.87% 的残疾人经济状况非常困难，经济上大致够用的残疾人占比 25.05%，经济宽裕的残疾人仅占 1.15%。

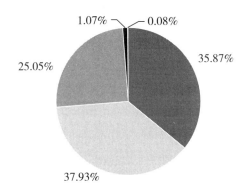

■非常困难 ■比较困难 ■大致够用，不感觉欠缺 ■比较宽裕 ■相当宽裕

图 3 - 5 2017 年残疾人自评经济总体状况

注：本图报告的是有效百分比，缺失值共 1 个。

2. 不同残疾等级情况

表 3 - 16 描述了 2017 年不同残疾等级的残疾人自评经济状况。结果显示，各残疾等级的残疾人中，经济状况存在困难的人群占比均超过 70.00%，经济富裕的人群占比较少，均不超过 2.00%。残疾一级的残疾人中，经济非常困难和比较困难的人群分别占比 38.43% 和 32.53%，比较宽裕和相当宽裕的合计占比 1.09%。残疾二级的残疾人中，经济非常困难和经济比较困难的人群占比为 35.16% 和 39.36%，比较宽裕和相当宽裕的合计占比 1.1%。残疾三级的残疾人中经济非常困难和经济比较困难的人群占比 36.31% 和 37.38%，比较宽裕和相当宽裕的合计占比 0.92%。残疾四级的残疾人中经济非常困难和经济比较困难的人群占比 34.52% 和 41.12%，比较宽裕和相当宽裕的合计占比 1.52%。总体来看，大部分残疾人的经济状况都存在一定程度的困难。

表 3 - 16 2017 年不同残疾等级残疾人自评经济状况

经济状况	残疾一级	残疾二级	残疾三级	残疾四级
	百分比	百分比	百分比	百分比
非常困难	38.43%	35.16%	36.31%	34.52%
比较困难	32.53%	39.36%	37.38%	41.12%
大致够用，不感觉欠缺	27.95%	24.38%	25.38%	22.84%

续表

经济状况	残疾一级	残疾二级	残疾三级	残疾四级
	百分比	百分比	百分比	百分比
比较宽裕	0.87%	1.10%	0.92%	1.27%
相当宽裕	0.22%	0.00%	0.00%	0.25%
合计	100.00%	100.00%	100.00%	100.00%

注：本表报告的是有效百分比，缺失值共 1 个

（二）年收支情况

表 3 - 17 描述了 2017 年残疾人年收入情况。结果显示，城乡残疾人家庭年收入的均值为 23601.35 元，其中转移性收入均值为 7678.84 元，达到年家庭总收入均值的 32.54%；残疾人个人年收入均值为 8513.82 元，其中转移性收入均值为 5724.73 元，达到年个人总收入均值的 67.24%。结合国家统计局数据表明[1]，残疾人平均收入整体低于全国人均收入，政府转移性收入是残疾人收入的重要来源。

年支出方面，2017 年残疾人家庭年支出均值为 29181.97 元，高于家庭年收入 5500 多元。其中，生活消费支出占家庭年支出的 45.59%；医疗费用支出占家庭年支出的 38.03%。可见日常消费支出和医疗费用支出是残疾人主要的支出部分。医疗支出中自费部分均值为 7193.02 元，达到医疗支出均值的 64.81% 和家庭年支出均值的 24.65%，说明残疾人自身的医疗支出负担相对较重。养老支出均值不到 421 元。

表 3 - 17　2017 年残疾人年收支情况

收支类型	平均值（元）	标准差	最大值（元）	最小值（元）	样本数（人）
家庭年收入	23601.35	24617.16	300000.00	0.00	2510
其中：转移性收入	7678.84	8651.86	106800.00	0.00	2513
个人年收入	8513.82	10535.37	210480.00	0.00	2517
其中：转移性收入	5724.73	5813.48	82800.00	0.00	2043

---

[1] 国家统计局数据，2019 年全国居民人均可支配收入为 28228 元，2019 年 30733 元。

续表

收支类型	平均值（元）	标准差	最大值（元）	最小值（元）	样本数（人）
家庭年支出	29181.97	32996.89	417600.00	0.00	2492
其中：生活消费支出	13304.05	13286.79	190480.00	0.00	2490
医疗支出	11098.73	24301.93	345600.00	0.00	2467
其中：自费	7193.02	15348.182	200000.00	0.00	2480
养老支出	420.2743	3297.033	54000.00	0.00	689

注：本表报告的是有效百分比，无缺失值。

（三）债务情况

1. 债务数额

表3-18描述了2017年残疾人家庭债务数额的情况。结果显示，残疾人家庭债务最大值为1500000.00元[1]，最小值为0.00元，均值为27708.78元，高于表3-17中反映的家庭年收入均值4000多元。从城乡来看，城市残疾人家庭债务均值为27680.66元，农村残疾人家庭债务均值更大，为28086.90元。同时，城市残疾人家庭债务标准差为82985.10，大于农村，说明城市残疾人的负债情况波动较农村残疾人更大。

表3-18 2017年残疾人家庭债务情况

	平均值（元）	标准差	最大值（元）	最小值（元）	样本数（个）
总体情况	27842.77	79780.55	1500000.00	0.00	2511
城市	27680.66	82985.10	1500000.00	0.00	1509
农村	28086.90	74735.68	1400000	0.00	1002

2. 借债原因

表3-19描述了2017年残疾人家庭借债原因的情况。调查结果显示，看病是残疾人借债最主要的原因，占比高达75.40%，占总响应的42.28%。说明因残致贫仍是普遍现象。其次是，孩子上学、日常生活需要和买房、租房或修建房，分别占28.37%、27.03%和22.18%。婚丧嫁娶占7.78%，经营需要占6.44%，意外事故占6.61%。仅有1.92%的残疾人借债是因为重大自然灾害，占总响应的1.08%。

---

[1] 巨额债务来源于买房、租房或修建房。

表 3 - 19　2017 年残疾人家庭借债原因情况

借债原因	人数	响应百分比	个案百分比
看病	901	42.28%	75.40%
孩子上学	339	15.91%	28.37%
日常生活需要	323	15.16%	27.03%
经营需要	77	3.61%	6.44%
买房、租房或修建房	265	12.44%	22.18%
婚丧嫁娶	93	4.36%	7.78%
意外事故	79	3.71%	6.61%
重大自然灾害	23	1.08%	1.92%
其他	31	1.45%	2.59%
合计	2131	100.00%	178.33%

注：本表报告的是有效百分比，缺失值共 1329 个。

三、健康情况

（一）慢性病患病情况

1. 总体情况

图 3 - 6 描述了 2017 年残疾人慢性病患病的总体情况。结果显示，高达 76.64% 的残疾人患有慢性病，说明残疾人患慢性病的风险较大。在患有慢性病的残疾人中，患 1 种慢性病的人数最多，占比 25.11%；患 3 种慢性病的人数最少，占比仅 13.59%。

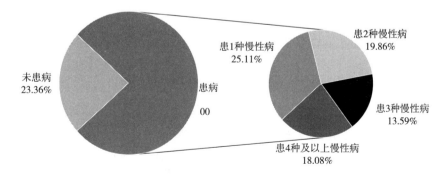

图 3 - 6　2017 年残疾人慢性病患病数量总体情况

注：本图报告的是有效百分比，缺失值共 7 个。

2. 不同残疾等级情况

表 3 - 20 描述了 2017 年不同残疾等级残疾人慢性病的患病情况。结果显示，不同层级等级的残疾人中至少患有 1 种慢性病的比例分别是 68.20%、77.45%、79.23% 和 79.39%，可见慢性病已成为影响残疾人健康的重要因素。同时可以看到，残疾一级的残疾人中未患病的比例最高（31.8%），而残疾四级的残疾人中患有三种及以上慢性病的比例最高（36.69%）。可能的原因是，虽然残疾状况越轻，对生命的威胁越小，但是因为没有得到及时的治疗和康复，更容易患上各种慢性疾病。

表 3 - 20　2017 年不同残疾等级残疾人慢性病患病情况

慢性病患病数量	残疾一级	残疾二级	残疾三级	残疾四级
	百分比	百分比	百分比	百分比
未患病	31.80%	22.55%	20.77%	20.61%
患 1 种慢性病	23.25%	26.65%	25.23%	22.65%
患 2 种慢性病	16.01%	19.84%	22.62%	20.36%
患 3 种慢性病	12.06%	13.23%	14.00%	15.27%
患 4 种及以上慢性病	16.89%	17.74%	17.38%	21.12%
合计	100.00%	100.00%	100.00%	100.00%

注：本表报告的是有效百分比，缺失值共 27 个。

（二）日常生活自理能力情况

1. 总体情况

图 3 - 7 描述了 2017 年残疾人日常生活自理能力的情况。总体来看，困难指数由高到低分别是洗澡、穿脱衣服、上厕所、室内活动、大小便、吃饭，其中，近 5 成残疾人表示在洗澡和穿脱衣方面存在不同程度的困难，近三成的残疾人很难或无法自己洗澡。具体而言，吃饭方面，表示"有些困难"的占比 17.31%，表示"很困难"和"无法做"的占比 9.95%。大小便方面，表示"有些困难"的占比 18.21%，"很困难"和"无法做"的共计 13.65%。室内活动方面，表示"有些困难"的占比 22.68%，11.66% 的人表示"很困难"，9.12% 的人表示"无法做"。上厕所方面，21.52% 的人表示"有些困难"，13.12% 的人"很困难"，9.71% 的人"无法做"。穿脱衣服方面，21.55% 的

人表示"有些困难","很困难"和"无法做"的合计为 20.33%。洗澡方面，23.99%的人表示"有些困难","很困难"和"无法做"的共计 29.86%。

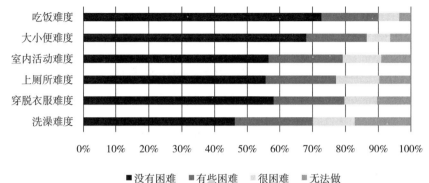

图 3 - 7　2017 年残疾人日常生活自理能力总体情况

注：本图报告的是有效百分比，缺失值共 8 个。

2. 不同残疾等级情况

以下分别描述了 2017 年不同残疾等级的残疾人在洗澡、穿脱衣服、上厕所、室内活动、大小便、吃饭等方面的难度情况。总体来看，表示"没有困难"的残疾人比例随着残疾等级的升高而减少，表示存在不同程度困难甚至"无法做"的比例随着残疾等级的升高而增多。这表明，残疾等级越高，行动能力越弱，需要照护者介入的范围越广、程度越深。

具体来说，洗澡方面（图 3 - 8），残疾一级的残疾人表示"没有困难"的比例最小（34.06%），"无法做"的比例最大（33.62%）。残疾四级的残疾人中表示"没有困难"的占比最多（58.52%），"无法做"的占比最少（6.11%）。

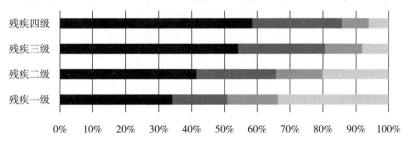

图 3 - 8　2017 年不同残疾等级残疾人洗澡难度情况

注：本图报告的是有效百分比，缺失值共 22 个。

穿脱衣服方面（图3–9），残疾一级的残疾人表示"没有困难"的人数最少，占比为45.32%；"无法做"的人数最多，占比为25.05%。残疾四级的残疾人表示"没有困难"的比例最大，为72.08%；"无法做"的人数比例最小，仅为2.03%。

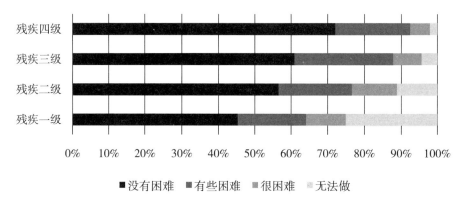

图3–9　2017年不同残疾等级残疾人穿脱衣服难度情况

注：本图报告的是有效百分比，缺失值共20个。

上厕所方面（图3–10），残疾一级的残疾人表示"没有困难"的占比最少，为43.89%；"无法做"的占比最多，为23.14%。残疾四级的残疾人表示"没有困难"的比例最大，为66.75%；"无法做"的比例最小，仅为2.79%。

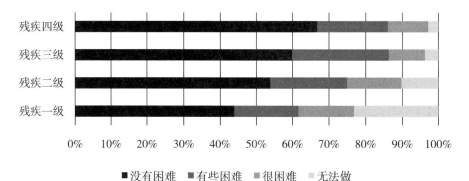

图3–10　2017年不同残疾等级残疾人上厕所难度情况

注：本图报告的是有效百分比，缺失值共21个。

室内活动方面（图3–11），残疾一级的残疾人表示"没有困难"的占比最少，为46.72%；"无法做到"的占比最多，为21.18%。残疾四级的残疾人表示"没有困难"的比例最大，为66.41%；"无法做"的比例最小，仅为3.56%。

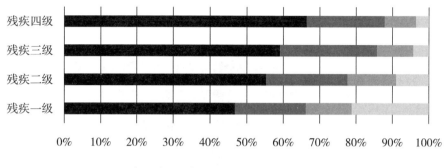

图3-11　2017年不同残疾等级残疾人室内活动难度情况

注：本图报告的是有效百分比，缺失值共22个。

大小便方面（图3-12），残疾一级的残疾人中表示"没有困难"的人占比最少，为53.93%；"无法做"的占比最多，为15.50%。残疾四级的残疾人中表示"没有困难"的占比最多，为79.44%；"无法做"的占比最少，仅有1.52%。

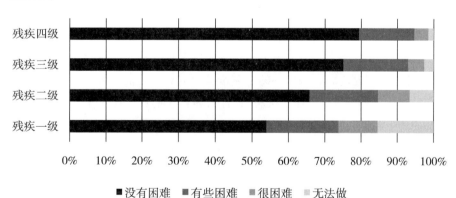

图3-12　2017年不同残疾等级残疾人大小便难度情况

注：本图报告的是有效百分比，缺失值共23个。

吃饭方面（图3-13），各残疾等级的残疾人表示吃饭没有难度的人数占比都超过半数。残疾一级的残疾人吃饭存在不同程度困难的比例为43.14%，其中"很困难"和"无法做"的共计接近20%。残疾二级的残疾人中的这个人数比例也达到10%。说明助餐服务对重度残疾人十分必要。残疾三级和残疾四级的残疾人在吃饭问题上没有困难的均超过八成,"很困难"和"无法做的"共计均不超过5%。

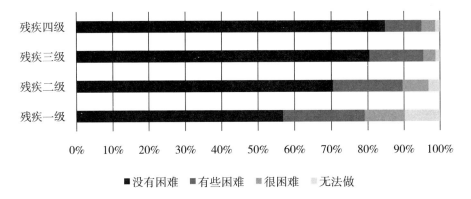

图3-13 2017年不同残疾等级残疾人吃饭难度情况

注:本图报告的是有效百分比,缺失值共20个。

第三节 政策匹配与存在问题

目前,我国残疾人民生保障在立法和制度上有较大发展。政府转移性收入(最低生活保障制度和"两项补贴"制度等)对残疾人的收入保障效果明显,大部分残疾人都能实现"住有所居";针对残疾人的社会保障体系不断健全,保障内容不断扩大,社会服务种类愈加多样,受益人数不断增长。但同时,也存在诸如整体发展水平较低、城乡差异明显、政策领域发展不均衡、供需矛盾突出等问题。

一、社会保障

(一) 残疾人社会救助与福利补贴

1. 近九成残疾人享受了兜底救助和福利补贴

表3-21描述了2017年残疾人享受社会救助与福利补贴的数量差异。结果显示,近九成残疾人享受到了兜底救助和福利补贴,其中获得三项及以上社

会救助与福利补贴的残疾人数量最多，共 856 人，占总人数的 33.91%。获得一项和两项社会救助与福利补贴的人数一致，都是 680 人，占比 26.94%。未享受任何社会救助与福利补贴的人数仅占总人数的 12.20%。可见，我国目前社会救助与福利补贴工作稳步推进，大部分困难残疾人都享受了一些救助政策。

表 3-21　2017 年残疾人享受社会救助与福利补贴数量差异

数量	人数	百分比
无	308	12.20%
一项	680	26.94%
两项	680	26.94%
三项及以上	856	33.91%
合计	2524	12.20%

注：本表报告的是有效百分比，无缺失值。

2. 最低生活保障和困难残疾人生活补贴是残疾人最主要的两项收入保障

表 3-22 描述了 2017 年残疾人社会救助与福利补贴的总体情况。结果显示，最低生活保障和困难残疾人生活补贴是残疾人最主要的两项收入保障，分别占总响应的 30.14% 和 23.97%。其次，有 22.62% 的残疾人能够享受到医疗救助，20.84% 的残疾人能够享受到城居保/新农合缴费补贴，18.11% 的残疾人享受重度残疾人护理补贴，12.80% 的残疾人享受居民养老保险缴费补贴。仅有 6.85% 的残疾人享受特困人员供养，占总响应的 3.24%，比重最小。

表 3-22　2017 年残疾人社会救助与福利补贴总体情况

社会救助与福利补贴	人数	响应百分比	个案百分比
最低生活保障	1610	30.14%	63.79%
特困人员供养	173	3.24%	6.85%
医疗救助	571	10.69%	22.62%
其他救助	223	4.18%	8.84%
困难残疾人生活补贴	1280	23.97%	50.71%
重度残疾人护理补贴	457	8.56%	18.11%
其他福利补贴	178	3.33%	7.05%

续表

社会救助与福利补贴	人数	响应百分比	个案百分比
居民养老保险缴费补贴	323	6.05%	12.80%
城居保/新农合缴费补贴	526	9.85%	20.84%
合计	5341	100.00%	211.61%

注：本表报告的是有效百分比，无缺失值。

3. 兜底保障有跑冒滴漏，救助政策存盲区

根据图 3-3 显示，本次调查的一级（极重度）、二级（重度）困难残疾人占总人数的一半以上（58.31%），但是表 3-22 显示的享受重度残疾人护理补贴的人数却不到总人数的 20%（18.11%）。这意味着超过三分之二的重度残疾人没享受到这项政策。同时，调查中发现，一部分极重度、重度困难残疾人未享受任何社会救助与福利补贴；一些极重度肢体残疾、上无父母下无子女且独居护理院的残疾人被列入低保范围，而不是享受特困人员供养。原因部分在于，不少地方未建立完善的社会救助与福利补贴动态监测审查系统，救助补贴存在盲区。

（二）残疾人社会保险

1. 养老、医疗保险参保率较高

表 3-23 描述了 2017 年残疾人参加社会保险情况。结果显示，养老保险总参保率达到 72.01%，其中参加职工养老保险的残疾人占 32.12%，参加城乡居民养老保险的残疾人占 39.89%。参加职工医疗保险的残疾人占 51.67%。总体来看，残疾人养老、医疗保险参保率相对于其他职工保险的参保率较高，但与普通城乡居民参保率相比较存在不小差距[1]。

表 3-23　2017 年残疾人社会保险参保情况

社会保险	人数	响应百分比	个案百分比
职工养老保险	810	24.99%	32.12%
职工医疗保险	1303	40.20%	51.67%

---

[1] 根据《2019 年度人力资源和社会保障事业发展统计公报》显示，2019 年全国基本养老保险参保人数达 9.68 亿，参保率超过 90%；据《2019 年全国医疗保障事业发展统计公报》显示，2019 年全国基本医疗保险参保人数达 13.54 亿，参保率稳定在 95% 以上。

社会保险	人数	响应百分比	个案百分比
其他职工保险	126	3.89%	5.00%
城乡居民养老保险	1002	30.92%	39.89%
合计	3241	100.00%	129.02%

注：本表报告的是有效百分比，缺失值共 12 个。

2. 工伤、失业参保率较低

据表 3-23 的描述结果可知，仅有 126 人参加了其他职工社会保险（失业保险、工伤保险、生育保险），占总调查人数的 5.00%，受访残疾人参加失业保险、工伤保险和生育保险的比例较低。这一方面可能与残疾人的文化程度有关。经检验，本次调查的困难残疾人其他保险参保情况与残疾人文化程度存在显著的正相关关系（经过卡方检验，P = 0.000），即随着文化程度的不断提高，残疾人的保险意识不断加强，其他保险的参保率不断上升。另一方面，考虑到残疾人的身体缺陷和企业负担，一些企业不愿意接纳有一定劳动能力的残疾人，导致很多有劳动能力的残疾人难以参保。

二、残疾人权益保障

（一）九成残疾人合法权益未受到侵害

表 3-24 描述了 2017 年城乡残疾人合法权益是否收到侵害的情况。总体来看，目前我国残疾人合法权益的保障环境是比较好的，绝大多数残疾人的合法权益都没有受到侵害，92.86% 的城市残疾人和 92.32% 的农村残疾人的合法权益都得到有效保障，仅有 7.14% 的城市残疾人和 7.68% 的农村残疾人合法权益受到侵害。

表 3-24　2017 年城乡残疾人合法权益是否受到侵害情况

合法权益是否收到侵害	城市		农村	
	人数	百分比	人数	百分比
是	108	7.14%	77	7.68%
否	1404	92.86%	926	92.32%
合计	1512	100.00%	1003	100.00%

注：本表报告的是有效百分比，缺失值共 9 个。

(二) 残疾人的法律服务需求近九成未得到满足

表3-25描述了2017年城乡残疾人是否需要法律服务的情况。结果显示，相较于城市残疾人来说，农村残疾人更需要法律服务。33.73%的农村残疾人需要法律服务，66.27%的农村残疾人不需要法律服务。19.72%的城市残疾人需要法律服务，80.28%的残疾人不需要法律服务。

表3-25 2017年城乡残疾人法律服务需求情况

是否需要法律服务	城市		农村	
	人数	百分比	人数	百分比
是	299	19.72%	340	33.73%
否	1217	80.28%	668	66.27%
合计	1516	100.00%	1008	100.00%

注：本表报告的是有效百分比，无缺失值。

表3-26描述了2017年城乡残疾人法律服务利用情况。在299名需要法律服务的城市残疾人中，仅有35人接受过法律服务，占11.71%；未接受过法律服务的城市残疾人共264人，占88.29%。在340名需要法律服务的农村残疾人中，仅有46人接受过法律服务，占13.53%；未接受过法律服务的农村残疾人共294人，占86.47%。由此可见，我国目前残疾人法律服务的利用率较低，绝大多数残疾人的法律服务需求得不到满足。这一方面与残疾人法律服务覆盖率较低有关，另一方面，偏低的文化程度和繁琐的申请流程也可能限制了残疾人使用法律服务的积极性。

表3-26 2017年城乡残疾人法律服务利用情况

是否接受过法律服务	城市		农村	
	人数	百分比	人数	百分比
是	35	11.71%	46	13.53%
否	264	88.29%	294	86.47%
合计	299	100.00%	340	100.00%

注：本表报告的是有效百分比，缺失值共1个。

专栏3-1：提升残疾人法律援助水平

提升残疾人法律援助水平的关键点在于增强服务便利性，打通法律援助的"最后一公里"。如，浙江省庆元县推出"法律援助ETC"模式，通过打通县民政局、司法局等8家单位数据壁垒，建立"法律援助ETC"数据信息资源库，梳理残疾人、老年人、军属、低保户、困难职工等7类对象，并录入姓名、家庭住址、联系方式等基本信息，高效便利地帮助残疾人申请法律援助。又如，黑龙江省开展"法律援助惠民生·助力残疾人脱贫攻坚"专项活动，对于行动不便的残疾人，实行电话预约、上门服务、网上办理，实现残疾人享受法律援助服务"零距离"〔1〕

三、接受康复服务情况

（一）政府免费康复服务好评率较高

表3-27描述了2017年城乡残疾人接受政府免费康复服务〔2〕的情况。结果显示，享受政府免费康复服务的城市残疾人共302人，占总调查人数的19.92%；未享受政府免费康复服务的城市残疾人共1214人，占80.08%。享受政府免费康复服务的农村残疾人共263人，占26.09%；未享受政府免费康复服务的农村残疾人共745人，占73.91%。农村残疾人享受政府免费康复服务的比例高于城市。

表3-27 2017年城乡残疾人享受政府免费康复服务情况

是否享受过政府免费康复服务	城市		农村	
	人数	百分比	人数	百分比
是	302	19.92%	263	26.09%
否	1214	80.08%	745	73.91%
合计	1516	100.00%	1008	100.00%

注：本表报告的是有效百分比，无缺失值。

表3-28描述了2017年城乡残疾人免费康复服务评价情况。从结果来看，城乡残疾人对免费康复服务的评价差异不大，城市残疾人对免费康复服务评价

〔1〕 肖春霞：《法援助残大爱无"碍"》，载澎湃新闻 https：//www. the paper. cn/newsDetail_ forward_ 5247411，最后访问日期：2019年12月15日；韩婷澎：《黑龙江：畅通残疾人法律援助绿色通道落实"最多跑一次"》，载网易新闻 https：//3g. 163. com/news/article/ FCEE6QDH05346936. html? from = history - back - list，最后访问日期：2020年5月12日。

〔2〕 政府免费康复服务是指康复医疗、康复训练、知识普及、心理支持、用品用具、咨询转介等服务。

为"好"和"无效果"的比例略高于农村,评价为"较好"和"一般"的比例略低于农村,但比例差异均不超过2.5个百分点。整体来看,不论在城市还是农村,残疾人对政府免费康复服务的满意度都较高,好评率均超七成。

表3-28 2017年城乡残疾人免费服务评价情况

免费康复服务评价	城市		农村	
	人数	百分比	人数	百分比
好	83	54.61%	81	51.27%
较好	30	19.74%	36	22.78%
一般	34	22.37%	38	24.05%
无效果	5	3.28%	3	1.90%
合计	152	100.00%	158	100.00%

注:本表报告的是有效百分比,缺失值共255个。

(二)六成残疾人未接受过康复服务

表3-29描述了2017年残疾人接受康复服务的情况。结果显示,有64.71%的残疾人未接受过康复服务,占总响应的48.57%。诊断和需求评估、康复治疗与训练和辅助器具配置是使用频次最高的三项服务。有13.92%的残疾人接受过诊断和需求评估,9.71%的残疾人接受过辅助器具配置,9.64%的残疾人接受过康复治疗与训练,7.26%的残疾人接受过康复知识普及,6.74%的残疾人接受过随访和评估服务,6.19%的残疾人接受过心理疏导。接受居家服务、日间照料与托养的残疾人与接受残疾人及亲友培训的残疾人数一致,均占总响应的4.29%。接受其他康复服务的残疾人数最少,仅占总响应的2.74%。可能的原因在于,一方面,一部分残疾人并不知晓和熟悉有哪些康复服务;另一方面,受限于自身的经济条件而不主动寻求利用康复服务。

表3-29 2017年残疾人接受康复服务情况

康复服务类型	人数	响应百分比	个案百分比
诊断和需求评估	351	10.45%	13.92%
康复治疗与训练	243	7.23%	9.64%
辅助器具配置	245	7.29%	9.71%

续表

康复服务类型	人数	响应百分比	个案百分比
心理疏导	156	4.64%	6.19%
居家服务、日间照料与托养	144	4.29%	5.71%
随访和评估服务	170	5.06%	6.74%
残疾人及亲友培训	144	4.29%	5.71%
康复知识普及	183	5.45%	7.26%
其他康复服务	92	2.74%	3.65%
未接受过康复服务	1632	48.57%	64.71%
合计	3360	100.00%	133.23%

注：本表报告的是有效百分比，缺失值共2个。

（三）付费康复服务利用率较低

表3-30描述了2017年残疾人享受付费服务的情况。总体来看，过去一年付费服务的费用范围在0-150000元之间，均值约1791.95元，多数在5000元以下，总体花费不高。同时存在大量残疾人没有利用过付费康复服务，城市残疾人占比达到77.39%，农村残疾人占比达到68.84%。

表3-30　2017年城乡残疾人享受付费服务情况

费用	城市		农村	
	人数	百分比	人数	百分比
0元	1157	77.39%	685	68.84%
1-2000（不含）元	106	7.09%	128	12.86%
2000-5000（不含）元	97	6.49%	92	9.25%
5000-10000（不含）元	62	4.15%	40	4.02%
10000元及以上	73	4.88%	50	5.03%
合计	1495	100.00%	995	100.00%

注：本表报告的是有效百分比，缺失值共34个。

付费康复服务利用率较低除了与残疾人窘迫的经济状况有关，还可能在于付费服务的质量不能让残疾人满意。表3-31描述了2017年城乡残疾人对付费服务评价情况。结果显示，大部分残疾人对付费服务的评价不高。城市残疾人评价付费服务"好"和"较好"的仅分别占比 14.50% 和 8.88%，评价"一般"和"无效果"的比例之和达到了 76.62%。农村残疾人评价付费服务"好"和"较好"的分别占 20.53% 和 10.88%，评价"一般"和"无效果"的比例之和达到了 68.59%。

表 3 – 31　2017 年城乡残疾人付费服务评价情况

付费服务评价	城市		农村	
	人数	百分比	人数	百分比
好	98	14.50%	100	20.53%
较好	60	8.88%	53	10.88%
一般	225	33.28%	198	40.66%
无效果	293	43.34%	136	27.93%
合计	676	100.00%	487	100.00%

注：本表报告的是有效百分比，缺失值共 1361 个。

四、受教育情况

（一）近八成残疾人接受过教育，但文化程度较低

图 3 – 14 描述了 2017 年残疾人的受教育情况。结果显示，75.31% 的残疾人接受过一定程度的教育，24.69% 的残疾人没上过学。总体来看，残疾人教育普及虽取得一定成效，但近四分之一的文盲率离"全覆盖、零拒绝"的要求还有不小差距。

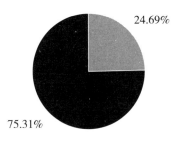

24.69%

75.31%

■未上过学　■上过学

图 3 – 14　2017 年残疾人受教育情况

注：本图报告的是有效百分比，缺失值共 1 个。

表 3 - 32 描述了 2017 年残疾人的文化程度情况。调查结果显示，大多数
困难残疾人的文化程度都不高，各年龄段初中以下文化程度的残疾人比重过
半，25 岁及以下的残疾人文盲率更是达到了 39.52%。总体来看，整个残疾人
群体接受教育的水平与健全人之间差距明显，年轻一代的残疾人义务教育普及
事业依然任重道远。

表 3 - 32　2017 年不同年龄残疾人文化程度情况

文化程度	25 岁及以下	26 - 50 岁	51 - 80 岁	80 岁以上
未上过学	39.52%	21.88%	24.74%	58.14%
私塾或小学	16.94%	26.69%	34.81%	27.91%
初中	22.58%	34.46%	27.65%	9.30%
高中或中专	14.52%	14.61%	11.77%	2.33%
大专或本科	6.45%	2.36%	1.02%	2.33%
合计	100.00%	100.00%	100.00%	100.00%

注：本表报告的是有效百分比，缺失值共 1 个。

（二）特殊教育普及率低

大部分应该接受特殊教育的残疾人在受教育阶段基本上都是随班跟读，未
接受到更适合的特殊教育，特殊教育普及率较低。表 3 - 33 描述了 2017 年不
同致残年龄残疾人就读学校类型情况。结果显示，在 18 岁（含）之前残疾的
残疾人，有 93.93% 读的是普通学校，仅有 53 人（6.07%）就读于特殊学校。
在 18 岁之后残疾的残疾人有 99.51% 读的是普通学校，仅有 5 人（0.49%）就
读特殊学校。

表 3 - 33　2017 年不同残疾年龄残疾人就读学校差异

就读学校类型	18 岁（含）之前残疾		18 岁之后残疾	
	人数	百分比	人数	百分比
普通学校	820	93.93%	1021	99.51%
特殊学校	53	6.07%	5	0.49%
合计	873	100.00%	1026	99.51%

注：本表报告的是有效百分比，缺失值共 625 个。

（三）残疾人接受继续教育和高等教育的可能性低

图 3 - 15 描述了 2017 年残疾人受教育程度的情况。结果显示，高中和中专较初中教育水平总人数大幅下降，在总人数中的占比由 30.28% 下降到 13.08%。而文化程度为大专或本科的残疾人仅有 49 人，占总人数的 1.94%。可见在初中之后，继续接受教育的人数不断降低，选择接受高等教育的人数也在不断减少。这一方面与残疾人自身身体情况和知识的接受能力有关，另一方面我国目前残疾人义务教育发展不完善，也影响了残疾人接受继续教育和高等教育，同时，残疾人自身的经济条件也是重要制约因素。

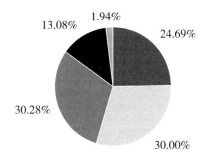

■ 未上过学　■ 私塾或小学　■ 初中　■ 高中或中专　■ 大专或本科

图 3 - 15　2017 年残疾人受教育程度情况

注：本图报告的是有效百分比，缺失值共 1 个。

专栏 3 - 3：残疾人教育"一个也不能少"

山东市县两级成立残疾人教育专家委员会 163 个，负责对适龄残疾儿童进行科学评估，并提出安置方案，保证所有类型残疾学生接受适宜教育。依托济南大学成立山东省特殊教育研究中心，市、县两级依托特殊教育学校建立特殊教育资源中心 112 个，为服务区域提供特殊教育指导和支持服务。

无锡市残联与无锡开放大学合作成立无锡市残疾人教育学院。该学院充分利用现代远程教育手段，为残疾人提供中、高等学历教育。为提升残疾人学习的积极性，政府对本市户籍残疾人的学费提供全额补贴，在学员拿到毕业证后还将给予一次性奖励。这不仅有助于缓解残疾人接受继续教育的经济压力，同时激励残疾人学习的积极性，有助于提高知识面和竞争力。[1]

---

〔1〕邢婷：《山东：特殊教育学校对所有类型残疾儿童少年"零拒绝"》，载《中国青年报》2019 年 9 月 26 日，https：//baijiahao. baidu. com/s？id=1645723283640937349&wfr=spider&for=pc；江苏省人民政府：《无锡户籍残疾人可免费上开放大学》，载 http：//www. jiangsu. gov. cn/art/2019/9/18/art_ 64348_ 8715230. html，最后访问日期：2019 年 9 月 18 日。

五、就业情况

（一）八成残疾人未就业

表3-34描述的是2017年城乡残疾人的就业状态情况。总体来看，大多数残疾人没有参加劳动或工作，其中城市残疾人不劳动或工作的比例高于农村。城市不劳动或工作的残疾人共1273人，占83.97%；农村不劳动或工作的残疾人共747人，占74.11%。

表3-34　2017年城乡残疾人就业状态

是否仍然劳动或工作	城市		农村	
	人数	百分比	人数	百分比
是	243	16.03%	261	25.89%
否	1273	83.97%	747	74.11%
合计	1516	100.00%	1008	100.00%

注：本表报告的是有效百分比，无缺失值。

表3-35数据表明，残疾等级较重的残疾人受限于自身的身体状况，仍然劳动或工作的比例较低，均不超过20.00%。残疾一级的残疾人中，仍然在劳动或工作的占比15.03%；残疾二级的残疾人中，仍然在劳动或工作的占比12.09%。残疾三级的残疾人中有28.31%仍然劳动或工作，残疾四级的残疾人仍然劳动或工作的人数比例则达到了31.73%。

表3-35　2017年不同残疾等级残疾人就业状态

是否仍然劳动或工作	残疾一级	残疾二级	残疾三级	残疾四级
是	15.03%	12.09%	28.31%	31.73%
否	84.97%	87.91%	71.69%	68.27%
合计	100.00%	100.00%	100.00%	100.00%

注：本表报告的是有效百分比，缺失值共20个。

（二）残疾人从事行业以农业为主

表3-36描述的是2017年残疾人残疾后从事职业情况。结果发现，超过半数以上的残疾人（59.96%）是失业者、半失业者或者从未就业。有就业岗

位的残疾人中，成为农业工作者的残疾人占总调查人数的 13.33%，比重最大。其次，成为产业工人的残疾人占总调查人数的 5.44%，个体工商户占2.54%；专业技术人员、办事人员、国家与社会管理者和私营企业主人数较少，占比均在 1% 以下。

表3-36 2017年残疾人残疾后从事职业情况

残疾后从事职业	人数	百分比
国家与社会管理者	9	0.36%
私营企业主	2	0.08%
专业技术人员	15	0.60%
办事人员等	14	0.56%
个体工商户	64	2.54%
商业服务人员	38	1.51%
产业工人	137	5.44%
农业工作者	336	13.33%
城乡的失业者、半失业者或从未就业	1511	59.96%
其他	394	15.63%
合计	2520	100.00%

注：本表报告的是有效百分比，缺失值共4个。

(三) 残疾人求职途径单一

表3-37 描述了 2017 年残疾人的求职途径。结果显示，11.48% 的残疾人通过熟人介绍找工作，占总响应的 10.43%，比重最大。其次，7.11% 的残疾人通过残疾人就业服务机构找工作，占总响应的 6.46%。3.81% 的残疾人自主创业或灵活就业，2.70% 的残疾人通过招聘会找工作，2.26% 的残疾人通过网络就业信息找工作。本应是残疾人就业保障重要渠道的公共就业服务机构，却仅占总响应的 1.88%，比重最小。究其原因，一方面，我国目前的残疾人就业服务机构在数量上还难以满足需求；另一方面，很多残疾人可能并不知晓公共就业服务机构的相关职能。

表 3 – 37　2017 年正在找工作的残疾人求职途径情况

求职途径	人数	响应百分比	个案百分比
网络就业信息	57	2.06%	2.26%
公共就业服务机构	52	1.88%	2.07%
残疾人就业服务机构	179	6.46%	7.11%
招聘会	68	2.45%	2.70%
熟人介绍	289	10.43%	11.48%
自主创业或灵活就业	96	3.47%	3.81%
其他	154	5.56%	6.12%
没找过工作	1875	67.69%	74.46%
合计	2770	100.00%	110.01%

注：本表报告的是有效百分比，缺失值共 6 个。

（四）残疾人劳动技能培训需求难以满足

图 3 – 16 描述了 2017 年残疾人是否需要劳动技能培训的情况。结果显示，超过五分之一（21.10%）的残疾人有劳动技能培训的需求。不需要劳动技能培训的残疾人占比 78.90%，这可能与调查样本中重度残疾较多有关。

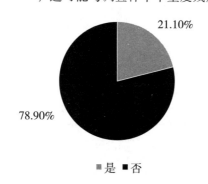

图 3 – 16　2017 年残疾人是否需要劳动技能培训情况

注：本图报告的是有效百分比，缺失值共 3 个。

图 3 – 17 描述了 2017 年有劳动技能培训需求的残疾人住地附近是否有劳动技能培训的情况。结果显示，大部分残疾人的劳动技能培训需求未得到满足。在532 名有劳动技能培训需求的残疾人中，有 444 名残疾人住地附近没有劳动技能

培训，占 84.57%；只有 81 名残疾人住地附近有劳动技能培训，占 15.43%。

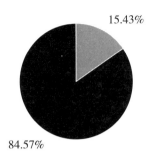

图 3 - 17　2017 年残疾人住地附近是否有劳动技能培训情况

注：本图报告的是有效百分比，缺失值共 7 个。

六、住房情况

（一）大多数残疾人都能实现"住有所居"

表 3 - 38 描述了 2017 年残疾人拥有房产数目的情况。总体来看，77.05% 的残疾人有房产，无房产的仅占 22.95%。城市中无房产的残疾人占 27.46%，多于农村（16.17%）。65.08% 的城市残疾人有一处房产，76.19% 的农村残疾人有一处房产；6.73% 的城市残疾人有两处房产，6.94% 的农村残疾人有两处房产；0.73% 的城市残疾人有三处及以上房产，0.69% 的农村残疾人有三处及以上房产。由此可见，大多数残疾人都能实现"住有所居"，城市残疾中无房产的人数较农村更多。

表 3 - 38　2017 年残疾人房产数情况

房产数	城市		农村	
	人数	百分比	人数	百分比
无房产	416	27.46%	163	16.17%
一处房产	986	65.08%	768	76.19%
两处房产	102	6.73%	70	6.94%
三处及以上房产	11	0.73%	7	0.69%
合计	1515	100.00%	1008	100.00%

注：本表报告的是有效百分比，缺失值共 1 个。

图 3 - 18 描述了 2017 年残疾人住房面积的情况。结果显示，近九成残疾人住房面积超过 35 平米。其中，住房面积是 100 平米及以上的残疾人占总调查人数的 29.45%，住房面积 35 平米以下的残疾人仅占比 9.09%。

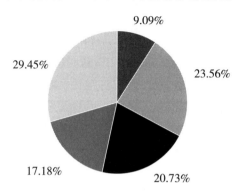

9.09%

29.45%

23.56%

17.18%

20.73%

■ 35平米以下　　　■ 35-60（不含）平米　　■ 60-80（不含）平米
■ 80-100（不含）平米　■ 100平米及以上

图 3 - 18　2017 年残疾人住房面积情况

注：本图报告的是有效百分比，缺失值共 15 个。

（二）残疾人住房以自建房和拆迁安置房为主

表 3 - 39 描述了 2017 年残疾人的住房来源情况。调查结果显示，绝大多数（42.49%）残疾人的住房来源是自建房。其次，拆迁安置房占比较多，为 14.31%。自购普通商品房、经济适用房或限价商品房占比 10.23%。总体租房比例为 11.13%，其中，租住廉租房及公租房的比例为 7.09%。其他住房来源（包括自己低价购入的单位分配住房、大家帮忙建的房子、单位集资房等）占比 10.03%。综合来看，城乡残疾人家庭住房以自建房和拆迁安置房为主。

表 3 - 39　2017 年残疾人住房来源情况

住房来源	人数	百分比
自购普通商品房	193	7.65%
自购经济适用房或限价商品房	65	2.58%
自建房	1072	42.49%
拆迁安置房	361	14.31%

续表

住房来源	人数	百分比
政府补贴建房	144	5.71%
工作单位提供免费住房	59	2.34%
租住单位住房	19	0.75%
租住廉租房	106	4.20%
租住公租房	73	2.89%
市场租房	83	3.29%
借房	95	3.77%
其他	253	10.03%
合计	2523	100.00%

注：本表报告的是有效百分比，缺失值共1个。

（三）困难残疾人住房存在有量无"质"现象

数据发现（图3-19），现住房是危房的城乡困难残疾人比例分别达20.24%和28.70%。这可能与其家庭经济状况有关。残疾人家庭普遍收入低、经济状况入不敷出，所居住的房屋大都年久失修，窘迫的经济状况又让他们很难有足够的资金来修缮和改造房屋。

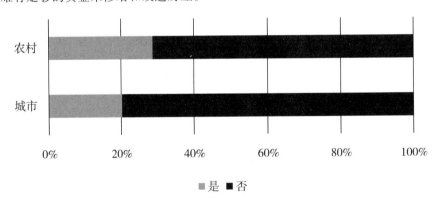

图3-19 2017年残疾人现住房屋是否危房情况

注：本图报告的是有效百分比，缺失值共5个。

七、无障碍环境建设情况

（一）无障碍设施覆盖率低

表3-40描述了2017年残疾人家附近公共无障碍设施的建设情况。数据显示，61.30%的残疾人家附近没有坡道、盲道、扶手等公共无障碍设施。具体来说，20.78%的残疾人家附近有坡道，占总响应的13.60%。19.39%的残疾人家附近有盲道，17.76%的残疾人家附近有扶手。无障碍厕所或厕位、自动门、无障碍电梯和提示字幕、手语和语音提示占比均不超过10.00%，盲文提示标牌占比最小，仅有2.85%的盲人家附近有盲文提示标牌。

表3-40 2017年残疾人公共无障碍设施情况

无障碍设施类型	人数	响应百分比	个案百分比
盲道	489	12.69%	19.39%
坡道	524	13.60%	20.78%
扶手	448	11.63%	17.76%
自动门	164	4.26%	6.50%
盲文提示标牌	72	1.87%	2.85%
提示字幕、手语和语音提示	81	2.10%	3.21%
无障碍电梯	139	3.61%	5.51%
无障碍厕所或厕位	215	5.58%	8.52%
低位柜台或电话	79	2.05%	3.13%
其他	96	2.49%	3.81%
无公共障碍设施	1546	40.12%	61.30%
合计	3853	100.00%	152.78%

注：本表报告的是有效百分比，缺失值共2个。

（二）无障碍设施的满意度低

表3-41描述了2017年残疾人对无障碍设施的满意度情况。总体来看，残疾人对无障碍设施不满意。26.03%的残疾人对无障碍设施"不满意"，42.38%的残疾人认为"一般"，二者之和达到68.41%。只有22.49%的残疾人对无障碍设施"满意"，9.10%的残疾人"非常满意"。这一方面与无障碍

设施较低的覆盖面有关，另一方面也在于无障碍设施多样性不足，难以满足残疾人需求。

表3-41 2017年残疾人无障碍设施满意度情况

无障碍设施满意度	人数	百分比
非常满意	108	9.10%
满意	267	22.49%
一般	503	42.38%
不满意	309	26.03%
合计	1187	100.00%

注：本表描述的是有效百分比，缺失值共1337个。

第四节 政策建议

残疾人民生兜底保障政策的落实，应基于"以残疾人为本"的政策理念，在积极福利的视角下，构建全面系统、可持续发展的残疾人政策保障体系，切实满足残疾人的生活服务需求。

一、精准识别认定，织密织细民生保障网

首先，切实开展最低生活保障、"两项补贴"等相关社会救助和福利补贴对象的精准识别和认定工作，加强救助补贴对象资格评估，清退不符合相关救助补贴标准的人员。同时，建立定期寻访制度，对于基本生活能力较差的特困残疾人给予倾斜性帮扶，应养尽养，兜住底线。其次，积极引进信息化技术，加强救助补贴人员审核、需求等方面的管理，制定精细化的救助补贴标准以及第三方评估机制，对救助补贴对象进行多方比对及精细化审核，及时公开认定信息，建立多方监督体系。同时，通过长期跟踪、动态核查、实时更新残疾人的真实情况和资料，确保相关救助补贴政策惠及真正困难群体。

二、完善住房保障，加大危房改造投入力度

当前还有部分残疾人居无定所。针对城市困难残疾人无房比例较高的问题，应大力完善城镇残疾人保障性住房制度。充分考虑残疾人的特殊性，给予

残疾人在保障性住房方面以帮扶性倾斜，适当降低政策准入条件，解决城市残疾人住房问题。同时建立定时探访制度，及时核查居住情况，帮助解决消防等安全隐患。针对农村困难残疾人现住房危房比例较高的问题，各地区需强化分类管理，精准识别不同贫困程度农村残疾人的危房存量。多渠道筹集危房改造资金，一方面设立农村残疾人家庭住房保障基金，专款专用保障资金投入；另一方面应积极争取社会资源，吸引社会资本投入。通过给予危房改造或拆除重建资金补助、信贷扶持等方式，加快农村困难残疾人危房改造实施进度。同时也可借鉴城镇经济适用房、廉租房等住房保障制度，建立适应农村特点的保障性住房制度[1]。

三、开拓求职途径，发展残疾人职业培训事业

"授人以鱼，不如授人以渔"。首先，政府相关部门应开拓残疾人求职途径，通过残疾人就业服务机构、残疾人招聘会等多样化方式，积极拓宽残疾人求职途径，为残疾人创造充分平等的就业求职环境，促进残疾人整体就业率的提高。其次，大力发展残疾人劳动技能培训事业。一方面，要注重提高残疾人技能培训的针对性，客观分析不同培训对象在年龄、文化程度、身体素质、残障类型和程度等方面的差异，努力挖掘各自的优势和潜能，因材施教[2]，根据不同残疾人的培训需求，提供不同层次、不同类别的职业培训服务[3]；另一方面，要针对用工单位的不同需求，开展定向培训，残疾人在培训合格后可被介绍到相应对口用工单位工作，充分满足残疾人的就业需求和用工单位的用工需求[4]。

四、优化教育供给，增加接受优质教育的机会

在提高残疾人整体教育供给的基础上，进一步优化残疾人教育供给结构与供给水平。首先，切实将残疾人教育纳入国民教育体系，全面普及残疾人义务

〔1〕 李芳萍、吴军民、赖水源等：《农村贫困残疾人家庭住房保障问题研究——基于江西省9县区的抽样调查》，载《残疾人研究》2016年第3期。
〔2〕 张建伟、胡隽：《中国残疾人就业的成就、问题与促进措施》，载《人口学刊》2008年第2期。
〔3〕 同上。
〔4〕 李静：《从生活救助到就业支持——优势视角下残疾人福利的实现路径》，载《南京大学学报（哲学.人文科学.社会科学版）》2012年第6期。

教育，并通过完善普通高等院校招收残疾考生的政策，注重为残疾人创造更多接受继续教育和高等教育的机会。其次，各地区应根据本地的实际情况分类别、分阶段、分情况进行教育扶持。经济发达区域应创新残疾人教育服务体制机制，推动残疾人教育向精准化、高效率和选择性供给方向发展；经济欠发达地区要继续强化教育保底功能，给予家庭经济困难的残疾儿童义务教育、学前教育和高中阶段教育补助。

五、下沉医疗资源，鼓励社会力量广泛参与

首先应完善基层医疗康复机构对残疾人的倾向性福利，鼓励优质医疗康复机构的医务人员定期巡诊或到基层医疗康复机构轮班，为残疾人进行诊治、记录，提供康复护理建议。建立残疾人健康状况追踪监测和动态记录，为难以负担康复护理费用的残疾人提供适当的补助，为行动能力、认知能力较差的残疾人提供上门服务。其次，应通过政府购买服务等多种形式，吸引并发动社会力量参与到残疾人的康复护理活动中来。鼓励引导公益慈善组织、社会工作服务机构、企事业单位和志愿者等社会力量对残疾人社会福利的共同担当，承接残疾人日间照料、康复护理等服务以及服务质量评估，满足残疾人多样化需求，帮助残疾人更好、更合理地分享国家发展成果。

六、加强普法宣传，开展"零距离"法律援助

通过多个渠道加强残疾人普法宣传和教育，注重残疾人维权意识的培养。首先，可通过"互联网＋"、普法微课、发放宣传单、流动走访等形式，开展残疾人法律援助宣传，讲解惠残政策和免费法律援助内容及申请程序，以真实案例详细解说何人、何事、向谁申请法律援助。其次，相关部门可通过"送法上门"，上门了解残疾人的法律援助需求，切实有效地为残疾人解决实际问题，实现精准帮扶。最后，基层法律援助机构应充分考虑残疾人自身缺陷，加强专业法律援助人员的培训，精简残疾人法律援助申请流程，健全残疾人法律援助网络，实现残疾人"零距离"享受法律援助服务[1]。

七、强调融合共享，打造无障碍公共环境

进一步扩大无障碍设施的覆盖面，注重无障碍设计的系统化，加强无障碍

---

〔1〕 吴胜利：《残疾人法律援助制度中国家责任的体现》，载《法制与社会》2007 年第 8 期。

专用产品的开发、维护与配套升级。首先，在城市保障房建设和农村危房改造工作中，要考虑到家庭无障碍规划，推广居家通用无障碍设计。其次，进一步提升无障碍改造技术和设备水平。一方面，从技术层面加强残疾人家庭无障碍改造的标准化、规范化管理，可引进专业评估机构，通过对残疾人居家行动和生活能力以及生活环境进行评估，制定个性化改造方案；另一方面，根据地方经济状况和实际需求设定家庭无障碍改造项目，如电动移位系统、多功能护理床、拓宽厨房卫生间门、厨房灶台及洗脸池低化等。最后，营造从家庭、社区再到公共场所、日常出行等全方位、系统化的无障碍环境，真正实现"消歧除障、融合共享"。

第二部分　机　制　篇

第四章 社会救助对象认定机制研究

实现兜底保障的前提是科学识别、精准救助，既保证全面覆盖、不漏一人，也要兼顾差异化，避免政策微效。我国已经基本建立起以家庭人均可支配收入或家庭人均纯收入为主要标准的一揽子瞄准政策体系，在有效识别收入贫困群体、保障困难居民基本生活方面发挥了显著作用。但是，在经济社会形态愈发丰富、贫困问题愈加复杂的当下，社会救助对象认定工作面临诸如隐形收入核查难、赡养费用核准难、共同生活家庭成员认定难等新的难题，如何把每一分救助金都用在刀刃上，精准识别是第一步。

第一节 社会救助瞄准研究与政策综述

社会救助对象瞄准是指将有限或稀缺的社会救助资源通过一定方法和程序有效地分配给社会救助申请对象的过程。这一过程涉及到设标和寻标两方面的问题：前者是对象标准的问题。即根据政策的设定范围要求，明确社会救助对象认定的标准；后者是对象瞄准的问题。即如何设定统一的认定程序、方法和手段，把需要社会救助的对象筛选出来并给予社会救助的过程。

一、社会救助瞄准机制的研究

在一项经典研究中，范德瓦尔将社会政策的瞄准机制区分为"广义瞄准"（broad targeting）和"狭义瞄准"（narrow targeting）两种类型。广义瞄准指虽然某些社会政策不是为贫困者特设的，但是相对于其他社会政策而言，这些社会政策能倾向性地保护贫困者，或至少能为贫困者获取公共资源提供均等的机会。狭义瞄准则是直接针对反贫困政策而言的，它指某一项具体的反贫困政策是否能将所有贫困者纳入其中并将非贫困者排除在外。狭义瞄准涵盖了两种类型的瞄准偏差，也就是"应保尽保"和"漏出偏差"。

通过查阅文献资料发现，社会救助瞄准机制包括三种类型：

（一）个体、家庭瞄准机制

个体瞄准机制是指扶贫资源的传递过程中，直接以贫困者个人或家庭为瞄准单位，使扶贫资源传递"精准到人"或"精确到户"。为了实现个体瞄准的目标，社会政策的执行者必须掌握贫困者个人或家庭层面的经济状况。在发展中国家的农村，绝大多数居民的收入来源是农业生产的不确定性产出和非正规就业的不稳定收入，这两方面的收入往往很难被社会救助的执行部门准确监测。收入测量的模糊化问题不仅在农村表现突出，在城市中也一样存在。灵活就业或非正规就业是城市贫困者维持生计的重要途径，社会政策执行部门对这部分收入难以准确监测。

（二）类型瞄准机制

这是另一种常见的扶贫救助瞄准方式，它指的是首先将一个国家或社会中的成员划分类型，然后将扶贫或救助的资源重点分配甚至只分配给特定类型的社会成员，以此实现对重点扶贫对象的倾斜性覆盖。综观各国家和地区的社会政策实践，有三种方式的类型瞄准机制较为常见。

第一种方式是"身份类型瞄准"。它指的是将老人、残疾人等更容易陷入贫困的对象纳入救助范围。事实上，"年龄""性别""身体状况"等类型指标虽然都可能与"是否贫困"相关，但毕竟与贫困测量分属不同性质，这种操作模式会引发部分瞄准偏差现象。

第二种方式是"消费类型瞄准"。它将家庭消费品区分为"必需消费品"与"奢侈消费品"，或"日常消费品"与"耐用消费品"，根据可观察的耐用消费品（比如住房、家用电器或交通工具等）的数量和质量来判断居民的收入，拥有一定数量或质量的耐用消费品的居民将被排除在社会救助之外。但可观测的耐用消费品的数量仅能反映居民过去的收入水平，与"现行救助"原则存在一定的差距。此外，"日常必需消费品"与"耐用贵重消费品"两者的边界也很难分清。

第三种方式是"社会行为类型瞄准"。它是对社会成员的行为进行分类，表现出某些特定类型行为的社会成员将会被排斥在扶贫或社会救助之外。例

如，地方政府和基层执行者将那些存在"赌博""酗酒""超生"甚至"过去
农业税费缴纳不及时"等"不良行为"的社会成员首先排除在低保获取的门
槛之外[1]。"不良行为"的界定和操作化空间很大，有可能导致扶贫和社会
救助的目标被其他行为目的所取代，从而导致瞄准偏差。

（三）区域瞄准机制

由于不同地区的自然资源、人文环境和历史积淀存在差异，经济社会发展
会出现空间分异，在一个经济体中，总有一些特定地区相对于其他地区而言更
容易陷入贫困。因此，向特定区域倾斜性投放公共资源成为了缓解贫困的通行
手段之一。但在实践中这种机制并不易行。一方面，由于受到交通、通讯等基
础设施的限制，向这些最需要救助的区域投放社会救助资源需要付出的成本更
大，这大大降低了当地居民获得社会救助资源的可能性。同样，由于受空间限
制，来自上级行政部门或救助系统的监管往往不能及时到位，导致一些急需救
助的偏远山区和边境地区成为被社会救助遗忘的角落。另一方面，区域瞄准根
据地区性经济社会指标确定公共资源的重点投放地区，但是，地区层面的人口
统计学资料与实际家庭的贫困状况之间并不完全对等。

二、社会救助对象识别的研究

低保制度的目标是反贫困，对救助对象的识别直接影响到扶贫效率。国际
上许多学者对于如何提升救助对象的识别水平从不同角度做了大量研究。
Karger（1999）通过对美国的调查发现，在最低生活保障政策的制定过程中，
不仅要考虑收入、财产及就业状况，还要增加申请对象积极就业的限制性要
求，提高申请对象的瞄准效率。Ashok S. Rai（2002）认为影响社会救助对象
瞄准效率最大因素是信息不对称，可以充分利用本地社区资源，整合相关信
息，进一步甄别出申请对象的贫困程度[2]。Martin Ravallion（2008）认为现
有的社会救助政策往往以收入水平作为评定申请对象贫困程度的标准，很容易
引起因测量误差而导致救助政策的误差，因此要求采用更广泛的测量标准来提

---

[1]　李棉管：《技术难题、政治过程与文化结果——"瞄准偏差"的三种研究视角及其对中国
　　　"精准扶贫"的启示》，载《社会学研究》2017 年第 1 期。
[2]　Ashok S. Rai, "Targeting the Poor Using Community Information", *Journal of Develop Mengte-
　　　conomics*. 2002（69）71 – 83.

升救助对象的认定效率[1]。Emanuela Galasso 等（2005）通过对发展中国家社会救助方法调查研究，发现采用分散瞄准的方法，将救助政策及项目委托地方政府机构来实施，发挥地方机构信息的优势，可以大幅提高贫困对象的识别效率，增加救助项目实施的精准性[2]。

实践中，各国确定社会救助目标的方式大略有三种：收入调查、代理指标、自拟目标。

第一，收入调查。享受低保权利是有条件的，各国对享受低保待遇均规定了资格条件，低于本国的低收入线或贫困线才能领取津贴。收入调查最大的优点是可以控制津贴的发放，设计的思路也很简单：穷人是通过低收入来确定的。但是，收入调查的成本往往很高：首先，收入调查将面临高昂的信息成本和管理成本，如，收入信息定期更新的成本很高，收入扶持的管理成本高达9%[3]。其次，抑制了救助对象的劳动积极性和储蓄行为，如果享受低保待遇和收入有关，收入提高津贴将被收回，势必抑制纳税人的劳动力供给。最后，收入评估对穷人是有侵害性的，会给被调查对象带来"羞辱感"。

第二，代理指标。即通过设计一个替代贫困的指标，来计算贫困指数、确定救助目标。这些指标不一定与贫困直接或绝对相关，但相关性一定很大，不易转移和隐瞒，且易于观察、可测量，比如，残疾、盲人、年老体衰、居所偏僻、健康状况糟糕等都是理想的指标。使用代理指标的好处，首先是能够降低收入调查带来的信息成本和管理成本；其次，通过选择合适的贫困指标，可以很好的发挥目标瞄准功能。且由于目标指向实体人群，一些实物转移支付也有良好的定位；最后，避免了人为因素的干扰，增加了道德风险的成本。因为要满足救助条件，意味着申请者要放弃个人的已有利益，如肢体健全、身体健康等。

第三，自拟目标。即通过申请者的行为选择来确定目标对象。具体形式大致有两种：一是对一些只有特定人群会消费的服务提供价格补贴，比如公共交通或临期食品。二是为一些有特殊行为的申请者发放有条件的津贴。有成本的

[1] Martin Ravallion："Miss - targeted or Miss - measured? Economcis Letters". 2008（100）. pp. 9 - 12.

[2] Emanuela Galasso, Martin Ravallion："Decentralized Targeting of an Antipoverty Program", *Journal of Publin Economics*. 2005，89（4）. pp. 705 - 727.

[3] Barr, Nicholas A.，"Expirical Definitions of the Poverty Line", *Policy and Politics*. 1981（9/1）.

行为选择才能起到筛选申请者的目的，这是实现自拟目标的关键。例如，英国申请低保救助在程序上比较麻烦[1]，但这种麻烦也许是故意设置的，因为学者认为，如果申请者愿意接受"麻烦"的申请带来的时间成本以及"羞辱感"带来的心理成本，这种行为本身就发挥了筛选功能。

在我国，当前的政策方案主要是确定一条低保线，将符合条件的申请者纳入保障范围。然而，由于政府和低保申请者之间信息高度不对称，加之农村居民的收入难以量化，城市居民的非货币性收入难以核查，通过家计调查和收入核查等手段的信息成本很高。对此，一种解决方案是，通过建立贫困识别指标帮助确定低保对象，比如家庭人口结构、是否残疾、智障、有重大疾病、高龄等[2]；另一种解决方案是，完善现有的收入核查机制，通过民政、房管、银行、工商、税务等多部门参与，建立网络信息核查系统，降低信息成本。综合来看，第一种方案通过设计一些和贫困关联度较高的指标，起到了信号甄别的功能，尤其适合农村地区；第二种方案的行政成本较高且效果有限，不仅无法解决农村家庭收入难以精确货币化的难题，而且无法解决经办人员的道德风险问题，多部门监督不仅增加了管理成本，也会带来"搭便车"的问题[3]。

三、社会救助对象瞄准方法的研究

社会救助对象的认定方法很多，大致可以分为四类：一是分类认定法，包括人口学方法和地理法。其中，人口学认定法以人口特点和类型为标准，如老年人、儿童、残疾人等。这种方法在发展中国家应用较多；地理认定法以特定地域为标准，如偏远山区、棚户区，这种方法在南亚、非洲地区应用较多。拉美国家则更多地把二者结合起来应用。二是社区评议法，这种方法适用于申请人数较少、贫困较明显的情况，但容易出现人情保和关系保。三是自我认定法，通常应用于自然灾害、社会危机发生时。四是家计调查法，包括传统家计调查法、代理家计调查法和信息化核对法。其中，传统家计调查主要通过出具证明、入户访问等方式调查家庭的收入和财产，社会诚信度较高；代理家计调

---

[1] 英国和低保项目相关的津贴有 50 多种，每一项津贴申请者需要填写长达 20 多页的表格，甚至更多。

[2] 王增文、邓大松：《倾向度匹配、救助依赖与瞄准机制——基于社会救助制度实施效应的经验分析》，载《公共管理学报》2012 年第 2 期。

[3] 胡思洋、赵曼：《逆向选择、道德风险与精准救助》，载《国家行政学院学报》2017 年第 1 期。

查主要通过代理指标对家庭经济状况进行测量，由于其对调查人员的素质和财力等要求较高，因而多在收入较高的发展中国家被采用；信息化核对法体现着政府较高的信息化管理水平，要求家庭财产和收入的透明化以及较高的社会诚信度。这一方法在发达国家以及较高收入的发展中国家应用广泛。

我国的社会救助对象认定方法是与经济社会发展相适应的。从新中国成立初期到上世纪90年代，我国分别在城市和农村建立了针对"三无"人员和受灾人员的社会救助制度，救助对象认定以人口学方法和地理法为主。20世纪90年代以来逐步形成以传统家计调查为主的认定方法。具体为：由户主提出申请并出具相关证明，低保审批机关通过入户调查、邻里访问、信函索证、群众评议等方式对申请人的家庭经济状况进行调查，其他专项救助对象认定也与低保捆绑或与低保类似。之后，在传统家计调查基础上，各地方纷纷根据实际情况辅以其他认定方法，但由于经济社会发展并不平衡，认定方法有的超前有的落后，出现的问题较多。2012年，国务院要求建立核对机制，通过信息系统获取救助申请人的就业、住房、存款等信息。2013年，经中央编办批准成立了民政部低收入家庭认定指导中心，全面推进居民家庭经济状况核对机制建设工作。2015年民政部出台相关政策，对外出务工人员以及农产品经营收入制定了计算办法，自此，我国代理家计调查迈出了第一步，并在很多农村地区得以应用。

四、社会救助对象瞄准政策的研究

现行国务院《社会救助暂行办法》中对于救助对象的规定，严格来说仅有两条，即第9条："国家对共同生活的家庭成员人均收入低于当地最低生活保障标准，且符合当地最低生活保障家庭财产状况规定的家庭，给予最低生活保障。"第14条："国家对无劳动能力、无生活来源且无法定赡养、抚养、扶养义务人，或者其法定赡养、抚养、扶养义务人无赡养、抚养、扶养能力的老年人、残疾人以及未满16周岁的未成年人，给予特困人员供养。"这两条分别是关于最低生活保障人群和特困供养人群的规定，后续配套的医疗救助、住房救助、教育救助、就业救助等也均以这两类人为目标对象。2020年8月发布的《关于改革完善社会救助制度的意见》，在原有城乡低保和特困人员基础上，将低收入家庭中的重度残疾人、重病患者等完全丧失劳动能力和部分丧失劳动能力且无法依靠产业就业帮扶脱贫的人员，纳入到基本生活保障范围；将符合条件的进城务工人员纳入救助帮扶范围。

准确认定社会救助对象是确保社会救助制度公平公正实施的前提。通过户籍管理、机动车登记、就业、工商登记、纳税、不动产登记、保险、存款、证券、公积金等单位和金融机构代为查询、核对其家庭收入状况、财产状况，对社会救助家庭声明的户籍、人口及其经济状况信息进行全面、客观核对，是准确认定社会救助对象的重要基础，也是社会救助审核审批的重要环节。

同时，针对贫困认定中的信息壁垒问题，2014 年 2 月，"国家企业信用信息公示系统"全面建成并正式上线运行，市场监管总局为民政部低收入家庭认定指导中心开通社会救助经济情况信息批量核对接口，实现了实时、多形式查询涉及企业信息以及涉及人员开办经营性网站、网店等网络监管市场信息。2017 年 12 月，民政部与原国土资源部联合发布《关于做好社会救助家庭不动产登记信息查询核对工作的通知》，提出加强部门协同，加快建立互联互通、信息共享的社会救助家庭不动产登记信息查询核对机制。2018 年 12 月，民政部办公厅发布《居民家庭经济状况信息部省联网查询办法（试行）》，提出通过省级核对平台与民政部低收入家庭认定指导中心联网的方式，实现居民家庭经济状况信息横向共享、跨省比对。

针对"应保未保""保不应保"等问题，2015 年 6 月，民政部印发《关于指导村（居）民委员会协助做好社会救助工作的意见》，要求加强对村（居）民委员会协助开展社会救助工作的监督检查，对徇私舞弊、虚构瞒报、优亲厚友、敷衍塞责造成严重后果的，要依法依规追究责任。2018 年 4 月，民政部印发《全国农村低保专项治理方案》，会同驻部纪检组，在全国开展连续三年的农村低保专项整治，有效遏制"漏保""错保""脱保""关系保""人情保"等现象，仅 2019 年第三季度，全国就清退不符合条件的低保对象 92.8 万户、185 万人，新纳入低保对象 96.5 万户、185.4 万人。

第二节　社会救助瞄准机制运行现状及问题

本节以低保瞄准机制为例，分析社会救助瞄准机制的运行。采用"中国城乡困难家庭社会政策支持系统建设"项目 2015、2016、2017 年家庭入户调查问卷，实际反映的是 2014、2015、2016 年城乡困难家庭的情况。经过数据

处理，最终纳入分析的城乡困难家庭（包括低保户和低保边缘户）数据2014
年有11570个，2015年有7194个，2016年有7219个。

一、低保户及低保边缘户兜底保障研究的基本情况

（一）家庭基本情况[1]

1. 城乡分布情况

如表4-1所述，农村低保户多于低保边缘户，而城市低保边缘户多于低
保户。具体来说，2015年，农村低保户为1487户，占比50.37%，低保边缘
户为1456，占比为49.63%；城市低保户2454户，占比57.85%。城市低保边
缘户1788户，占比42.15%，2016年农村低保户为1447，占比为46.75%，低
保边缘户为1648户，占比53.25%；城市低保户2292，占比55.58%，低保边
缘户1832，占比44.42%。城市低保边缘户在经济收入上略高于低保户，因此
无法享受到政府为低保户提供的医疗、住房、教育等救助资源，他们的实际生
活水平也因此甚至低于低保户，生活状态堪忧。

表4-1　2015年和2016年低保户与低保边缘户城乡分布情况

	2015年				2016年			
	农村		城市		农村		城市	
	户数	百分比	户数	百分比	户数	百分比	户数	百分比
低保户	1487	50.37%	2454	57.85%	1447	46.75%	2292	55.58%
低保边缘户	1465	49.63%	1788	42.15%	1648	53.25%	1832	44.42%
合计	2952	100%	4242	100.00%	3095	100.00%	4124	100.00%

2. 家庭成员数量

表4-2描述了2015和2016年农村困难家庭（低保户和低保边缘户）的
家庭成员数情况。总体来看，农村困难家庭中低保户和低保边缘户均以2人户
居多，2015年分别占比全部调查样本的36.03%和26.28%，2016年分别占比
为26.68%和26.76%。农村2人户以老年夫妻或老带幼为主，说明农村留守
老人、留守儿童仍普遍生活困难。

---

[1]　由于2015年数据中没有明确划分低保户和低保边缘户，故选取2016年、2017年数据进行分
析，反映的是2015、2016年的情况。

表 4 - 2　2015 年和 2016 年农村低保户与低保边缘户的家庭成员数情况

家庭成员数	2015 年				2016 年			
	低保户		低保边缘户		低保户		低保边缘户	
	户数	百分比	户数	百分比	户数	百分比	户数	百分比
1	261	17.55%	167	11.40%	248	17.14%	205	12.44%
2	387	36.03%	385	26.28%	386	26.68%	441	26.76%
3	338	22.73%	291	19.86%	311	21.49%	332	20.15%
4	256	17.22%	270	18.43%	247	17.07%	273	16.57%
5	130	8.74%	192	13.11%	119	8.22%	202	12.26%
6	79	5.31%	98	6.69%	86	5.94%	114	6.92%
7	25	1.68%	44	3.00%	33	2.28%	52	3.16%
8	7	0.47%	10	0.68%	6	0.41%	16	0.97%
9	3	0.20%	6	0.41%	9	0.62%	6	0.36%
10	0	0.00%	0	0.00%	2	0.14%	3	0.21%
11	0	0.00%	1	0.03%	0	0.00%	4	0.24%
13	1	0.07%	0	0.00%	0	0.00%	0	0.00%
14	0	0.00%	1	0.07%	0	0.00%	0	0.00%
合计	1487	100.00%	1465	100.00%	1447	100.00%	1648	100.00%

　　表 4 - 3 描述了 2015 年和 2016 年城市困难家庭（低保户和低保边缘户）的家庭成员数情况。总体来看，城市困难家庭以三人户居多。其中，2015 年，城市家庭成员为 3 人的低保户占全部调查样本的 31.54%，2016 年城市家庭成员为 3 人的低保户占比 31.68%。此外，对比两年数据可知，低保户和低保边缘户的家庭成员数均在 5 - 10 人的平均数据基础上有所增长，后者还在 2 人户和 4 人户数据上有所增长。家庭人口的增多并没有改变家庭的经济状况，可能因为增加的是新生儿、老人等非劳动力。

表 4 - 3　2015 年和 2016 年城市低保户与低保边缘户的家庭成员数情况

家庭成员数	2015 年				2016 年			
	低保户		低保边缘户		低保户		低保边缘户	
	户数	百分比	户数	百分比	户数	百分比	户数	百分比
1	357	14.55%	197	11.02%	356	15.53%	190	10.37%
2	664	27.06%	456	25.50%	580	25.31%	463	25.27%
3	774	31.54%	547	30.59%	726	31.68%	522	28.49%
4	365	14.87%	318	17.79%	316	13.79%	342	18.67%
5	172	7.01%	163	9.12%	179	7.81%	176	9.61%
6	80	3.26%	67	3.75%	84	3.66%	81	4.42%
7	28	1.14%	27	1.51%	34	1.48%	36	1.97%
8	8	0.33%	8	0.45%	9	0.39%	13	0.71%
9	2	0.08%	3	0.17%	6	0.26%	3	0.16%
10	0	0.00%	1	0.06%	1	0.04%	5	0.27%
11	2	0.08%	1	0.06%	0	0.00%	1	0.05%
12	1	0.04%	0	0.00%	1	0.04%	0	0.00%
13	0	0.00%	0	0.00%	0	0.00%	0	0.00%
14	1	0.04%	0	0.00%	0	0.00%	0	0.00%
合计	2454	100.00%	1788	100.00%	2292	100.00%	1832	100.00%

3. 劳动力人口

表 4 - 4 描述了 2015 和 2016 年农村困难家庭（低保户和低保边缘户）的劳动力人口情况。数据显示，2015 年农村困难家庭中，无劳动力的农村低保户家庭在全部调查样本中占最大份额（44.54%），无劳动力的低保边缘户家庭在全部调查样本中同样占最大份额（34.06%）。此外，与 2015 年相比，2016 年无劳动力的农村低保边缘户家庭数量有所增加，无劳动力的农村低保户家庭有所减少，但后者（43.26%）仍旧多于前者（33.92%）。其次，综合两年数据可知，农村低保户与低保边缘户家庭的劳动力数量大多数为 1—2 人/户，在该范围内的农村低保边缘户家庭比例（48.26%、56.61%）大于农村低保户家庭比例（43.92%、31.34%）。综上，无劳动力的农村低保户家庭占比

多于低保边缘户，劳动力仅 1—2 人的农村低保边缘户家庭占比多于低保户，这说明有无劳动力以及劳动力多少，对于一个家庭的经济来说十分关键。

表 4 - 4　2015 年和 2016 年农村低保户与低保边缘户的劳动力人口情况

劳动力人口数	2015 年				2016 年			
	低保户		低保边缘户		低保户		低保边缘户	
	户数	百分比	户数	百分比	户数	百分比	户数	百分比
0	662	44.54%	499	34.06%	626	43.26%	559	33.92%
1	387	26.03%	348	23.75%	371	11.99%	371	22.69%
2	266	17.89%	359	24.51%	280	19.35%	411	24.94%
3	124	8.34%	173	11.81%	128	8.85%	181	10.98%
4	34	2.29%	60	4.10%	27	1.87%	97	5.89%
5	11	0.74%	21	1.43%	9	0.62%	23	1.40%
6	2	0.13%	3	0.20%	6	0.41%	1	0.06%
7	1	0.07%	2	0.14%	0	0.00%	2	0.12%
合计	1487	100.00%	1465	100.00%	1447	100.00%	1648	100.00%

表 4 - 5 描述了 2015 和 2016 年城市困难家庭（低保户和低保边缘户）的劳动力人口情况。数据显示，与农村情况相似，无劳动力的城市低保户家庭占全部调查样本的比例显著多于低保边缘户，前者超过 35%，后者在 2016 年仅为 25.76%。不同的是，2015 和 2016 年，劳动力仅 1—2 人的城市低保户家庭占全部调查样本的比例均低于低保边缘户，前者分别是 50.78% 和 50.92%，后者分别是 55.31% 和 54.97%。这可能说明低保边缘户虽然拥有劳动力人口，但因享受不到政策福利，故贫困依旧。

表 4 - 5　2015 年和 2016 年城市低保户与低保边缘户的劳动力人口情况

劳动力人口数	2015 年				2016 年			
	低保户		低保边缘户		低保户		低保边缘户	
	户数	百分比	户数	百分比	户数	百分比	户数	百分比
0	904	36.84%	472	26.40%	853	37.22%	472	25.76%
1	757	30.85%	478	26.73%	661	28.84%	475	25.93%

劳动力人口数	2015 年				2016 年			
	低保户		低保边缘户		低保户		低保边缘户	
	户数	百分比	户数	百分比	户数	百分比	户数	百分比
2	489	19.93%	511	28.58%	506	22.08%	532	29.04%
3	241	9.82%	235	13.14%	205	8.94%	272	14.85%
4	49	2.00%	80	4.47%	52	2.27%	67	3.66%
5	11	0.45%	11	0.62%	12	0.52%	11	0.60%
6	2	0.08%	1	0.06%	3	0.13%	3	0.16%
7	1	0.04%	0	0.00%	0	0.00%	0	0.00%
合计	2454	100.00%	1788	100.00%	2292	100.00%	1832	100.00%

（二）人口健康状况

1. 城乡困难家庭成员的健康状况总体较差

我国经济社会的快速发展和医疗卫生事业的进步，极大改善了城乡居民的健康状况。但相对而言，城乡困难群体的健康状况仍不容乐观。

由于每户家庭成员数量不同，因此这里采用人数的健康状况，而不是户数。表 4－6 描述了 2015 和 2016 年农村困难家庭（低保户和低保边缘户）的健康情况。数据显示，2015 年农村低保家庭中，健康状况一般及以下的低保家庭在全部调查样本中占比过半（72.86%），其中健康状况一般的低保家庭占比最大，为 29.41%。健康状况较好及以上的低保家庭在全部调查样本中仅占比 27.14%。与之相比，农村低保边缘户家庭中，健康状况一般及以下的低保边缘户家庭在全部调查样本中合计占比 71.43%，其中健康状况一般的边缘户家庭占比最大，为 34.36%。健康状况较好及以上的低保边缘户家庭在全部调查样本中占比 28.57%，略高于同期的农村低保户。由此可知，2015 年农村低保户健康状况比低保边缘户较差。

2016 年的数据样本相比 2015 年增加 539 个。在农村低保户家庭中，健康状况一般及以下的低保家庭在全部调查样本中占比 75.64%，其中健康状况一般的家庭在全部调查样本中所占份额较上年增长 5.86 个百分点。健康状况较好及很好的家庭所占份额较上年降低 2.88 个百分点。在农村低保边缘户家庭中，健康状况一般及以下的低保边缘户家庭占比 71.62%，其中健康状况很差的边缘户家庭占比较上年增加 0.12 个百分点。

表 4 - 6　2015 年和 2016 年农村低保户与低保边缘户的健康状况基本情况

| 健康状况 | 2015 年 | | | | 2016 年 | | | |
| | 低保户家庭 1487 户 | | 低保边缘户家庭 1465 户 | | 低保户家庭 1447 户 | | 低保边缘户家庭 1648 户 | |
	人数	百分比	人数	百分比	人数	百分比	人数	百分比
很好	608	13.64%	700	14.33%	611	13.83%	1008	18.44%
较好	602	13.50%	696	14.24%	461	10.43%	543	9.94%
一般	1311	29.41%	1679	34.36%	1558	35.27%	2047	37.46%
较差	1103	24.74%	1039	21.27%	874	19.78%	997	18.24%
很差	834	18.71%	772	15.80%	914	20.69%	870	15.92%
合计	4458	100%	4886	100%	4418	100%	5465	100%

表 4 - 7 描述了 2015 和 2016 年城市困难家庭（低保户和低保边缘户）的健康情况。与农村情况大体一致，2015 年健康状况一般及以下的城市低保户家庭在全部调查样本中合计占比 74.08%，低保边缘户占比 67.67%。另外，对比二者占比最高的情况可知，城市低保家庭占比最高的是一般的健康状况（32.27%），城市低保边缘户家庭占比最高的也是一般的健康状况（34.39%）。综上，城市低保户家庭的健康状况相对更差。

2016 年的样本数据相比 2015 年数据减少 63 个。与 2015 年相比，城市低保户家庭（健康状况较差及很差的占比从 41.81% 降至 38.69%）和低保边缘户家庭（健康状况较差及很差的占比从 33.28% 降至 31.48%）的总体健康状况均有明显的向好趋势。数据显示，健康状况较好及很好的低保户占全部调查样本的 25.40%，低保边缘户则占 32.60%；与 2015 年比较，低保户家庭这一部分占比有所下降（2015 年为 25.92%），低保边缘户家庭占比有所提升（2015 年为 32.33%），表明低保边缘户由于缺少医疗救助等政策福利，健康状况不佳。

表 4 – 7   2015 年和 2016 年城市低保户与低保边缘户的健康状况基本情况

健康状况	2015 年				2016 年			
	低保户家庭 2454 户		低保边缘户家庭 1788 户		低保户家庭 2292 户		低保边缘户家庭 1832 户	
	人数	百分比	人数	百分比	人数	百分比	人数	百分比
很好	1072	15.08%	1134	20.52%	1000	14.86%	1171	20.04%
较好	771	10.84%	653	11.81%	709	10.54%	734	12.56%
一般	2294	32.27%	1901	34.39%	2417	35.91%	2099	35.92%
较差	1607	22.60%	962	17.41%	1317	19.57%	1047	17.91%
很差	1366	19.21%	877	15.87%	1287	19.12%	793	13.57%
合计	7110	100%	5527	100%	6730	100%	5844	100%

2. 城乡困难家庭成员中患慢性病、重特大疾病的比例高

表 4 – 8[1]描述了 2015 和 2016 年农村困难家庭（低保与低保边缘户）的患病情况。数据显示，2015 年，患有慢性病的农村低保家庭在全部调查样本中占比最高，达 49.72%。患大病的低保家庭占比 19.57%。农村低保边缘户家庭中患有慢性病的比例同样高达 51.96%，患有大病的比例 20.49% 也比低保家庭高。

2016 年样本数据相比 2015 年减少 95 个。2016 年，患有慢性病的农村低保家庭在全部调查样本中所占比例较上年有所增加，为 50.70%；患有大病的低保也升至 23.33%。与之相比，患有慢性病的农村低保边缘户家庭在全部调查样本中所占比例达到 54.98%，高于同期低保户比例；患有大病的农村低保边缘户家庭占比 21.44%，低于同期低保户。可知，农村低保边缘户的健康管理缺失，亟需政府介入，扩大医疗救助和慢性病监测管理的对象范围。

---

[1] 由于每户家庭成员数量不同，因此这里采用人数的健康状况，而不是户数。

表 4 - 8　2015 年和 2016 年农村低保户与低保边缘户的患病基本情况

| 患病情况 | 2015 年 | | | | 2016 年 | | | |
| | 低保户 | | 低保边缘户 | | 低保户 | | 低保边缘户 | |
	人数	百分比	人数	百分比	人数	百分比	人数	百分比
大病	379	19.57%	371	20.49%	417	23.33%	400	21.44%
慢性病	963	49.72%	941	51.96%	906	50.70%	1026	54.98%
其他	215	11.10%	222	12.26%	216	12.09%	223	11.95%
无	380	19.61%	277	15.29%	248	13.88%	217	11.63%
合计	1937	100%	1811	100%	1787	100%	1866	100%

注：2015 年刨除无效数据（不适用）1311 个，2016 年刨除无效数据（不适用）1552 个。

表 4 - 9 描述了 2015 和 2016 年城市困难家庭（低保与低保边缘户）的患病情况。与农村情况类似，患有慢性病的低保家庭和低保边缘户家庭均占比最高，其次为大病。2015 年，患有慢性病和大病的低保家庭在全部调查样本中所占比例分别为 53.16% 和 21.20%。患有慢性病和大病的低保边缘户家庭在全部调查样本中所占比例分别为 52.50% 和 21.98%。患有慢性病的低保家庭占比略高于低保边缘户。

2016 年样本数据相比 2015 年减少 366 个。2016 年，患有慢性病和大病的低保家庭在全部调查样本中所占的比例分别为 52.11% 和 25.69%，其中患慢性病的比例较上年有所降低（减少 1.05 个百分点），患大病比例也有所升高。患有慢性病的低保边缘户家庭在全部调查样本中所占的比例分别为 53.75% 和 26.14%，均较上年有所增长。患有慢性病和大病的低保家庭与低保边缘户家庭的差距正在缩小。

表 4 - 9　2015 年和 2016 年城市低保户与低保边缘户的患病基本情况

| 患病情况 | 2015 年 | | | | 2016 年 | | | |
| | 低保户 | | 低保边缘户 | | 低保户 | | 低保边缘户 | |
	人数	百分比	人数	百分比	人数	百分比	人数	百分比
大病	630	21.20%	404	21.98%	669	25.69%	481	26.14%
慢性病	1580	53.16%	965	52.50%	1357	52.11%	989	53.75%
其他	273	9.19%	196	10.66%	310	11.91%	208	11.31%

续表

患病情况	2015 年				2016 年			
	低保户		低保边缘户		低保户		低保边缘户	
	人数	百分比	人数	百分比	人数	百分比	人数	百分比
无	489	16.45%	273	14.86%	268	10.29%	162	8.80%
合计	2972	100%	1838	100%	2604	100%	1840	100%

注：2015 年刨除无效数据（不适用）2030 个。2016 年刨除无效数据（不适用）2226 个。

3. 城乡困难家庭中残疾人占比高达三成，家人照料为主要照料方式

根据调查结果，城市困难家庭中至少有 1 人为残疾人的占比为 40.25%，农村为 37.78%。其中，2016 年城乡困难家庭中重度残疾人占比均超过 6%，中度残疾人占比 12.26%（城市为 13.3%、农村为 11.23%）。总体上，超三成困难家庭存在家庭成员有残疾问题的现象，重度和中度残疾合计占比接近两成。

根据表 4 - 10 和表 4 - 11 得出，无论城市还是农村，无论是低保户还是低保边缘户，困难家庭残疾人的照料方式都是以家人或亲属照料为主。2015 年城市低保户中采取专人照料（包括社区居家、聘请保姆、送养老院等专门机构）的家庭仅有 2.59%，低保边缘户为 3.56%。与 2015 年相比，2016 年城乡困难家庭无人照料的残疾人比例有所增加，城乡低保家庭残疾人采取专人照料的比例明显提高，说明低保户的照料服务有一定的改进。

表 4 - 10　2015 年和 2016 年城市困难家庭残疾人照料方式

照料方式	2015 年				2016 年			
	低保户		低保边缘户		低保户		低保边缘户	
	户数	百分比	户数	百分比	户数	百分比	户数	百分比
家人或亲属照料	821	92.56%	461	91.29%	826	89.69%	526	90.69%
社区居家照料	4	0.45%	3	0.59%	13	1.41%	8	1.38%
聘请保姆照料	4	0.45%	6	1.19%	7	0.76%	5	0.86%
送养老院等专门机构照料	15	1.69%	9	1.78%	14	1.52%	10	1.72%
无人照料	43	4.85%	26	5.15%	61	6.62%	31	5.35%
合计	887	100%	505	100%	921	100%	580	100%

表 4 – 11　2015 年和 2016 年农村困难家庭主要照料方式

照料方式	2015 年				2016 年			
	低保户		低保边缘户		低保户		低保边缘户	
	户数	百分比	户数	百分比	户数	百分比	户数	百分比
家人或亲属照料	519	93.68%	442	96.10%	524	90.50%	534	94.35%
社区居家照料	2	0.36%	0	0.00%	4	0.69%	2	0.35%
聘请保姆照料	3	0.54%	2	0.43%	5	0.87%	1	0.18%
送养老院等专门机构照料	3	0.54%	2	0.43%	8	1.38%	1	0.18%
无人照料	27	4.88%	14	3.04%	38	6.56%	28	4.94%
合计	554	100%	460	100%	579	100%	566	100%

（三）经济状况

表 4 – 12 描述了 2014、2015、2016 三年城乡困难家庭（低保户和低保边缘户）的年收支情况。

表 4 – 12　2014 年、2015 年、2016 年城乡困难家庭收支状况

家庭收支状态	2014 年		2015 年		2016 年	
	城市	农村	城市	农村	城市	农村
	均值（元）	均值（元）	均值（元）	均值（元）	均值（元）	均值（元）
家庭年收入	26005.2	14108.36	26062.87	15190.94	33650.04	19944.63
其中：政府转移收入	3068.88	1611.54	3742.52	2189.37	4759.58	2958.84
政府转移收入占比	11.80%	11.42%	14.36%	14.41%	14.14%	14.84%
家庭年支出	43775.75	35551.38	44443.25	40016.68	44061.66	40800.73
其中：生活消费支出	37454.33	30083.81	37761.99	31675.51	37979.66	31015.61
日常生活消费支出占比	85.56%	84.62%	84.97%	79.16%	86.20%	76.02%

续表

家庭收支状态	2014 年		2015 年		2016 年	
	城市	农村	城市	农村	城市	农村
	均值（元）	均值（元）	均值（元）	均值（元）	均值（元）	均值（元）
其中：转移性支出[1]	26005.2	3075.38	4868.74	3786.22	5791.43	4088.63
转移性支出占比	59.41%	8.65%	10.95%	9.46%	13.14%	10.02%

1. 家庭年收入状况

数据显示，城乡困难家庭在年收入上差距显著。2014 年城市困难家庭的年收入均值为 26005.2 元，而农村仅为 14108.36 元；2015 年城市困难家庭的年收入均值为 26062.87 元，农村为 15190.94 元；2016 年城市困难家庭的年收入均值为 33650.04 元，农村为 19944.63 元。综合三年数据来看，城乡困难家庭的年收入均有较大幅度增长，但城市困难家庭的年收入显著高于农村，差距悬殊万元以上且有逐年增大的趋势。2014 年，城市困难家庭政府转移收入均值为 3068.88，占全年总收入的 11.80%，同年农村均值为 1611.54，占比为 11.42%，二者虽然在各自的全年总收入占比上相差无几，但实际收入差距将近两倍。2015 年、2016 年情况相似。可知，政府转移收入向城市倾斜，农村困难家庭的政府转移性收入较低。

2. 家庭年支出状况

数据显示，城乡困难家庭在年支出上差异不大，占全年支出比例较高的同为日常生活消费支出。2014 年城市困难家庭的年支出均值为 43775.75 元，而农村为 35551.38 元；2015 年城市困难家庭的年支出均值为 44443.25 元，农村为 40016.68 元；2016 年城市困难家庭的年支出均值为 44061.66 元，农村为 40800.73 元。综合三年数据来看，城市困难家庭的年支出高于农村，但差距不大；相对来说，城市困难家庭的年支出变化不大，而农村年支出增长较快，二者差距正在缩小。另据国家统计局公布数据，城乡困难家庭消费支出明显低

---

[1] 转移性支出包括：1. 赡养、抚养、扶养费；2. 人情往来支出；3. 购买商业保险、交纳社会保险（医疗、养老）等。

于全国平均水平。

3. 债务状况

表4－13描述了2014、2015、2016三年城乡困难家庭（低保户和低保边缘户）借债的主要原因分布情况。调查显示，城乡困难家庭借债的最主要原因是"看病"和"孩子上学"，这也反映了两点，一是因病致贫、因病返贫现象还较为普遍，二是教育的受重视程度提高，同时教育负担（主要是义务教育以外的学前教育或课外培训部分）也有所提高。其中，农村借债用于"看病"的比例显著高于城市，但正在逐年降低（农村2014、2015、2016年分别为36.34%、31.67%、29.37%；城市分别为26.97%、26.31%、25.71%）。

表4－13　2014年、2015年、2016年城乡困难家庭借债主要原因的分布情况

借债主要原因	城市困难家庭			农村困难家庭		
	2014年	2015年	2016年	2014年	2015年	2016年
无债务	58.78%	57.85%	59.02%	45.94%	49.32%	52.05%
不知道	0.03%	0.00%	0.02%	0.00%	0.00%	0.00%
看病	26.97%	26.31%	25.71%	36.34%	31.67%	29.37%
孩子上学	4.52%	5.44%	5.21%	4.94%	5.22%	4.17%
日常生活需要	2.53%	2.48%	2.11%	3.66%	2.64%	1.94%
经营需要	0.74%	0.71%	0.68%	0.71%	1.02%	1.07%
买房、租房或建房	3.52%	4.26%	4.22%	5.01%	6.44%	7.88%
婚丧嫁娶	1.02%	1.06%	1.04%	1.51%	1.73%	1.74%
意外事故	0.61%	0.40%	0.54%	0.59%	0.54%	0.58
重大自然灾害	0.01%	0.05%	0.02%	0.17	0.06%	0.10%
其他	1.27%	1.44%	1.43%	1.13%	1.36%	1.10%
总计	100%	100%	100%	100%	100%	100%

注：（借债原因占比＝借债原因家庭数/有债务的家庭数）。

二、低保户和低保边缘户兜底保障情况

（一）基本生活保障的分析

1. 低保制度成效显著，但仍需进一步完善

低保户对于低保作用的评价可以从另一方面折射出低保制度的兜底保障情

况。结合 2014、2015、2016 三年数据来看（见图 4 - 1 和图 4 - 2），有一半以上的低保户认为低保对解决生活困难"作用很大"，有将近两成的低保户认为"作用比较大"。综合来看，对低保持消极态度的低保户还是占据两成以上，说明困难群体的网底还是没有"兜牢"，最低生活保障制度还需要不断完善。

此外，对比城乡低保户的评价可以看出，认为低保对解决生活困难"作用很大"的城市低保户（2015 年最高达到 63.02%）占比明显高于农村（2016 年最高达到 56.67%），"作用一般""作用比较小""作用很小"的比例明显低于农村。可见，城市低保户对低保作用的评价相对更高。可能的原因一方面是城市低保制度相对更为完善，补助形式更丰富；另一方面是低保补助金标准不高，对于农村赤贫家庭来说，并不足以改变其现状。

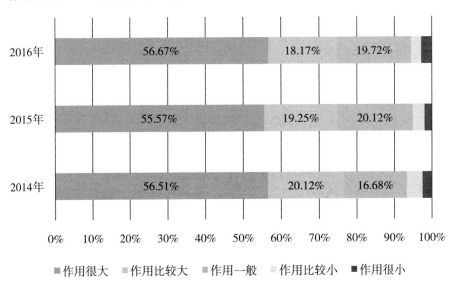

图 4 - 1 2014 年、2015 年、2016 年农村低保户对低保作用的评价

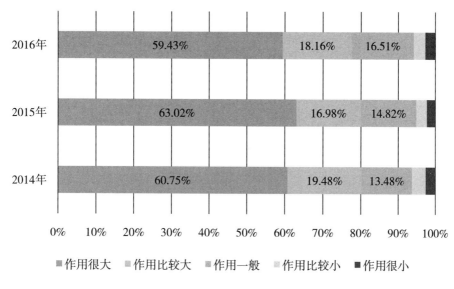

图 4 - 2　2014 年、2015 年、2016 年城市低保户对低保作用的评价

2. 低保补助水平偏低, 低保金尚不足家庭食品支出的 40%

低保户家庭的食品支出是生活消费支出中最重要的一部分, 低保标准在低保家庭食品支出中的占比情况可以进一步说明低保补助的保障情况。调查结果显示 (表 4 - 14), 2014 年城市低保户家庭每月领取低保金额均值为 341.66元, 而每月食品支出均值为 926.92 元, 低保金收入占家庭食品支出的 36.86%元; 同年农村低保户所领取的低保金均值为 155.60 元, 每月食品支出为524.05 元, 低保金收入占食品支出的 28.71%。2015 年, 城乡低保户平均每月领取低保金分别为 419.36 元和 206.55 元, 占食品支出的比例分别为 44.82%和 36.21%。2016 年, 城乡低保户家庭平均每月领取低保金分别为 404.26 元和 215.78 元, 占食品支出的比例分别为 39.04% 和 35.66%。可以明显看出,随着生活消费水平的提高, 城乡低保户家庭的食品支出逐年上升, 而低保金额的增长幅度过小, 导致占比反而下降。

表 4 – 14 2014 年、2015 年、2016 年低保户家庭低保金收入占食品支出情况

	2014 年		2015 年		2016 年	
	城市	农村	城市	农村	城市	农村
	均值 （元）	均值 （元）	均值 （元）	均值 （元）	均值 （元）	均值 （元）
每月领取低保金	341.66	155.60	419.36	206.55	404.26	215.78
每月食品支出	926.92	542.05	935.58	570.41	1035.61	605.15
占比	36.86%	28.71%	44.82%	36.21%	39.04%	35.66%

（二）医疗保障的分析

1. 医疗救助的作用获城乡困难家庭高度认可

医疗救助是指国家和社会通过医疗机构为贫困患病人口提供的恢复其健康、维持其基本生存能力的专门帮助和支持。调查结果显示（见图 4 – 3），2015 年，农村中认为医疗救助"作用很大"和"作用较大"的低保户家庭比例合计为 74.57%；认为医疗救助"作用很大"和"作用较大"的农村低保边缘合计占比 70.3%。同年，城市中有 79.88% 的低保户认为医疗救助的"作用很大"和"作用较大"，67.95% 的低保边缘户认为其"作用很大"和"作用较大"。2016 年，认为医疗救助"作用很大"和"作用较大"的城乡低保户家庭分别占比为 79.25% 和 75.47%；认为医疗救助"作用很大"和"作用较大"的城乡低保边缘户家庭分别占比为 74.79% 和 71.64%。

综合两年数据，医疗救助的作用获城乡困难家庭高度认可。对比来看，2016 年城乡困难家庭对医疗救助保持肯定态度的比例在上升，表明医疗救助政策的改革和落实初见成效。

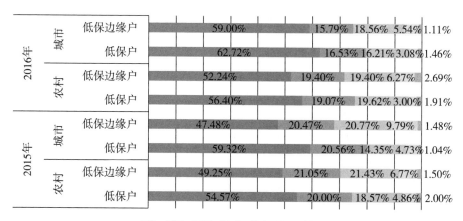

图4-3 2015和2016年城乡低保户和低保边缘户对医疗救助作用的认可情况

注：因2015年问卷中没有明确区分出家庭困难的类型，所以在此不做分析，下同。

2. 医疗负担较重

表4-15描述了2015和2016年城乡困难家庭（低保户和低保边缘户）的医疗负担情况。调查结果显示，2015年，农村低保户中有33.45%的家庭认为"医疗负担非常重"，25.30%的家庭认为"医疗负担比较重"；农村低保边缘户中有33.40%的家庭认为"医疗负担非常重"，23.82%的家庭认为"医疗负担较重"。同年，城市低保户和低保边缘户认为医疗负担"非常重"和"比较重"的比例与农村差距不大。2016年，城乡困难家庭中认为医疗负担"非常重"和"比较重"的比例均有所下降。

对比同期低保户与低保边缘户可以发现，其所占比例相差不大，变化趋势、幅度也较为一致。考虑到低保边缘户医疗救助可得性相对较差，其医疗负担可能更重。

表 4－15　2015 年和 2016 年城乡低保户和低保边缘户医疗负担情况

| | 2015 年 | | | | 2016 年 | | | |
| | 城市 | | 农村 | | 城市 | | 农村 | |
	低保户	低保边缘户	低保户	低保边缘户	低保户	低保边缘户	低保户	低保边缘户
非常重	31.69%	28.52%	33.45%	33.40%	25.89%	22.22%	27.18	25.14%
较重	23.90%	22.35%	25.30%	23.82%	24.49%	23.80%	24.00	23.56%
一般	33.89%	38.07%	30.08%	31.90%	39.40%	42.14%	37.76	42.56%
较轻	5.51%	6.29%	6.46%	6.78%	5.99%	7.53%	6.43	5.40%
很轻	5.02%	5.11%	4.71%	4.11%	4.24%	4.31%	4.63	3.34%

3. 医疗救助享受率低

表 4－16 描述了 2015 和 2016 年城乡困难家庭（低保户和低保边缘户）的医疗救助享受情况。数据显示，2015 年农村低保户中仅有 23.50% 的家庭享受了医疗救助，而低保边缘户则更少，仅有 18.70%；同年，城市享受到医疗救助的低保户和低保边缘户家庭分别占比 27.50%、18.80%。2016 年，农村低保户中享受了医疗救助的家庭减少 0.7 个百分点，而低保边缘户中享受了医疗救助的家庭占比没有变化。城市低保户中享受到医疗救助的家庭占比略有下降，但低保边缘户反而上升近 1 个百分点。总体来说，享受到医疗救助的低保户比低保边缘户更多。原因可能在于，医疗救助的对象往往首先是低保户，而游离在低保制度之外的低保边缘户，其实际能够申请和享受的医疗救助被加入了更多限定条件。如，政策规定，低保边缘户医疗救助享受者为大病患者本人，家庭其他成员并不能享受，低保边缘户救助需要申请人本人患有规定病种中的一种，且家庭成员人均收入要低于最低生活保障标准的 2 倍以内。低保边缘户能够得到医疗救助的难度更高，意味着其在大病来时更容易陷入困境，甚至比低保户更艰难。

对比城乡差异，城市中低保户享受医疗救助的比例较农村高，可能原因在于城市的医疗救助普及程度高，低保户对于医疗救助的知晓度也比较高，而农村普及程度较低，加之文化程度不高，导致不清楚甚至不知晓医疗救助政策。

表 4 − 16　2015 年和 2016 年城乡低保户和低保边缘户医疗救助享受率

| | 2015 年 | | | | 2016 年 | | | |
| | 城市 | | 农村 | | 城市 | | 农村 | |
	低保户	低保边缘户	低保户	低保边缘户	低保户	低保边缘户	低保户	低保边缘户
没有	72. 30%	80. 90%	76. 10%	81. 70%	72. 90%	80. 00%	76. 70%	81. 10%
有	27. 50%	18. 80%	23. 50%	18. 70%	26. 80%	19. 70%	22. 80%	18. 70%

4. 医疗救助水平偏低

医疗救助金是能够帮助到因病致贫困难家庭的最直接的手段之一。数据显示（见表 4 − 17 和表 4 − 18），城乡困难家庭中，无论是低保户还是低保边缘户，医疗支出都是生活消费支出的一大部分，平均占四成左右。2015 年农村低保户医疗救助金额均值为 1177. 25 元，占全年医疗支出的 10. 23%；低保边缘户所获取医疗救助金额均值为 1467. 86 元，仅占全年医疗支出的 9. 01%；2016 年相较于 2015 年金额有所提升，低保户获取的医疗救助金均值为 1628. 97 元，占全年医疗支出的 14. 00%，低保边缘户医疗救助金额也有所提升，均值为 1743. 14 元，占全年医疗支出的 12. 94%。农村低保户的医疗救助金增长幅度相对较大。

城市低保边缘户的医疗救助水平显著低于城市低保户。2015 年城市低保户的医疗救助金均值为 1835. 21 元，占全年医疗支出的 13. 36%，同年低保边缘户所获取的医疗救助金均值为 1359. 46 元，仅占全年医疗支出的 7. 75%。2016 年低保户医疗救助金均值为 2085. 07 元，占比为 17. 21%；同年，低保边缘户的医疗救助金水平增长缓慢，为 1449. 28 元，仅占比 11. 28%。可以看出，城市低保边缘户能够获得的医疗救助金及其占全年医疗支出的比例均为同期城乡困难家庭中最低水平。这可能跟低保边缘户不易获得医疗救助，以及城市医疗花费更高有关。

表4－17　2015年和2016年农村低保户和低保边缘户医疗救助金占比情况

	2015年		2016年	
	低保户	低保边缘户	低保户	低保边缘户
	均值（元）	均值（元）	均值（元）	均值（元）
全年医疗支出	11509.70	16288.17	11632.06	13474.09
全年生活消费支出	26928.10	36494.22	28315.49	3338641
医疗支出/生活支出	42.74%	44.63%	41.08%	40.36%
医疗救助金额	1177.25	1467.86	1628.97	1743.14
医疗救助/医疗支出	10.23%	9.01%	14.00%	12.94%

表4－18　2015年和2016年城市低保户和低保边缘户医疗救助金占比情况

	2015年		2016年	
	低保户	低保边缘户	低保户	低保边缘户
	均值（元）	均值（元）	均值（元）	均值（元）
全年医疗支出	13733.79	17536.04	12115.96	12849.99
全年生活消费支出	34422.22	42345.77	35558.63	40994.95
医疗支出/生活支出	39.90%	41.41%	34.07%	31.35%
医疗救助金额	1835.21	1359.46	2085.07	1449.28
医疗救助/医疗支出	13.36%	7.75%	17.21%	11.28%

（三）教育保障的分析

1. 教育救助获被救助家庭的高度肯定

图4－4描述了2015和2016年城乡困难家庭（低保户和低保边缘户）对教育救助作用的评价情况。数据显示，在所有享受过教育救助的低保户及低保边缘户中，教育救助的作用获得了这些家庭的高度肯定。2015年，农村低保户中认为教育救助的"作用很大"的比例为56.11%，农村低保边缘户中有45.89%的家庭认为教育救助的"作用很大"；同年，城市分别有55.56%和51.93%的低保户和低保边缘户对教育救助的作用持高度肯定的态度。2016年，农村低保户中有52.30%、农村低保边缘户中有53.59%的家庭认为教育救助的"作用很大"；同年，城市低保户和低保边缘户中分别有超过五成以上的家庭认为教育救助的"作用很大"。

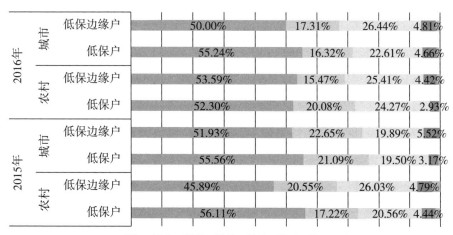

图 4 - 4　2015 年和 2016 年城乡低保户和低保边缘户
对教育救助作用的评价情况

2. 教育救助享受率较低

数据显示（见图 4 - 5），2015 年，农村低保户和低保边缘户中均有近九成的家庭没有享受到教育救助；同年城市低保户中享受教育救助的比例相对最高，也只有 18.06%，城市低保边缘户的教育救助享受率最低，仅 10.13%。2016 年，城乡困难家庭享受教育救助的比例均有所提升。其中，农村低保户教育救助享受率增长最快，占比达到 16.38%，农村低保边缘户、城市低保户、城市低保边缘户也分别提升 0.7、0.66、1.17 个百分点。综合来看，低保边缘户享受教育救助的比例小于低保户 2—8 个百分点。

教育救助享受率低的原因有二：一是，教育救助"名额少""指标少"满足不了需求，且存在"学而优则助"现象。尽管国家竭力加大对教育救助资金的支持力度，但教育救助资金并不能惠及所有贫困家庭的孩子，受教育救助名额限制，学校在选择救助对象及救助部门审核时，申请学生的成绩是该生能否获得教育救助的一个重要条件，甚至存在学生靠成绩竞争救助名额的现象，这不符合教育救助的基本原则和公平性要求，一些成绩较差的困难学生甚至在未获得救助和竞争失败双重打击的情况下，主动或被迫选择辍学。二是，不少困难家庭特别是农村困难家庭，缺乏对教育救助的了解和认知。这可能源于救助主体对这类家庭的关注度不够或宣传不到位。

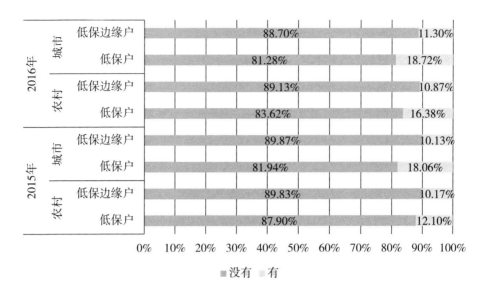

图 4 - 5　2015 年和 2016 年城乡低保户和低保边缘户教育救助享受率

3. 教育救助水平低，教育救助金不足教育支出的 13%

子女教育具有投资期限长、回报缓慢且不确定等特点，困难家庭疲于支撑。数据显示（表 4 - 19），2015 年，农村低保户全年教育支出均值为 2464.69 元，所领取的教育救助金额为 193.98 元，教育救助金额仅占全年教育支出的 7.78%；农村低保边缘户全年教育支出均值为 3170.32 元，教育救助金额均值为 120.98 元，教育救助仅占全年教育支出的 3.82%；2016 年，农村低保户全年教育支出均值为 2454.22 元，但教育救助金额较 2015 年有所增长，增长到 309.91 元，教育救助占比增长到 12.63%；同年农村低保边缘户全年教育支出均值为 3067.93 元，教育救助金额均值增长到 206.77 元，教育救助占全年教育支出的 6.74%。综上，相比农村低保户，农村低保边缘户全年教育支出均值更高，但所获得的教育救助金额较低。可知，农村低保边缘户所获教育救助较少或没有教育救助，困难程度很有可能高于低保户。

结合表 4 - 20 可知，城市低保户的教育支出负担较同期低保边缘户要低得多。2015 年，城市低保户全年教育支出均值为 3086.78 元，所获教育救助金额均值为 365.52 元，占全年教育支出的 11.84%；同年城市低保边缘户全年教育支出均值为 3846.61 元，所获教育救助金额为 201.08 元，仅占全年教育支出的 5.23%。2016 年，城市低保户全年教育支出均值和教育救助金额分别增长到 3476.47 元和 423.95 元，教育救助金占比达到 12.19%；同年，城市低保边缘户的教育支出提高到 4081.04 元，教育救助金额均值却降到 197.91 元，占比仅为 4.85%。城市低保边缘户教育负担加重趋势明显，亟需得到政府和社会的关注。

对比城乡困难家庭的教育支出可知，农村教育救助标准确有提高，但仍与城市有较大的差距。另一方面，城市困难家庭的教育支出高于农村，可能的原因有二：一是城市困难家庭比农村困难家庭更注重对子女的教育；二是城市的消费水平较农村要高，义务教育之外的学前教育、课外培训等支出也高。

表 4 – 19　2015 年和 2016 年农村低保户和低保边缘户教育救助金占比情况

	2015 年		2016 年	
	低保户	低保边缘户	低保户	低保边缘户
	均值（元）	均值（元）	均值（元）	均值（元）
全年教育支出	2464.69	3170.32	2454.22	3067.93
全年生活消费支出	26928.10	36494.22	28315.49	33386.41
教育支出/生活消费支出	9.15%	8.69%	8.67%	9.19%
教育救助金额	193.98	120.98	309.91	206.77
教育救助/教育支出	7.87%	3.82%	12.63%	6.74%

表 4 – 20　2015 年和 2016 年城市低保户和低保边缘户教育救助金占比情况

	2015 年		2016 年	
	低保户	低保边缘户	低保户	低保边缘户
	均值（元）	均值（元）	均值（元）	均值（元）
全年教育支出	3086.78	3846.61	3476.47	4081.04
全年生活消费支出	34422.22	42345.77	35558.63	40994.95
教育支出/生活消费支出	9.19%	8.97%	9.08%	9.78%
教育救助金额	365.52	201.08	423.95	197.91
教育救助/教育支出	11.84%	5.23%	12.19%	4.85%

三、低保瞄准存在的问题

社会救助瞄准机制尚不健全，主要表现在救助标准和救助项目单一，治理手段和治理过程自由裁量空间过大，碎片化特征明显，从根本上影响着社会救助的兜底效果。

（一）资格审查较公平，但仍存在不足

数据显示（见图4-6和图4-7），2014年，农村有83.05%的被访家庭报告所在社区进行了低保审批公示，73.58%的被访者认为低保评审过程是公平的；同年，城市有86.47%的被访家庭报告所在社区进行了低保审批公示，77.33%的被访者认为评审过程公平。2015年，农村被访者中报告公示的比例降至81.33%，认为公平的比例也降至68.82%，降幅近5个百分点；同年，城市被访者中报告公示的比例上升至86.95%，认为公平的比例为75.84%。2016年，农村被访者中报告公示的比例维持在81.41%，但认为评审过程公平的比例继续下跌至65.63%；同年，城市被访者中认为公平的比例也下跌了近4个百分点。总体而言，现行的低保资格审查较为公开透明，65%以上的被访家庭都认为低保评审过程是公平的，但不足也很明显。此外，城市低保审批透明程度显著高于农村，农村低保在审批公示等环节还有待进一步规范。

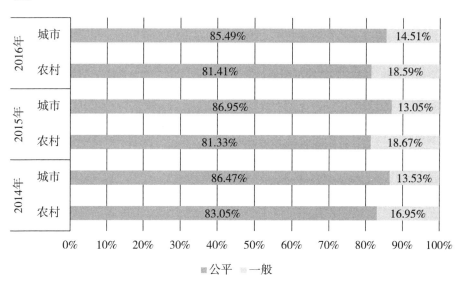

图4-6　城乡低保审批是否公示情况

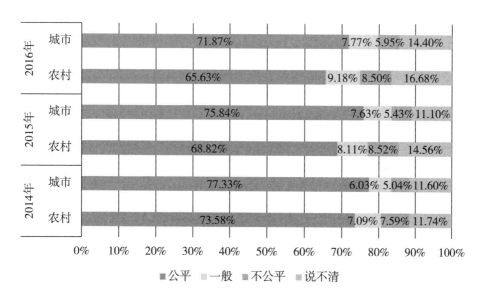

图4-7 城乡低保评审过程是否公平情况

（二）传统瞄准机制难以应对"新贫困"

表4-21描述了低保瞄准期望值的影响因素。采用多logit模型进行回归分析，因变量为城市低保家庭个案是否被瞄准，瞄准取1，未瞄准取0。自变量为家庭受教育人数、家庭残疾人数以及家庭生活不能自理人数、教育支出、医疗支出。运算结果发现，家庭受教育人数、家庭残疾人数、家庭生活不能自理人数、家庭教育支出对于个案的瞄准均有显著影响。具体来说，家庭每增加一个学生，低保家庭个案被瞄准的发生比大约上升3.8%（$e^{0.037}-1=0.038$）[1]；相应的家庭残疾人数每增加一人，则个案瞄准的发生比上升12.6%（$e^{0.119}-1=0.126$）；家庭生活不能自理人数每增加一人，则个案瞄准的发生比上升19.5%（$e^{0.178}-1=0.195$）；教育支出每增加1000元，个案瞄准的发生比下降1%（$e^{-0.001}-1=-0.01$）。这表明，低保救助的资格条件主要受家庭受教育人数、残疾人数、生活不能自理人数的影响。

家庭教育支出和家庭医疗支出两个变量对于个案瞄准概率影响皆为负值。家庭教育支出对城市低保瞄准期望值的影响取负值，从经验判断来看是由于处

---

[1] 优势比（odds ratio）为事件发生的可能性P与未能发生的可能性1-P之间的比率，计算公式（eb-1），其中b为回归系数。

于贫困线边缘未获得低保救助的群体，相较于获得低保救助的群体虽然实际负担较重，但因为低保执行过程中不考虑支出型困难，且基层政策执行者并未能在执行之中突破收入型贫困的制度限制，将其纳入低保个案的瞄准指标，因此家庭教育支出未能对瞄准产生正向显著影响。家庭医疗支出在模型中没有显著影响，进一步说明我国低保救助瞄准机制存在问题。它不考虑家庭医疗支出的实际负担，仅仅考虑病残人数，并不能准确反映家庭因病致贫、因病返贫的状况。

表 4 - 21 低保瞄准期望值影响因素估计值

	（1）1	（2）2	（3）3
家庭受教育人数	0.037 *	0.191 *	0.192 *
	(0.045)	(0.087)	(0.086)
家庭残疾人数	0.119 **	0.255 **	0.257 **
	(0.054)	(0.092)	(0.092)
家庭生活不能自理人数	0.178 ***	0.162 ***	0.162 ***
	(0.057)	(0.059)	(0.059)
教育支出		-0.001 ***	-0.002 ***
		(0.012)	(0.012)
医疗支出			-0.026
			(0.012)
_ cons	0.279 ***	0.309 ***	0.297 ***
	(0.101)	(0.102)	(0.104)

注：标准误在括号中；$P < 0.1$，* $P < 0.05$，** $P < 0.01$，*** $P < 0.001$。

低保标准建立在保障收入型贫困的基础之上，未将贫困家庭的支出列入贫困指标。这一方面使得相当一部分支出型困难家庭无法得到保障，另一方面也难以真正满足接受救助个案的需求。现阶段，上海、北京等省市已经开始尝试将支出型困难纳入低保识别系统。在试点的基础上应加快展开这一工作进程，尽快使更多需要救助的社会群体得到相应救助。

（三）道德风险仍然存在

低保项目中的道德风险存在于三方：地方政府、经办人员、低保户。地方政府的道德风险主要表现在，与其他社会保障项目进行"攀比"，用"拍脑袋"的方式盲目提高低保标准和覆盖面，只关注救助数量而忽视救助成本与效率，把民生工程当作政绩工程；异化低保功能，违规截留低保指标挪作他用或挤占、挪用低保金；等等。低保经办人员的道德风险主要表现在，用低保项目送人情、维稳甚至索贿，对低保户审核不严、缺乏监督等行为。低保户的道德风险主要表现在，有劳动能力的低保户收入提高后瞒报、虚报实际收入，不愿退出低保，甚至不工作选择当"低保懒汉"。道德风险太高，将带来巨大的监督成本和甄别成本，势必增加制度运行的交易成本，降低救助效率。

（四）"退出难"和"难退出"

准入不易，导致"退出难"和"难退出"。社会救助准入需要经过漫长的审查和繁杂的申请程序，导致贫困者获取救助资格需要耗费极大的精力和时间；一旦获得救助资格后，不会轻易退出，容易使社会救助衍生为一种长期性"福利"。在如今人口流动频繁且跨度较大的情况下，传统意义上的家庭收入和财产状况核查机制已无法起到现实的作用，亟需确立新的审查核准机制，以解决核查不清等现实问题。

第三节　政策建议

当前，社会救助作为精准脱贫、全面建成小康社会之后的一项重要治理工具，已从单一的收入扶持目标上升为反贫困和民生兜底的综合性目标。如果仍将瞄准目标局限在收入贫困群体，那么事实上其他类型的贫困将被排除在外，影响反贫困的政策效果。

一、坚持低保"兜底线"的功能定位

精准定位是实现精准救助的首要环节，也是最容易被忽视的环节。首先，最低生活保障制度作为最低层次的社会保障项目，应明确其"兜底"功能。政府只须对失去劳动能力的老弱病残等信息成本较低者承担完全"兜底"责任，对有劳动能力者只有提供临时性救助的责任。低保金是救助金，不是下岗职工的生活费、失业保障金，不是征（占）地和房屋拆迁的补偿金，也不是

60 周岁以上人员的养老金。其次，最低生活保障制度要剥离一些不必要的功能，防止"泛福利化"带来的成本转嫁和道德风险等问题。同时明晰社会救助项目与保险、福利、扶贫的项目边界，切勿"撒胡椒面"，充分考虑制度的可持续性。再次，通过舆论引导，使民众福利预期回归理性，切勿"头脑发热"把社会救助项目当作政绩工程进行福利竞赛，盲目攀比覆盖面与待遇标准。最后，政府职能也应回归"兜底"本位，将补充性救助交给民间慈善组织，防止过度参与抬高民众福利预期。

二、提高低保的瞄准精准度

实施精准识别，确保贫困对象无缝衔接，应建立科学化的识别依据、规范认定程序、完善复核方式。首先，确立贫困对象识别的科学依据。改变以家计调查为主的单一救助方式，建立以贫困对象家庭总收入与总支出为基础的识别依据，全面考虑贫困对象的复杂性、特殊性，重点细分各个家庭成员在教育、医疗、就业等方面的具体情况，采取综合指标全方位评估贫困家庭生活状况与个体的发展潜能。其次，建立满足实质公平的贫困对象认定程序。实质公平要求真正筛选出需要帮扶的贫困对象。为此，行动主体应坚持客观、中立的原则，采取科学考量与筛查的方式，有效规避"关系户""人情户"等对象。针对贫困对象漏出的现象应建立相应的补充程序，以灵活性的政策措施有效应对制度衔接过程中面临的复杂问题。最后，完善针对贫困对象的复核方式。确立科学的核算方法，定期开展贫困对象复核工作。动态监测贫困对象的实际情况，在关注贫困对象在收入与支出等内容上的结构性变化的基础上，正视贫困对象因抗风险能力弱而极易出现的返贫现象。

三、约束低保对象的道德风险

首先，削减待遇，降低制造道德风险的收益。通过削减现有低保救助待遇，使低保救助待遇低于工作收入，体现就业和失业、就业和救助的差别。具体举措为：政府救助以实物救助为主，现金救助为辅，发挥实物救助的信号甄别功能，约束救助对象的道德风险。其次，强调权责对等，降低福利权利带来的精神收益。从福利转向"工作福利"，强调有劳动能力者享受低保救助必须承担工作义务，作为"资格条件"对申请者进行资格限制。如很多地方都会要求有劳动能力的低保户参加公益劳动、清理小广告、当交通协管员，并提出不能使用高档手机、出门不能坐出租车等诸多规定，约束低保户的行为。最后，联合惩戒，提高失信成本。探索建立社会救助失信当事人联合惩戒机制，实现《社会救助暂行办法》与《刑法》衔接，维护法律刚性，引导诚信申请，对有意隐瞒或不如实申报家庭收入、财产信息等违规骗取救助金的行为实施事后惩戒。

四、推进救助工作队伍专业化建设

首先，注重专业技能培训，提高低保工作者的技能和素质。积极引进社会工作专业的高素质人才充实到低保工作队伍中来；加强专业知识和技能培训，提升工作理念；吸引富有热情的志愿者等社会人士加入，扩充低保队伍。其次，在地方经济水平允许的情况下加大对低保工作的投入，合理提升低保人员待遇。考虑将低保工作人员纳入社工编制，将低保工作人员的工资、奖金、五险等按人头经费单独纳入财政预算，并根据工作量发放工资待遇。最后，明确岗位职责，强化监督管理和责任追究，增强低保工作人员责任意识。建立低保工作绩效考核体系，从制度建设、工作规范、监督检查等多个方面对基层低保工作人员进行考核，对不合格的工作人员要及时处理，真正的实现有进有出、动态管理；完善多层次的监督体系，在完善内部监督机制的同时，还可以考虑聘请社区内的离退休老干部、人大政协代表和社区社会组织等为城市低保工作监督协管员，对低保工作进行全程监督并提出改进建议。

第五章　社会救助政策衔接机制研究

　　相对贫困是一个多维概念，不仅指经济上的窘迫，也包括教育、健康、信息、服务以及社会资本等方面的缺乏。通过强化部门协作、信息互通，加强社会救助制度之间、社会救助与社会保障政策之间、社会救助与扶贫开发之间的有效衔接，有助于形成结构合理、层次分明、衔接配套、针对性强、操作规范的制度保障体系，扩大覆盖面，提高精准度，为困难群众织密织牢安全网。十九届五中全会提出，健全以基本生活救助、专项社会救助、急难社会救助等为主体，以社会参与个性化救助为补充的分层分类的社会救助体系。在消除绝对贫困和全面实现小康社会之际，这一部署对于改革完善社会救助制度、探索防止返贫致贫长效机制具有重要意义。

第一节　社会救助政策衔接综述

一、社会救助制度与社会保障政策的衔接

　　社会保障是国家或政府以立法形式制定的社会保险、社会救助、社会福利等一系列制度的总称。通过国民收入分配和再分配，在公民年老、病残、失业、死亡以及由其他原因导致生活困难时予以物质帮助，以保障其基本生存和生活需要。社会保障覆盖社会生活中所有生活困难群体，其中无法正常生活的群体即为社会救助的对象。

　　社会救助是社会保障的最后一道安全网。其功能体现在两个层面，一是兜底保障，二是托底支持。前者是指通过其他制度和政策途径无法解决的问题和无法满足的需要，由社会救助来兜底解决，其主要目标是保障贫困者的基本需要，项目包括低保与特困供养救助、灾害救助、住房救助、护理救助等。后者指在其他方面制度体系已有所保障的基础上，社会救助对困难者予以更多支

持，以帮助其能够利用已有的福利和服务，并起到预防贫困的作用。在此层面上的项目有医疗救助、教育救助、就业救助、临时救助（急难救助）、司法救助与法律援助等。

但就目前来说，社会救助制度与社会保险、社会福利等政策尚没有建立起顺畅高效的衔接机制，部分存在交叉或"真空"。

一是社会救助与社会保险衔接不足。例如，养老保险与社会救助存在功能错位。比如，在养老金水平接近低保/特困救助水平的地区，考虑到低保/特困救助对象不但能领取救助金，还能享受很多其他的优惠减免福利，尤其是医疗费用报销优惠政策，人们甚至更愿意放弃养老金而去申请低保或特困救助。这种"广覆盖、低水平"的基本养老保险制度，一定程度上加重了社会救助的压力。又如，医疗保险与医疗救助之间在信息对接和工作程序上衔接不紧密。多数地区的医疗救助需要在完成医疗保险结算后，凭单据另行申请，困难群众无力垫资的问题未得到彻底解决。

二是社会救助与社会福利尚未形成互补。现阶段我国推行适度普惠型社会福利制度建设，围绕增强民生幸福、提升民生服务推出了各种社会政策，但困难、弱势、特殊群体仍是主要受惠对象。社会福利与社会救助制度虽有着功能互补空间，但在受助资格、救助范围、工作程序等方面明显趋同，导致社会福利政策并没有发挥锦上添花的作用，而是与社会救助抢着"雪中送炭"。

二、社会救助制度体系内部的衔接

根据《社会救助暂行办法》，社会救助制度包括最低生活保障、特困人员供养、受灾人员救助、医疗救助、教育救助、住房救助、就业救助、临时救助等八项。分层分类保障不同困难人群：最低生活保障、特困人员供养解决基本生活问题；医疗救助、住房救助、教育救助等解决专门问题；临时救助解决突发问题。但在实践中，社会救助制度形成了以最低生活保障制度为基础、以最低生活保障资格为条件的政策叠加和福利捆绑。低保资格附带了太多的福利包，不单包括最低生活保障金，还包括以其为资格能享受到的廉租住房保障、教育救助、就业救助、医疗救助、倒房重建、子女就学以及水费、电费、乘车、有线电视收视费、垃圾处置费、殡葬费用、税收减免等费用减免政策。

表 5－1 对 2016 年城市低保户的低保金与附属福利进行了交叉分析。卡方检验结果表明，除司法救助与法律援助、失业救助两项外，其他选项都达到

5%的显著水平，低保与其附属福利关联度较高。调查样本中，城市低保户同时享受医疗救助（29.1%）、教育救助（18.0%）、住房补贴（9.8%）、临时救助（9.9%）、水电燃料取暖费减免（28.5%）、物价补贴或节假日救助（22.7%）、其他救助或优惠项目收入（5.4%）、其他费用减免（3.0%）、社会慈善救助（9.8%）的比例，均高于平均值。

表 5-1 2016 年城市低保户的低保金与附属福利交叉分析表

			是否享受：低保		合计
			否	是	
是否享受医疗救助[a]	否	人数	1257	1942	3217
		占比	85.6%	70.9%	76.1%
	是	人数	215	796	1011
		占比	14.4%	29.1%	23.9%
是否享受教育救助[b]	否	人数	1359	2248	3607
		占比	91.1%	82.0%	85.3%
	是	人数	132	492	624
		占比	8.9%	18.0%	14.7%
是否享受住房补贴[c]	否	人数	1334	2471	3905
		占比	96.2%	90.2%	92.3%
	是	人数	57	267	324
		占比	3.8%	9.8%	7.7%
是否享受自然灾害救助[d]	否	人数	1460	2704	4164
		占比	97.9%	98.7%	98.4%
	是	人数	32	35	67
		占比	2.1%	1.3%	1.6%
是否享受临时救助[e]	否	人数	1378	2470	3848
		占比	92.4%	90.1%	90.9%
	是	人数	114	271	385
		占比	7.6%	9.9%	9.1%

续表

| | | | 是否享受：低保 | | 合计 |
			否	是	
是否享受水电燃料取暖费减免^f	否	人数	1424	1954	3378
		占比	95.4%	71.5%	79.9%
	是	人数	68	780	848
		占比	4.6%	28.5%	20.1%
是否享受物价补贴说节假日补助^g	否	人数	1332	2116	3448
		占比	89.3%	77.3%	81.6%
	是	人数	160	620	780
		占比	10.7%	22.7%	18.4%
是否享受其他救助或优惠项目收入^h	否	人数	1443	2591	4034
		占比	96.7%	94.6%	95.3%
	是	人数	49	148	197
		占比	3.3%	5.4%	4.7%
是否享受其他费用减免ⁱ	否	人数	1481	2655	4136
		占比	99.3%	97.0%	97.8%
	是	人数	11	82	93
		占比	0.7%	3.0%	2.2%
是否享受司法救助与法律援助^j	否	人数	1481	2714	4195
		占比	99.3%	99.1%	99.1%
	是	人数	10	26	36
		占比	2.0%	1.8%	1.9%
是否享受失业救助^k	是	人数	1462	2691	4153
		占比	98.0%	98.2%	98.1%
	否	人数	30	49	79
		占比	2.0%	1.8%	1.9%

续表

			是否享受：低保		合计
			否	是	
是否享受慈善救助[1]	是	人数	1445	2523	3968
		占比	96.9%	92.0%	93.8%
	否	人数	46	218	264
		占比	3.1%	8.0%	6.2%

注：a. 卡方值 39.12，P 值 0.000；b. 卡方值 63.638，P 值 0.00；c. 卡方值 47.963，P 值 0.000；d. 卡方值 4.658，P 值 0.023；e. 卡方值 5.895，P 值 0.016；f. 卡方值 345.819，P 值 0.000；g. 卡方值 91.442，P 值 0.000；h. 卡方值 9.772，P 值 0.002；i. 卡方值 22.906，P 值 0.000；j. 卡方值 0.886，P 值 0.224；k. 卡方值 0.261，P 值 0.344；l. 卡方值 39.13，P 值 0.000。

福利捆绑的好处是降低管理成本，同时防止碎片化。负面效果在于：一是增加了低保项目的财政负担，导致部分群体保障水平不足，妨碍社会公平；二是激发福利依赖，对劳动就业产生负激励。部分群体政策叠加后保障过高，在"高福利"和"低工资"的反差下，可能为了保住低保资格而逃避就业。三是造成政策实践中的功能异化，"人人争当低保户"的最终结果是财政"逆向补贴"和"劫贫济富"。

三、社会救助制度与扶贫开发政策的衔接

兜底保障是打赢脱贫攻坚战的一项底线制度安排。2015 年 10 月，习近平总书记在减贫与发展高层论坛上首次提出"五个一批"的脱贫措施，其中，"低保政策兜底一批"是重要内容。2016 年，国务院办公厅转发《关于做好农村最低生活保障制度与扶贫开发政策有效衔接的指导意见》，明确提出"要着力加强农村低保制度与扶贫开发政策衔接"，并从政策衔接、对象衔接、标准衔接、管理衔接四个方面对这项工作进行部署。2020 年 11 月，民政部在国新办新闻发布会上指出，自脱贫攻坚战打响以来，民政部会同相关部门，出台民政领域脱贫攻坚政策措施 97 项，包括健全完善农村低保、特困供养、临时救助等救助制度，建立健全社会救助家庭的经济状况核对机制和困难群众监测预警机制，建立完善孤儿、事实无人抚养儿童、农村留守人员、残疾人等福利保障制度等，为兜底保障夯实了制度基础。

就目前来说，农村低保与扶贫政策尚未实现有效衔接。比如，贫困人口与社会救助对象的分类不衔接，需要民政与扶贫部门各自识别、认定。扶贫开发

侧重于帮助有劳动能力或有劳动意愿的人口，全国实行统一标准，自上而下认定扶贫对象；而低保则以保障基本生活为功能目标，不以是否有劳动能力为必要条件，各地自行确定低保标准，按照属地管理原则来确定审核低保对象。现实中，低保对象中包含部分劳动能力健全的贫困人口，扶贫开发对象也包含了部分无劳动能力的贫困人口。由于二者在对象认定上没有做好衔接，甚至互为排斥，导致一些具备劳动能力或劳动意愿的农村低保对象，无法通过扶贫开发政策实现脱贫。

从实践来看，社会救助制度与扶贫开发政策的衔接主要从两个方面着手：一是对象的衔接。首先，确立了低保对象认定与贫困人口识别互为重点群体。如，对于家庭平均收入超过低保条件的建档立卡贫困户中的重度残疾人、重病患者，应单独纳入低保。其次，建立了针对"支出型困难"的救助理念。在家庭状况评估中，既要看收入端，也要观察支出端，结合地方实际情况，从灾害、教育、医疗等多维度视角考虑家庭成员增加的刚性支出，综合评估救助对象的贫困程度，提高救助精准度。二是项目的衔接。扶贫开发项目中包含了社会救助项目，如医疗扶贫、就业扶贫等，扶贫开发过程中形成的优势项目也通过社会救助方式继续实施下去。下一步，应根据不同对象探索多样化的救助途径，统筹推进兜底保障项目与能力发展项目。如，最低生活保障实施差额救助，就业救助向创业扶持、岗位推荐倾斜，等等。

第二节　社会救助政策衔接的效果评估

2021 年 2 月，习近平总书记在全国脱贫攻坚总结表彰大会上指出，我国已经完成消除绝对贫困的艰巨任务。但脱贫群众收入水平仍较低，医疗、教育、住房等一大批支出型困难人口的涌现使得原有单一维度的社会保障政策越来越难以实现"真脱贫"。本节以多维贫困为切入点，重点评估各项目是否对多维贫困家庭形成了救助合力，归纳总结政策衔接中存在的问题及原因。

一、多维贫困指数

贫困是一个多维的概念。经济学家阿玛蒂亚·森[1]提出，贫困除了包含

---

〔1〕〔印〕阿马蒂亚·森：《以自由看待发展》，任赜、于真译，中国人民大学出版社 2009 年版。

经济困顿外,还涉及权力贫困和能力贫困。根据联合国开发署发布的《全球多维贫困指数(MPI)》报告,多维贫困指数主要由健康、教育、生活质量三个维度构成,测量指标包括营养状况、儿童死亡率、儿童入学率、受教育程度、饮用水、电、日常生活燃料、室内空间面积、环境卫生和耐用消费品等。不同国家也会根据实际情况加入个性化指标(见表5-2)。

表5-2 各个国家/地区多维贫困的评估指标

国家/地区/机构	贫困维度
智利、哥斯达黎加	教育、健康、就业和社会保障、基本生活标准
哥伦比亚	教育、儿童及青年条件、就业、健康、获得公共设施和住房条件
厄瓜多尔	教育和儿童、健康和食物安全、就业、住房、治安和环境
墨西哥	教育、健康服务、社会保障、室内基本服务、居住场所质量、食物安全、收入和社会融合
米纳斯吉拉斯州(巴西)	教育、健康、居住条件、就业
联合国拉美经委会	住房、基本服务、居住标准、教育、就业和社会保护
胡志明市(越南)	教育、健康保障、居住条件、信息机会、保险和社会救助
不丹	健康、教育、时间使用、心理健康、生活标准、文化、生态、治理、社区活力
菲律宾	健康、营养、住房、水和卫生、基础教育、收入、就业、平等秩序
英国	收入、就业、健康和残疾、教育、技能和培训、住房障碍和服务、居住环境和犯罪
欧盟	收入、就业、物质剥夺、教育、环境、健康
南非	收入和物质贫困、就业、健康、教育和生活、环境
卢旺达	教育、住房、公共服务、社会服务及社会活动
尼日利亚	教育、健康、生活标准、就业
莫桑比克	教育、健康、基本生活标准
安德拉邦(印度)	教育、健康、居住条件、资产、住房
德满都(尼泊尔)	健康、教育、生活水平20项指标
巴拿马	儿童多维贫困:健康、教育、水和公共卫生、住房和儿童保护

资料来源:OPHI(2015,2016,2018)统计资料整理,详见 https://www.ophi.org.uk。

我国多维贫困现象不容乐观。据国家统计局测算，全国有 38.1% 的人口生活在多维贫困中，西部地区尤为严重[1]。结合前三章关于城乡困难家庭借债原因的分析来看，因学致贫和因病致贫是产生多维贫困的重要原因。从城乡差别来看，健康维度的贫困是城市贫困家庭出现多维贫困的主要原因，随后是教育、生活质量和资产；而教育贫困是农村贫困家庭陷入多维贫困的重要原因，健康次之，随后是生活质量和资产[2]。藉此，亟需进一步发展和完善跨部门、跨层级、跨领域的大救助体系，强化统筹兼顾和政策衔接，通过这一体系在各个维度上对贫困家庭展开帮扶。

二、社会救助政策衔接对多维贫困的效果评估

（一）AF 多维贫困测量方法

通过 AF 方法对农户进行贫困测量，既可使测量更为全面，同时又可区分不同维度下贫困家庭所遭受的福利剥夺状况，从而为确定各维度在推进反贫困工作中的重要程度提供参考。该方法的测算步骤如下[3]：

（1）矩阵的构建。令 n 代表个体总数，d 代表维度总数，进而建立一个 n 行 d 列的矩阵 Y：

$$\begin{vmatrix} y_{11} & y_{12} & \cdots & y_{1d} \\ y_{21} & y_{22} & \cdots & y_{2d} \\ \cdots & \cdots & & \cdots \\ y_{n1} & y_{n2} & \cdots & y_{nd} \end{vmatrix}$$

y_{ij} 表示第 i 个个体在第 j 个维度上的观测值，其中 i = 1，2，3，……，n；j = 1，2，3，……，d。

（2）贫困的识别。设定行向量 Z =（z_1，z_2，z_3，……，z_d），z_j（j = 1，

〔1〕 冯怡琳、邸建亮：《对中国多维贫困状况的初步测算——基于全球多维贫困指数方法》，载《调研世界》2017 年第 12 期。
〔2〕 栾卉、万国威：《后减贫时代的中国城乡多维贫困及其衍生规律——基于六省市 3199 户贫困家庭的实证调查》，载《兰州学刊》2020 年第 12 期。
〔3〕 王小林、Alkire，S：《中国多维贫困测量：估计和政策含义》，载《中国农村经济》2009 年第 12 期；张童朝、颜廷武、何可等：《基于市场参与维度的农户多维贫困测量研究——以连片特困地区为例》，载《中南财经政法大学学报》2016 年第 3 期。

2，3，……，d）为第 j 个维度的剥夺临界值，如果个体在 j 维度上的观测值小于 z_j，则取值为 1，表示其在该维度上的福利被剥夺，陷入贫困；否则取值为 0，表示其在该维度上未陷入贫困。由上述方法对 Y 矩阵进行整理可得到剥夺矩阵 Y_0。将矩阵 Y_0 第 i 行的元相加，得到剥夺计数 c_i（$c_i = 0，1，2，……，d$），它表示第 i 个个体在 c_i 个维度上陷入贫困。接下来考察第 i 个个体是否存在多个维度福利同时被剥夺的贫困。假设考察第 i 个个体是否存在 k 维度福利同时被剥夺的贫困，k 的取值为 1 到 d 闭合区间内的任意整数。建立如下函数：

$$P_i^k = \begin{cases} 0, c_i < k \\ 1, c_i \geq k \end{cases}$$

$P_i^k = 1$，表示第 i 个个体存在 k 个维度福利同时被剥夺的贫困；$P_i^k = 0$，表示第 i 个个体不存在 k 个维度福利同时被剥夺的贫困。由此可见，P_i^k 受到 z_j（维度剥夺临界值）和 k 的双重影响，故称双临界值法。当 k = 1 时，这是最为严格的多维贫困定义，即只要个体存在任意一个维度的贫困即被认定为贫困；当 k = d 时，这是最为宽松的多维贫困定义，即只有当个体 d 个维度全部为贫困时才被认定为贫困。

（3）多维贫困指数（MPI）。设定 P^k 为发生 k 个维度贫困的个体数量，设定多维贫困发生率为 H，则 $H = P^k/n$。此时，根据 AF 方法，其相应的平均剥夺份额 A 和多维贫困指数 M_0 亦可求出：

$$A = \sum_{i=1}^{n} (p_i^k c_i) / p^k d$$

$$M_0 = HA$$

（4）维度的权重。为尽量避免人为因素对维度赋权的干扰，本文采用各维度等权重法，即各维度赋予同等权重，各维度下的指标均分其所属维度的权重。

（5）多维贫困指数贡献率。设 M_{0j} 为第 j 个维度的多维贫困贡献额，其计算公式为：

$$M_{0j} = p_j \cdot w_j / n$$

其中，p_j 为按照同时存在 k 个维度贫困的标准进行贫困识别后，在第 j 个维度的贫困个体数量；w_j 是第 j 个维度的权重。此时，即可计算出各维度的多维贫困贡献率 c_j，其公式为：

$$c_j = M_{0j}/M_0$$

（二）调查数据说明与维度指标设定

本节数据来源于 2019 年度"托底性民生保障政策支持系统建设"项目。

经过数据处理，有效调查样本为低保家庭 3577 个、低保边缘家庭 871 个、其他困难类型家庭[1]3827 个。

多维贫困指数（以下简称 MPI 指数）侧重对个体及家庭微观福利状况的刻画。本文基于阿玛蒂亚森的能力贫困理论，沿用 MPI 指数作为多维贫困测量框架，参考程晓宇等[2]、沈扬扬等[3]人的指标和临界值设定，结合调研实际情况，从健康、教育、生活质量三个维度选取了劳动力人数、身体健康、营养状况、成人受教育年限、义务教育、住房条件、饮水安全、卫生设施、耐用品数量等 9 个指标，选用 AF 方法对 2018 年城乡多维贫困进行测量，评估社会救助衔接是否对多维贫困家庭形成救助合力（见表 5 - 3）。

表 5 - 3　维度指标的选择及阈值的设定

维度	指标	权重[4]	阈值
健康	劳动力人数	1/9	劳动力人数为 1 或无劳动力，赋值 1
	身体健康	1/9	有 1 名或以上残疾或患重/慢性病[5]，赋值 1
	营养状况	1/9	儿童存在营养不良，赋值 1
教育	成人教育	1/6	家庭成员最高学历为小学，赋值 1
	义务教育	1/6	儿童（6 - 16 岁）未接受义务教育，赋值 1
生活质量	住房条件	1/12	住房为危房，赋值 1
	饮水安全	1/12	家中无自来水，赋值 1
	卫生设施	1/12	家中无洗浴设施，赋值 1
	耐用品数量[6]	1/12	只拥有少于两样如下资产：电视、手机、洗衣机、冰箱、空调、电脑、电动自行车、摩托车、汽车，赋值 1

[1] 其他困难类型包括未纳入低保的建档立卡贫困户、支出型贫困家庭、低收入家庭和获得专项救助的家庭。
[2] 程晓宇、陈志钢、张莉：《农村持久多维贫困测量与分析》，载《中国人口·资源与环境》2019 年第 7 期。
[3] 沈扬扬、Sabina Alkire、詹鹏：《中国多维贫困的测度与分解》，载《南开经济研究》2018 年第 5 期。
[4] 本文采用等权重赋权法，即各维度等权重，维度内各指标等权重的方法。
[5] 慢性病包括：心血管疾病、糖尿病、高血压、关节炎、肝炎、胃溃疡、腰椎间盘突出等。
[6] 耐用品包含：彩色电视机、洗衣机、冰箱、空调、电脑、电动自行车、摩托车、智能手机、汽车。

1. 教育维度

教育是一种系统传授知识和技术规范的社会活动，文化程度在一定程度代表个体适应社会的能力。本文分别用成人教育和儿童教育两个指标进行测量，成人教育指标设定的阈值为该家户成人中最高学历为小学，即视为贫困。儿童教育指标主要看家户中适龄儿童（6－16岁）是否接受义务教育，《纲要》中指出要普及学前教育，义务教育水平进一步提高，普及高中教育。青少年是家庭的希望，如果青少年接受不了基础教育，过早辍学，外出打工，很容易陷入贫困状态，对于贫困家庭而言，则很难阻断贫困的传递。

2. 健康维度

身体健康是个人能够正常参与社会活动的基本前提，是人力资本的重要组成部分，是否具备劳动能力也影响着家庭收入水平。随着经济的发展，医疗水平的提高，我国国民身体素质普遍提高。本文用劳动力数量、身体健康、营养不良三个指标进行测量。其中，身体健康指标是残疾、患大病慢性病的数量总和，其阈值设定方主要参照栾卉[1]，即数量总和大于等于1，视为贫困。

3. 生活质量维度

生活质量是对家庭整体生活质量状况的总体描述，包括住房条件、饮水安全、卫生设施、耐用品4个指标。住房是我国居民资产中的重要组成部分，住房条件可以反映家庭或个人所处的社会状态。本书认为家户住房为危房，即视为该维度上的剥夺。中国水资源供不应求，水质差的地区往往会伴随健康和社会问题出现，饮水安全不容忽视。因此，2005年，国家启动了农村饮水安全应急工程，修建新的水厂和管网系统，向农村居民提供安全饮水。故文章把饮水安全指标的受剥夺阈值设定在家庭是否有自来水上，如果家庭无自来水，就判定为贫困。卫生设施指标在这里主要是指洗浴设施，文章将没有洗浴设施的家户视为贫困。在家户耐用品方面，本文结合一些困难户资产限制限制政策，如享受扶贫待遇的家户不能拥有高档电器、小汽车等，并结合日常生活观察，选取电视、手机、洗衣机、冰箱、空调、电脑、电动自行车、摩托车、汽车等对农户基本生活质量有重要影响的资产作为代表，将以上九项中只拥有少于两样上述资产的，视为贫困。

---

[1] 栾卉、万国威：《后减贫时代的中国城乡多维贫困及其衍生规律——基于六省市3199户贫困家庭的实证调查》，载《兰州学刊》2020年第12期。

（三）多维贫困测量结果分析

1. 多维贫困指数测算

本书按照前面所介绍的方法，对筛选后的数据进行多维贫困指数的测算，估算出中国多维贫困结果（如表5－4所示）。随着剥夺维度数 k 的增加，被剥夺程度 A 加深，贫困发生率 H 降低，多维贫困指数 M_0 同时也在下降。这表明，处于严重贫困的人群仍在少数。通过表5－4可知，当 k＝1 时，中国农村的贫困发生率为93.26%，即当考虑3个维度9个指标中任意一个指标贫困时，样本的贫困发生率为93.26%，此时的平均剥夺份额为22.53%，多维贫困指数为21.01%。当 k＝2 时，即当3个维度9个指标中任意两个指标贫困时，多维贫困数有5441个，贫困发生率为65.75%，多维贫困指数为17.96%。当 k＝7 时，贫困发生率 H 为0，说明样本中不存在3个维度7个指标全部为贫困的农户，因此 k 取值到6。

表5－4　多维贫困测算结果（单位:%）

维度 k	多维贫困户数	平均剥夺份额 A	贫困发生率 H	多维贫困指数 M_0
1	7717	22.53	93.26	21.01
2	5441	27.31	65.75	17.96
3	1930	36.55	23.32	8.52
4	465	46.69	5.62	2.63
5	84	56.88	1.02	0.58
6	10	66.67	0.12	0.08
7	0	0	..	..
8	0	0	..	..
9	0	0	..	..

进一步观察多维贫困测量结果，可以发现当 k 取值在2—5三个区间内，覆盖的家户数很多，随着 k 取值的增大，相应的贫困发生率和多维贫困指数变化幅度相对较大。当 k 取值由2变为3，由3变为4时，相应的多维贫困发生率分别下降了42.43%和17.70%，多维贫困指数分别下降了9.44%、5.89%，说明有相当多的农户处于2—4个指标贫困。由于 k＝3 的时候，相应贫困发生率和多维贫困指数前后变动最大，因此，下文将以 k＝3 为例对相应的结果展

开进一步分析。

2. 多维贫困指数的分解

表5-5列出来 k 取值不同时各维度指标的 MPI 贡献率。由表5-5可以看出，3个维度9个指标 MPI 贡献率随 k 取值不同而变化。从整体上来看，健康维度贡献率最大，生活质量维度次之，教育维度贡献率最低。从单个指标贡献上来看，身体健康指标贡献最大，也远超于其自身权重（11.11%），说明我国贫困家庭的健康水平很低，受剥夺程度比较大，家庭成员的身体健康应该受到重视。

表5-5 各维度及指标的多维贫困指数贡献率（单位:%）

k	劳动力	身体健康	营养不良	受教育年限	义务教育	住房	饮用水	卫生设施	耐用品
1	30.22	44.42	5.06	3.62	0.62	7.04	0.73	2.49	2.85
2	32.94	38.83	5.53	3.61	0.73	7.91	0.85	2.78	3.32
3	26.73	29.23	7.77	3.92	1.11	12.69	1.57	4.19	6.24
4	21.75	23.39	8.70	3.53	1.92	13.74	3.19	7.22	7.75
5	17.67	19.30	7.44	4.88	2.09	12.21	7.33	12.03	6.63
6	16.67	16.67	6.67	10	2.5	10	11.25	12.5	5

以 k=3 为例，其对应的贫困发生率为23.32%，多维贫困指数为8.52%，从指标贡献上看，身体健康指标的贡献度最大（29.23%），儿童接受义务教育的贡献率最低，仅为1.11%，意味着对于存在3个指标剥夺的群体来说，几乎不存在儿童辍学问题。劳动力、住房这两个指标的贡献率也都超过10%，反映了农户存在缺乏劳动力、住房安全等问题。

以 k=3 为例，按照多维贫困贡献率对各项指标进行排序为：身体健康、劳动力、住房、营养不良、耐用品数量、成人受教育年限、卫生设施、饮水安全、儿童教育。说明健康问题、劳动力缺乏及住房安全，应该成为政策关注的前三项。

三、存在问题及原因

（一）执行管理"分散化"

一是管理多头，协作困难。除城乡低保、特困供养、临时救助等由民政系统主管外，其他各类专项救助制度均分属不同的行政部门，造成了政策与政策之间、部门与部门之间、政府与社会之间的分割、脱节，交叉重叠与残缺漏洞并存，重复救助或救助资源分配不均，同时部门协调也存在一定困难，不利于发挥社会救助合力，客观上影响了社会救助的效能。虽然自 2013 年以来，社会救助联席会议制度、县级困难群众基本生活保障工作协调机制和"一门受理、协同办理"机制相继建立，但制约社会救助资源统筹的体制性障碍依然存在。

二是资金管理和评价机制缺乏统筹。社会救助资金分散、统筹能力不够是表象，本质是财政部门难以对各业务部门社会救助预算权力形成专业化制衡。首先，不同救助项目资金的来源各异，导致财政部门在统一全口径预算管理方面，难以统筹安排、整合。如，民政救助资金的主要来源是一般公共预算和福彩公益金，住建部门的住房救助资金来源主要是一般公共预算和中央基建投资，人社部门的资金来自一般公共预算和社会保险基金。其次，业务部门对削弱资金分配权存在顾虑，也给统筹整合工作带来阻力。一方面担心相关救助项目资金由专款专用调整为统筹使用，会影响分管领域的资金保障和相关工作的顺利开展；另一方面担心丧失了对救助资金的实质分配管理权，在指导救助工作开展时缺少抓手。最后，由于社会救助资金分散于各部门，在当前强调财政支出绩效目标的情况下，各部门往往从本部门支出绩效目标的角度来评价资金使用状况，缺乏总体、系统观念。

三是信息"壁垒"尚未完全消除。跨部门的社会救助信息难以统筹，直接影响了社会救助工作的效率和质量。具体体现在三个方面：首先，每个救助项目都有自己独立的信息系统，因系统模块不同无法实现直接共享；其次，第三方信息共享匮乏，现有救助信息无法与第三方信息进行比对，影响了救助信息的准确性。最后，救助对象的流动性与当前基本依托行政区划实施救助管理的矛盾日益突出，对信息统筹提出挑战。

四是救助资源分散。由于政府救助与社会救助之间尚未形成有效的对接机制，特别是"非制度性救助"中社会力量来源众多，即使在同一个街道、乡镇、社区的不同救助机构间，亦存在着互补不够、信息不共享、救助分散的现象。这种分散救助现象使得针对具体被救助对象的救助过程不能连续、救助资源不集中，救助效率低下。

（二）制度体系"割裂化"

一是社会救助体系内部项目之间"割裂"。八大基本救助项目之间虽然已经建立了基本的数据信息库，但还没实现项目之间的信息共享，这一方面会造成不同部门之间的重复劳动，对本来就比较紧张的财政和人力资源造成更大压力；另一方面，信息无法共享及程序不同步，容易导致低保对象与其他专项救助对象的不合理重叠，增加救助政策实施的难度。

二是社会救助与其他民生保障政策之间"割裂"。社会救助项目与社会保险、社会福利、慈善事业之间缺乏过渡与互补。表现在：低保与专项救助存在简单叠加的情况，社会救助与社会保险缺乏共享与衔接机制，社会救助与社会福利之间定位不清，社会救助与慈善事业互补程度不够。藉此，应从救助领域、救助对象、救助功能等方面对社会救助与其他民生保障政策进行明确定位，才能互相补充，共同发挥作用。

（三）政策福利"捆绑化"

我国社会救助体系项目众多，救助叠加的现象非常普遍。很多地方把医疗、教育、住房等分类救助项目或优惠政策与低保资格进行简单捆绑，低保对象可以直接获得这些分类救助，而非低保对象要获得分类救助的资格，就需要经过家计调查、张榜公示等诸多环节，加之地方政府在政策执行过程中存在偏差，非低保对象在政策实际运行中往往难以获得此类救助。由于大多数低保对象在领取低保金的基础上还可以享受较多的其他救助，直接导致了社会救助的"悬崖效应"，部分低保对象的收入水平远远高于低保边缘群体。

救助政策的简单叠加，一方面导致专项救助制度"瞄偏"，未能实现针对性救助，没有充分发挥各专项救助政策的功能，降低了政策效果；另一方面也导致社会救助资源在一部分群体上的"过度集聚"，形成重复救助，一定程度上忽视了其他贫困户的救助诉求，产生了新的社会不公。此外，还在一定程度上深化了"贫困陷阱"。由于低保制度"含金量"不断提高，低保户一旦退出低保，不仅不能享受原有的低保金，相应的低保福利也会削减。因此出现两种情况：一种是，救助对象选择不工作以保住自己的低保资格，最终形成对救助的依赖；另一种是，捆绑福利的削减，不仅部分抵消了收入增长，而且使其他负担陡然加重，导致救助对象再度返贫。

第三节　政策建议

社会救助的制度衔接与合作是一个动态过程，它将伴随着整个社会保障制度体系的发展和社会救助内部项目的增减调整而不断出现新的问题和挑战。

一、合理分配管理权力与资源

首先，优化多部门协作，建立统一负责、分类合作的社会救助管理体制。建议采取民政部门主管、相关部门配合的适度集中管理原则。由各级民政部门牵头分类统计救助对象，并将不同部门的救助资金集中起来由民政部门统一分配，以避免救助对象的重复和遗漏，同时建立统一标准。

其次，加快实现城乡统筹和区域衔接。一是在深化城乡体制改革的基础上，积极推进公共资源均等化建设，推动中央专项投资和社会力量投资领域向基层农村地区倾斜，加强社会救助政策与乡村振兴战略衔接。二是提高城乡反贫政策的精准度，形成适度差异化的政策方向。如：农村地区应进一步强化教育领域的财政支持，城镇地区则需要发展更为积极的残疾人康复医疗服务。三是坚持城乡统筹，加快实现城乡救助服务均等化。如及时对符合条件的外来务工人员提供救助帮扶。

最后，整合救助资源，推动"政社"对接。建议在不增设工作机构的前提下，在街道（乡镇）、社区的民政工作干部中指定一人或数人专门负责社会救助主体的协调和整合工作。这种做法出于两个考虑：一是特定地域范围，有助于社会救助主体之间的直接和近距离协调，不容易产生脱节现象；二是有些基层社区还保持着"熟人社会"的特征，有利于对社会救助对象的精准识别，对救助对象及救助过程的跟进等。

二、推进救助信息集中统筹

首先，建立省级层面互通互联的综合社会救助大数据平台。以身份证号码为基础获取和归集社会救助信息，如个人消费信息、资产变动信息、家庭成员信息等。

其次，在信息集中的基础上，推动部门统筹、制度统筹、信息统筹、资金统筹的一体化。加强社会救助信息与金融机构、工商行政管理、投资、社会保险、户籍管理、房产管理、民政、卫生、教育等系统信息联网共享、实时交换。短期内可从共同核对救助对象家庭经济状况，发展到制定救助计划的统一会商、定期沟通和精准管理，对申请者的困难类型和困难程度进行辨析，提出"一案一策式"的综合救助方案，实现信息化条件下的精准救助、协同互补和资源统筹；长期看，要运用大数据工具统一整合各业务部门、社会组织、慈善力量掌握的社会救助资源数据，推动救助资源供给、救助信息和救助需求的对接，实现纵向贯通、横向互联，避免重复救助或遗漏救助。

三、做好政策衔接与配套改革

首先，妥善处理社会救助与其他类型社会保障制度的功能分工。处理好社会救助、社会保险、社会福利之间的功能分工关系，厘清三者各自发挥政策效用的职能边界，使其各司其职、各负其责。同时注重三者在覆盖范围、保障水平、衔接转换等方面的平衡关系。在社会保障项目优先排序上，应始终坚持"先保险、后救助、再福利"的原则，做好社会救助与养老、医疗等社会保险制度的衔接，完善城乡一体的医疗、教育、住房、法律援助等专项救助制度。

其次，对功能相近、对象重合度高的救助政策进行归并，统一按困难类型进行分类救助，不断完善阶梯式救助体系。完善新型社会救助体系，逐步解除城乡居民最低生活保障与专项救助之间的政策捆绑；对专项救助项目制定差异化的救助标准和救助范围，不再简单叠加在低保资格之上；可结合地方实际，将专项救助的范围拓展到低保边缘户、家庭收入高于低保线的支出型困难家庭等其他困难群众，为不同类型的救助对象提供差别化和有针对性的救助，使现有制度由"悬崖式"变为"斜坡式"。

再次，建立就业激励制度和低保渐退的动态管理机制。加大对低保对象的就业扶持力度，如有针对性地开展职业介绍和职业培训、设置公益性岗位等，促进其通过提升能力摆脱贫困。对有劳动能力的低保对象，通过定期复核、规定救助期限、逐年减少救助金额、奖勤罚懒等措施，减少"福利依赖"，提高其就业积极性。同时，建立健全低保对象就业后的渐退机制，科学设定渐退期，对退出者给予后续政策支持和动态跟踪。

最后，处理好社会救助和扶贫之间的功能定位，在保障对象选择、标准制定方面力求衔接。对有就业能力的、能够通过扶贫政策实现脱贫的低保对象，统一纳入扶贫政策支持范畴。对无就业能力或就业能力极弱的群体，通过低保制度做好兜底保障。合理确定当地低保标准，做好与扶贫标准的统筹衔接，确保符合条件的低保对象纳入建档立卡范围，享受扶贫优惠政策。树立适度救助理念，坚持"救穷不救懒"的原则，把"输血式"救助和"造血式"解困有机衔接。对有劳动能力和缺乏劳动能力的贫困人口，实施区别对待的救助政策，救助水平适度，鼓励自主就业创业、自力更生。

四、创新"物质＋服务"救助方式

首先，实施精细管理、分类救助，提高社会救助的精准性。低保要逐步从以家庭为单位过渡到按照人群特征救助的类别救助制度。对有劳动能力者，要以就业救助为主，辅之有固定期限的临时性生活救助；对无劳动能力人群中的儿童、老年人和残疾人等群体，要实施适度普惠型的现金制度，根据不同群体的特征和需要，确定不同水平的救助标准，辅之以有针对性的社会服务。

其次，加强赋能机制设计，将就业救助作为社会救助的核心。针对有劳动能力的低保户，在再就业起步或工作不稳定阶段，规定一定时段或金额的豁免，避免出现贫困高原效应；针对就业比较稳定的有劳动能力低保户，规定在一定时间段和相应收入以下实行渐退激励机制；针对超过法定劳动年龄的低保户再就业，可以实现一定时段或金额的豁免，并建立相应的税收和社保优惠政策；针对残障低保户再就业，规定一定时段或金额的豁免，并建立相应的津贴、税收优惠和社保优惠政策。

最后，积极发展服务类社会救助，形成"物质＋服务"的救助方式。探索通过政府购买服务对社会救助家庭中生活不能自理的老年人、未成年人、残疾人等提供必要的访视、照料服务。加强专业社会工作服务，促进社会救助由单一物质和现金救助转向物质保障、生活照料、精神慰藉、心理疏导、能力提升和社会融入相结合，实现救助方式的多样化、组合化、专业化和个性化。

五、加强多维贫困家庭综合救助

首先，持续践行区域扶贫开发、社会网络再造与兜底保障等三项组合型政策，增强反贫政策的持久性。一方面，应利用农村贫困地区的资源持续开展区域扶贫开发，通过地区经济的振兴助力扶贫工作，避免形成"空间贫困陷阱"；另一方面，政策制定需综合考虑贫困家庭的致贫原因，引导贫困者尤其是城镇贫困者建立良好的社会关系网络，并增加对人力资本薄弱家庭的兜底保障。

其次，健全贫困预警与快速反应机制。细分贫困人口类型，按照受助对象的致贫原因、家庭状况、困难程度、劳动能力等进行科学分类，健全贫困人口定期联系走访机制，落实投入、监管、兑现等责任主体，主动发现、及时救助。基于贫困人口的资源禀赋与能力状况，分类设计救助扶持政策，针对性地给予不同程度的保障和不同方式的管理。追踪反馈受助对象生活变化情况，确保受助对象获得针对性的帮扶。

最后，深入推进扶贫开发与社会救助的双向衔接。健康扶贫方面，一是要保证新型农村合作医疗、农民基本养老保险全覆盖，不断提高农村居民看病的报销比例；二是要按照"因户因人因病精准施策"原则，对慢性病或大病患者实施分类救治，防治并举。教育扶贫方面，要区分不同群体的特点与诉求。对于成年人，主要通过扫盲、技能培训等提高就业竞争力和创造财富的能力；对于学龄前儿童、学龄群体，要提供更加均衡和优质的教育资源，缩小城乡教育资源差距。就业扶贫方面，既要在就业数量、就业比例上有所保证，又要针对就业需求、就业质量等提供个性化、追踪式服务，确保就业的稳定性；改革差额补贴救助制度，通过有弹性的就业补贴制度，确保救助家庭在劳动收入增加的同时家庭总收入有效增加，以激励有劳动能力的受助者就业。

第六章　社会救助政策评估机制研究

社会救助政策作为保护社会的最后一道"安全网",其为了实现维护社会稳定、促进社会公平的目标,在政策设计、制定的伊始阶段往往是利好的。但是,在政策实施过程中,由于多种内外部因素的共同作用,政策偏差的产生难以避免。因此,需要对社会救助政策进行评估,及时纠偏,提出政策改进和完善的方向,以减少社会救助政策偏差造成的损害。

第一节　社会救助政策评估程序

社会政策评估是评估主体按照一定的评估标准,通过相关的评估程序,以具体的社会救助政策为对象,考察其实施的各个阶段与环节,并对政策的产出和影响进行监测和评价,以判断具体的社会救助政策实现政策目标的程度的活动。综合来看,如图6-1所示,社会救助政策主要包括评估前期的准备阶段、评估中期的实施阶段、评估后期的总结阶段。每一个评估阶段又有不同的任务和目标。

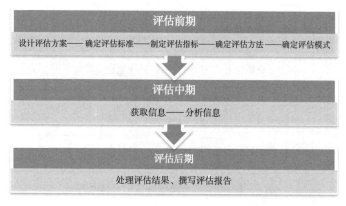

图 6-1　社会救助政策评估的一般程序

一、评估前期阶段

社会救助政策的评估前期是准备阶段，包括五个步骤：设计评估方案——确定评估标准——制定评估指标——确定评估方法——确定评估模式。具体来看（如图 6-2 所示），设计评估方案包括确定评估对象、评估主体与评估目标；评估标准的确定是以评估目的为依据和导向，具体包括效益标准、效率标准和救助对象满意度标准三类；评估指标要求具有可操作性，即能够可靠、有效地反映评估标准，或者能够计算出评估标准；评估方法是关于对评估过程中获得的信息进行分析与处理的方法，主要涉及定性与定量方法的选择，其中，专家咨询法是常用的定性方法，定量方法则包括实验方法、准实验方法及对比政策前后变化等；评估模式是基于评估主体、对象、目的、标准等，对社会救助政策进行评估的模式，主要包括：目标达成模式、侧面影响模式、利益相关者模式三种。

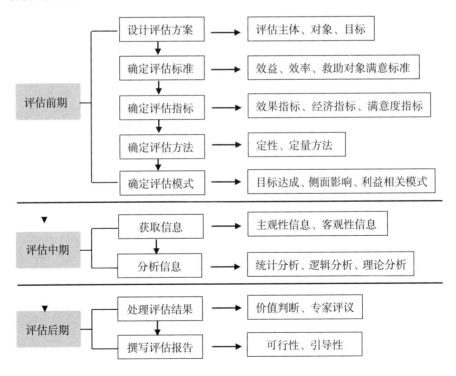

图 6-2 社会救助政策评估的具体程序

（一）设计评估方案

1. 确定评估主体

合适的评估主体是社会救助政策评估的第一步，它决定了评估标准的制定、评估方法与模式的选择。一般来说，评估主体不是单一的，与社会救助政策的制定与实施发生各种联系的组织或个人都可以成为政策的评估主体。

社会救助政策的评估主体主要包括两大类：内部评估主体与外部评估主体。其中，内部评估主体是社会救助政策的制定者、执行者，例如：民政部门、基层政府、财税部门等；外部评估主体是除内部评估主体之外的组织或个人，例如：新闻媒体、社会组织、社会公民、救助对象个人等。从实践来看，评估主体的不同可能导致政策评估的关注点、立场不同。例如，有些被制定者评估为成功的社会救助政策，可能在公众看来是失败的政策。因此，评估主体的多元化设计有利于保障政策评估的客观与公正。

2. 确定评估对象

评估内容是社会救助政策制定者与实施者共同关注的问题，也是制定评估标准、确定评估模式的依据。评估对象的确定受评估主体的影响，因为不同的评估主体重点关注的内容会有所不同。例如，社会救助政策的制定者通常较为关注政策的长远效果，因而社会救助政策的长远效益是政策制定者的评估对象；社会救助政策的实施者更为关注政策的落实情况，因而社会救助政策的短期实施效益成为实施者评估的对象；社会救助政策的受益者作为重要的评估主体，更关注政策本身对个人生活的改善程度，因而政策的实惠力度、效应改进成为利益相关者的评估对象。

3. 确定评估目标

社会救助政策评估的整体目标是，判断社会救助政策是否实现了其设计之初的目标，如目标偏离方向，则及时进行纠偏，从而改进和完善社会救助政策。具体来看，社会救助政策评估目的还可以归纳为三类：

第一，结果导向。即评估主体对评估对象进行价值判断，评估社会救助政策是否实现了其预期目标，以及实现预期目标的程度，从中可以区分出社会救助政策的有效部分与无效部分。

第二，原因分析。即将政策评估结果运用于解释政策目标与效果之间的关系，通过挖掘、探究社会救助政策评估结果的深层次原因，分析出社会救助政策制定、执行过程中的不足。

第三，促进效率的改进。社会救助政策评估的一个重要目标就是，提高救助政策的效率，从政策评估中发现的问题可以为政策改进提供依据，帮助政策制定者做出更科学的决策。

（二）确定评估标准

评估标准是社会救助政策评估时所遵循的准则，是判断社会救助政策是否实现预期目标的重要基础，也是社会救助政策评估的核心内容。以社会救助政策评估对象为依据，社会救助政策评估标准具体包括三个：效益标准、效率标准、救助对象满意度标准[1]。

第一，效益标准，以社会救助政策实施产生的结果和影响作为评估标准。社会救助政策产生的结果和影响是多面的，既有预期的，又有非预期的。效益标准主要考察的是社会救助政策是否实现了预期目标，评估的核心是社会救助政策对救助对象所起的预期作用。在具体的社会救助政策中，其效益标准会有所差异。例如，评估社会保障制度的效益标准是：最低生活保障制度是否维持了困境家庭的基本生活；评估灾害救助的效益标准是：灾害救助是否帮助受灾民众摆脱困境。

第二，效率标准，是以社会救助政策实现目标中投入的资源及产出作为评估标准。即以社会救助政策的成本为衡量依据，如政府投入的社会救助资金、人员及服务等，再将其与社会救助政策产生的效果进行比较，效率标准关注的效果更为广泛。若社会救助政策产生的效益大于产出，则认为该政策是有效的，否则该政策被视为低效率或无效率的。效率标准最理想的状态是，以最低的投入成本获得较好的政策效益，将会对整个社会产生良好的效益。

第三，救助对象满意度标准，是以社会救助政策是否满足了救助对象的利益诉求为评估标准。该标准重点考察的是社会救助政策是否真正反映了救助对象的需要以及对需要的满足程度。救助对象满意标准是对效益和效率标准的补充，因为即使社会救助政策的目标实现了效率和效益标准，可能仍未满足救助对象的需求，未达到救助对象满意度标准。因此，在社会救助政策评估中，应

---

[1] 张良驯：《中长期青年发展规划评估的标准、模式和程序》，载《中国青年社会科学》2020年第001期。

重点关注救助对象的反馈与感受，为社会救助政策评估目标的实现提供真正有价值的标准。

（三）确定评估指标

社会救助政策评估最常用的指标是构建经济指标，即通过选取一个或数个经济指标与社会救助的实际标准进行比较，判断现行评估标准的合理性。具体来看，以社会救助政策评估的三个标准为依据，评估指标可以有三类：

第一，基于效益标准，评估指标主要围绕实际救助效果来测量。例如，在最低生活保障制度中，可以使用低保标准占家庭人均食品支出之比、恩格尔系数、基尼系数、泰尔指数等指标，测量该救助政策的实际救助效果。

第二，基于效率标准，评估指标主要围绕"投入—产出"、"成本—收益"进行测量。例如，可以通过比较社会救助政策的固定成本和变动收益，评估在资源有限的条件下，政策的效益是否实现最大化。又如，通过比较固定收益和变动成本，可以评估在预计结果不变的情况下，是否实现投入成本的最小化。再如，还可以使用人财物等资源的投入、单位成本、成本效益比等，测量社会救助政策投入与产出之间的比例。

第三，基于救助对象满意标准，主要围绕行为满意度、价值满意度两方面来测量。例如，在最低生活保障制度中，可以测量低保对象对政策实施的满意程度、对政策实施过程公平的满意度、对政策改善其生活状况的满意度等。

（四）确定评估方法

政策评估方法既是评估主体对社会救助政策进行评估的方式，也是实现评估目标的"桥梁"，更是对获得的评估信息进行分析与处理的重要手段。一般来说，评估方法包括定性与定量两种。其中，定性评估方法是评估主体根据经验，运用逻辑思维，对评估对象的性质进行分析，例如：德尔菲法、头脑风暴法、因果分析法、制度分析方法等。定量方法是评估主体依据数据、量化信息，运用运筹学、计量经济学、统计学等技术，对评估对象进行科学评估，例如：成本收益法、回归分析、随机分析等。

定性方法与定量方法适用于不同的评估领域。其中，定性方法主要适用于那些难以进行量化的社会救助政策评估对象，如领取低保金者的道德伦理。该方法有利于克服社会救助政策可行性与可接受性之间的矛盾；但因为其主要依靠评估主体的经验和直觉，其结果的可靠性容易被质疑。定量方法在一定程度上可以弥补定性方法的局限，有利于克服定性方法评估的主观倾向，使得评估结果更加科学和客观。但是，定量方法也可能因为过于理性主义，难以对政策评估做出更具有效性和真实性的评价。因此，社会救助政策评估方法的选取应遵循定性与定量相结合的原则。

具体实践中，定性方法是较为常用的评估方法。以最低生活保障制度为例，其最常用的评估方法是家计调查制度、当面核对、银行审查等方法。其中，家计调查制度是实施最广泛的一种定性方法，其不仅应用到救助对象的确定上（即通过调查困境家庭的实际收入情况确定保障对象），还应用到对社会救助对象的评估上（即通过对享受社会救助政策的家庭实行收入再调查，及时剔除不需要救助的对象，从而提高社会救助政策的瞄准率）。

（五）确定评估模式

基于社会救助政策评估的主体、对象、标准、指标与方法，需要进一步确定评估模式。各个因素之间是一个相互联系、顺承的关系，评估主体不同，评估对象就会有所不同，建立的评估标准和指标也会不同，则评估方法也会有所差异。由此，社会救助政策评估的模式主要有三种：目标达成模式、侧面影响模式、利益相关者模式。具体来看：

第一，目标达成模式。该模式由社会救助政策的内部评估主体实施，特别是社会救助政策的实施者，评估对象是社会救助政策的具体落实情况，评估目标是结果导向，即社会救助政策实现预期政策目标的程度。具体操作分解为三个步骤：首先，明确政策的总体目标以及每一类专项政策的具体目标，再按照目标的重要程度进行排序；其次，评估政策目标在多大程度上、在哪些方面实现；最后，评估政策的整体实施状况，包括是否实现了目标，以及还有哪些目标没有实现。

第二，侧面影响模式，主要考察社会救助政策产生的广泛效应。该模式也由内部评估主体实施，特别是社会救助政策的执行者来实施。其评估对象不仅包括社会救助政策的预期目标，还包括预期之外的影响，既考虑社会救助政策的具体效应，又同时考虑社会救助政策的侧面影响与综合影响。

第三，利益相关者模式。该模式是由社会救助政策的外部主体实施，特别是社会救助对象。评估对象是与他们自身利益密切相关的内容，例如：社会救助政策落实流程的繁琐程度、自身从社会救助政策中得到的实惠与好处等。评估标准涉及救助对象满意度的相关问题时，需要使用利益相关者评估模式。

二、评估中期阶段

在评估中期的实施阶段，主要包括两个步骤"信息收集——信息分析"，二者是递进和顺承的关系。

信息收集是社会救助政策评估的基础。这个环节的重点是政策实施效果方面的信息，具体包括客观性信息与主观性信息两种，例如：救助对象对社会救助政策效率的评价、政策实施的效率等。此外，信息收集需要采用合适的技术手段，收集各种来源的相关信息。对于来源于救助对象评价的一手资料，可以直接采取访谈法、个案法与调查法；对于二手资料和数据，可以采取统计分析法、文献研究法，以保证社会救助政策信息收集的客观性与全面性。

信息分析是对收集到的信息进行评估分析，具体包括统计、逻辑和理论分析三种，涵盖了由分析到综合、由具体到抽象的过程。统计分析是运用定量评估方法获得各类数据，并将其操作成易于理解的信息，例如，在最低生活保障制度中，针对"低保对象政策满意度"调查所收集的信息，按照统计分析方法进行数据分析，可以更直观地反映政策获得认可的态度。逻辑分析方法是将统计分析得到的结果进行组合，分析信息之间的逻辑或因果关系，例如，分析救助对象支持度与政策执行效果之间的关系。理论分析是进一步将统计和逻辑分析得到的结论进行归纳，对社会救助政策实施的经验和不足进行提炼，并对所获信息做出最终评估。具体实践中，评估主体要根据收集信息的特点选择特定的分析方法进行评估。

三、评估后期阶段

在评估后期阶段，主要包括"处理评估结果——撰写评估报告"两个步骤。

处理评估结果是撰写报告的基础。评估结果的处理是一个价值识别、判断的过程，社会救助政策的制定者、实施者与其他评估主体之间常常会存在不同的价值判断。因此，不同主体之间需要采取多种方式进行互动，例如：座谈会、发布会、听证会等，对评估目标、标准、方法及过程等进行说明，以促进评估结果的有效性和可靠性。此外，在对评估结果进行处理的时候，可以引入专家评议法，邀请社会救助领域的研究专家加入评估工作。专家们能够利用自己的专业知识，更深入的评估社会救助政策的间接效益，以及政策实施的长远性和潜在性。

撰写评估报告是社会救助政策评估的最后一个环节。该环节的重点是，对社会救助政策产生的实际效果做出客观陈述，在进行价值判断的基础上，最终提出政策建议。其中，政策建议要体现可行性与引导性。即首先要对社会救助政策实施中取得的成就、存在的问题进行细致说明，并对可能的原因展开分析，还要对如何进一步改进社会救助政策做出说明。此外，除了一般性政策建议之外，还应对其他事项做出必要说明，如评估过程、方法和一些重大问题等。

综上所述，社会救助政策评估是社会救助政策制定、实施、修正与改进过程中的重要一环，也是衡量社会救助政策实施成效的重要工作，具有独特的政策价值和实践意义。其整个流程是：评估主体运用科学的评估方法，把握评估标准、评估指标和评估模式等核心要素，开展评估准备、实施评估工作与进行评估总结。可见，做好社会救助政策的评估工作，不仅可以推动社会救助政策的发展与完善，还能够提升救助对象的生活水平，真正做到"应保尽保"，"应助尽助"，从而促进社会公平、维护社会稳定。

第二节　社会救助政策评估存在的问题

本节主要根据社会救助政策评估的三个阶段及构成要素，使用 2019 年家庭入户调查问卷中的模块 C "托底性民生保障政策实施状况" 数据[1]，采取定性与定量相结合的方法，分析社会救助政策评估存在的问题。

一、评估主体单一

整体上来看，我国社会救助政策评估主体以内部评估、官方评估为主，外

---

[1] 2019 年家庭入户调查问卷的数据包括模块 A "家庭基本情况"、模块 B "家庭经济状况"、模块 C "托底性民生保障政策实施状况"、模块 D "照护服务"、模块 E "人际互动和社区参与"、模块 F "访员观察"。

部评估主体的参与程度及效力有限。首先，由于内部评估主体一般也是政策的制定者或实施者，受部门利益驱动，某些评估主体可能夸大或弱化部分事实，难以保证评估结果的真实性。其次，外部评估主体的参与虽然在一定程度上提升了政策评估的公正性。但是，与国外发达的第三方评估主体不同，我国受传统思想束缚，公民精神薄弱，非政府组织发育不全，外部评估主体数量不多。而且，外部评估机构一般由政府选择，与政府之间是"委托—代理"关系，既受政府委托对政策实施效果进行评估，其评估活动所需经费也由政府提供。因此，外部评估主体常常在评估过程中，既不愿评估，也不敢评估，导致外部评估机制无法正常、有效运转。最后，由于对公众意见重视不足，普通群众既难以真正参与到政策的评估中来，也很难对政策评估起到有效的监督与促进作用。

此外，政策评估效果还受到评估主体能力的影响。某些较复杂程序的政策评估需要评估者具备很多知识与能力，例如，定量分析技术、统计学知识、数学知识等，这对于一般的内部评估主体很难实现，可能影响评估的科学性与公正性。

藉此，未来应积极推动评估主体由单一化向多元化发展，由内部评估向内外部评估结合发展，由官方评估向官方与非官方相统一转变[1]。特别是鼓励并扶持第三方评估，在保证其独立性的基础和前提上，发挥其专业评估能力，提升社会救助政策评估的权威性和社会认可度。

二、评估标准不全面

如前所述，社会救助政策评估实践中最常使用的是效果标准和效益标准。例如，在最低生活保障制度中，评估主体在进行政策评估时，侧重评估低保制度的瞄准率、生活救助系数、反贫困程度等经济指标。如图 6 - 3 所示，对财产收入情况的核实与评估中，分别有 100% 和 86.15% 的低保边缘户和低保户表示，社会救助主体对其财产和收入情况进行审核。

---

[1] 高兴武：《公共政策评估：体系与过程》，载《中国行政管理》2008 年第 2 期。

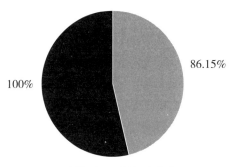

100%

86.15%

■低保户 ■低保边缘户

图 6-3 2018 年审核财产收入的情况

过于重视社会救助政策评估的效果标准、效益标准，却忽视救助对象满意度标准，是目前社会救助政策评估标准的最大问题。在社会救助政策的实际评估中，若不了解社会救助对象的真切需求，甚至"曲解"民意，会使社会救助政策在实施的过程中产生结果不公平的现象，不利于社会救助政策最终目标的实现。因此，社会救助政策评估标准不仅要关注效果、效益标准，更要关注救助对象的满意度，真正了解社会救助政策的实施效果，才能够为政策的优化与完善提供最直接、最真实的信息与反馈。

三、评估方法不科学

首先，社会救助政策评估的实践中多采取定性评估方法。例如，评估主体通过实地调研，体验社会救助政策实施的效果，并根据政策实施前后的变化，对政策效应进行评估；又如，评估主体通过实地调查了解政策实施情况，将其反映给上级有关部门；再如，评估主体直接根据新闻传媒的评价来了解政策的效果，并据此对政策进行评估。以定性方法为主的评价方法通用性较强，也能够较有效的反映出政策实施效果。但是，该方法受评估主体价值判断、个人素质及评估环境的影响，具有主观性、随意性强的特点，难以保证社会救助政策评估的科学性与客观性。

其次，社会救助政策评估方法主要运用在评估中期阶段，即信息收集与信息分析两个方面。从社会救助政策的实践来看，目前很多地方规定的评估方法，如抽样问卷、实地调查等，都是在获取信息阶段使用的方法，而运用到信息的处理、分析阶段的方法较为匮乏。社会救助政策评估是一个连续过程，每个阶段"环环相扣"，都需要与之相匹配的评估方法作为工具。只有评估方法使用恰当，才能形成科学、准确的评估报告，否则将影响评估阶段的客观性。

四、评估报告效力不足

评估报告是社会救助政策评估的"最后一环"，其效力程度决定了社会救助政策评估工作的成败。评估报告效力不足主要表现在两个方面[1]：首先，政策评估报告对政策调整的效力发挥不足。社会救助政策评估的最终目的是，促进社会救助政策的优化与改进。然而，受评估主体、方法与指标等问题的影响，社会救助政策报告缺少细化建议，即关于政策是调整、修改还是废止的具体可操作的建议。社会救助政策评估报告的引导性不足，给相关部门留下的自由裁量空间过大，最终可能导致社会救助政策偏离其预期目标。其次，对社会救助政策相关人员的责任追究效力不足。有效的社会救助政策评估应对政策相关主体（如政策制定者、实施者等）产生一定激励作用，即对实施状况较好的主体进行奖励，对政策实施状况较差的主体进行追责，以促使社会救助政策较好落实。但是，若评估报告效力不足，引导性和指向性又差，则无法为相关追责提供依据。

第三节 社会救助政策评估

本节使用 2019 年家庭入户调查问卷的模块 C 数据[2]，实际反映的是 2018 年"托底性民生保障政策实施状况"。调查对象包括建档立卡贫困户、支出型困难家庭、失能老人困难家庭、残疾人困难家庭、困境留守儿童困难家庭、城乡普通困难家庭六种类型。

一、落实情况

社会救助政策的落实情况可以通过城乡困难家庭的享受情况来反映。通过问题"您家 2018 年享受了以下哪些救助项目？"来评估社会救助政策的落实情况。如图 6 - 4 所示，整体呈现三点特征：

---

[1] 李甜：《我国重大行政决策后评估制度研究》，内蒙古大学硕士论文，2020 年。
[2] 2019 年家庭入户调查问卷的数据包括模块 A"家庭基本情况"、模块 B"家庭经济状况"、模块 C"托底性民生保障政策实施状况"、模块 D"照护服务"、模块 E"人际互动和社区参与"、模块 F"访员观察"。

第一，社会救助整体上供给不足，低保户与低保边缘户享受比例较低。例如，有超过一成的低保户享受不到低保金待遇，而能够享受到生活补助金的低保边缘户仅占 21.31% 。又如，在自然灾害救助、就业救助以及临时救助类型中，享受救助的低保户与低保边缘户的概率均低于 10% 。

第二，低保对象享受的专项社会救助呈现出差异性。87.78% 的低保对象能够享受最低生活保障，53.39% 能够享受教育救助，其后依次是，医疗救助（35.14%）、住房救助（13.83%）、慈善救助（11.31%）、临时救助（9.79%）、就业救助（7.50%）和自然灾害救助（6.76%），享受比例最低的是五保供养金（1.18%）。

第三，低保户享受专项救助的比例均高于低保边缘户。在最低生活保障方面，低保户享受低保金的概率较高，为 87.78% ，而享受相应资金补助[1]的低保边缘户概率仅为 21.31% 。在教育救助方面，有 53.39% 的低保户享受教育救助，仅有 32.26% 的低保边缘户享受该政策。在医疗救助方面，有 35.14% 的低保户享受过医疗救助，25% 的低保边缘户享受过该政策。此外，享受过就业救助、住房救助、临时救助的低保户均是低保边缘户的 2 倍左右。

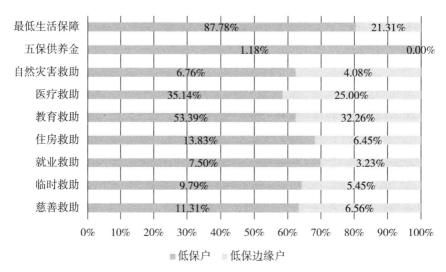

图 6 - 4　2018 年低保户和低保边缘户享受社会救助政策的情况

---

[1] 目前国家尚没有针对低保边缘户的保障标准，各地方根据实际、参照低保标准给予低保边缘户一些资金补助，标准不一但普遍低于低保标准。

二、救助力度

社会救助对象享受到的救助金额可以体现社会救助政策力度。以下通过"享受的金额是多少？"来评估社会救助政策的救助力度。如图 6–5 所示，低保户与低保边缘户享受社会救助政策的金额呈显著差异。

首先，不同类型的困难家庭（主要以是否为低保户划分）在享受的社会救助金额上存在差异。在最低保障金、五保金、医疗救助、自然灾害救助与临时救助方面，低保户享受到的救助金均值都高于低保边缘户，而在教育救助、住房救助、就业救助与慈善救助方面，低保边缘户享受到的救助金均值高于低保户。其中，低保户享受的低保金（资助资金）均值比与低保边缘户高2441.50 元，低保户享受到的医疗救助金比与低保边缘户高 7307.27 元，但低保户享受的就业救助金比与低保边缘户低 12674.63 元。

其次，不同社会救助政策在救助力度上存在差异。低保户享受的社会救助金均值最高的是医疗救助，为 14939.20 元，然后是低保金，为 8659.73 元，其后依次是住房救助、慈善救助、就业救助、临时救助、教育救助与五保金。低保边缘户享受的社会救助均值最高的就业救助和住房救助，分别为 15375 元和 10249.75 元，其后依次是医疗救助、低保金、教育救助与临时救助。

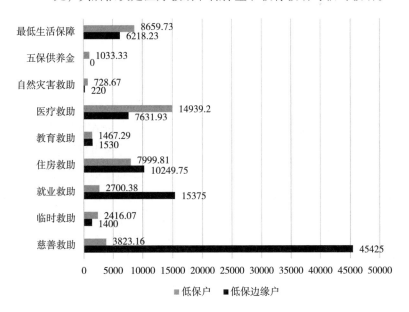

图 6–5　2018 年低保户和低保边缘户享受社会救助金额的情况

三、实施效果

社会救助政策的实施效果可以通过救助对象对政策作用、公平性方面的评价衡量。

(一) 作用评价

通过问题"您觉得其对您家的帮助作用如何?"来评估社会救助政策的实施效果。选项"1~5"分别代表"作用很大、较大、一般、较小、无作用",数值越大,作用越小;数值越小,则作用越大。如表6-1所示,城乡困难家庭(低保户和低保边缘户)对社会救助政策的评价整体上呈现两个特征:

总体来看,低保户对社会救助政策作用的评价得分均值较小,说明其评价整体高于低保边缘户;但在对每一类社会救助政策作用的评价均值分析后发现,低保户评价的最大值均高于低保边缘户,表明低保户对社会救助政策的满意度出现了两极分化。可能的原因是,低保户所获救助以低保政策叠加居多,所谓"面面俱到,面面不到",救助上缺乏重点,反而在一些特别需要的专项救助上体现为不充分;而低保边缘户往往根据自己所需针对性提出申请,若获得救助则改善较为明显。

从不同政策项目来看,低保户和低保边缘户的评价存在差异。在所有的社会救助政策中,低保户对就业救助的作用评价最低(均值为2.08),说明目前针对低保户的职业介绍、就业培训等尚不充分,也从侧面反映了低保户对就业的需求比较旺盛;对住房救助的作用评价最高(1.56),说明城市住房保障和农村危房改造项目的实施效果较好;其后为临时救助(1.61)和医疗救助(1.63),其他救助政策的作用评价均值也都在2以下。而在低保边缘户的评价中,自然灾害救助所获评价最高(均值为1.50),这是因为自然灾害救助不以低保而条件,只要是在自然灾害中遭受损失、生活困难的群体都可纳入救助范围,低保边缘户比较容易被纳入救助范围,故作用评价较高;对住房救助和就业救助的评价最低(均值都为2.50);教育救助、医疗救助、临时救助得分均值也都在2分及以上,说明针对低保边缘户的各项保障很不充分。

表 6 - 1 2018 年城乡困难家庭对社会救助政策作用的评价情况

	低保户			低保边缘户		
	均值	最小值	最大值	均值	最小值	最大值
最低生活保障金或资金资助	1.75	1	5	1.69	1	3
五保供养金	2	1	3	0	0	0
自然灾害救助	1.87	1	4	1.50	1	2
医疗救助	1.63	1	4	2.27	1	4
教育救助	1.81	1	5	2.40	1	5
住房救助	1.56	1	4	2.50	1	3
就业救助	2.08	1	5	2.50	2	3
临时救助	1.61	1	4	2	1	3
慈善救助	1.66	1	5	2.25	1	4

注：本表汇报的是均值。

（二）公平性评价

救助对象对政策评价不高，可能是受到其认知影响。以最低生活保障制度为例。在"您认为您所在的社区/村低保评审过程是否公平?"的调查（见表6-2）中，82.12%低保户家庭认为低保评审公平，仅有6.97%认为不公平。在低保边缘户中，20.83%认为不公平；在其他类型的困难家庭中，高达29.02%认为不公平。从整体上来看，仍有18.89%的困难家庭认为低保评审不公平。可见，以低保为基础的社会救助政策，在某种程度上存在评估程序透明度、公开性不高的问题。

表 6 - 2 2018 年低保评审公平度的调查情况

低保评审是否公平	低保类型			
	低保户	低保边缘户	其他类型困难家庭	合计
公平	82.12%	70.83%	55.41%	68.03%
一般公平	10.91%	8.33%	15.57%	13.08%
不公	6.97%	20.83%	29.02%	18.89%
合计	100.00%	100.00%	100.00%	100.00%

注：本表报告的是有效百分比，缺失值共106个。

在"您的村（居）中，是否存在下列现象？"的调查结果（见表 6 - 3）中，分别有 30.83% 和 43.64% 的低保户与低保边缘户认为"有一些人该救助（或扶持）的人没得到救助（或扶持）"，有 29.02% 和 39.22% 的低保户与低保边缘户认为"有些人该退出而没有退出"，还分别有 19.59% 和 29.41% 的低保户与低保边缘户认为"有一些人靠关系和走后门得到救助"，另外还有 18.30% 的 28.85% 的低保户与低保边缘户认为"有一些低保户、扶贫户隐瞒了工作和收入"。这说明对政策不公平的认知与政策实施的方法有关. 政策实施过程缺少透明度、结果未及时公示等，都会影响人们对政策公平性的评价。而这种"不公平"认知进而会"潜移默化"地影响救助对象对政策作用的评价。

表 6 - 3　2018 年城乡困难家庭对最低生活保障制度的认知

	低保户		低保边缘户	
	样本量	百分比	样本量	百分比
该救助的人没有得到救助	82	30.83%	24	43.64%
该退出的人没退出	65	29.02%	20	39.22%
家庭情况还过得去，但依然获得了救助	89	37.71%	22	43.14%
获得低保是靠关系、走后门	48	19.59%	15	29.41%
一些低保户隐瞒了工作或收入	43	18.3%	15	28.85%
一些低保户有依赖心理，不努力找工作	77	29.39%	24	45.28%
一些留守和困境儿童生活比较困难	153	55.84%	33	61.11%
一些老年人、残疾人得不到必要的照料	88	33.46%	19	33.93%

注：本表汇报的是有效百分比，缺失值 292 个。

综上，社会救助政策的预期目标是满足弱势群体的基本生活需要，缓解救助对象在基本生存、医疗、教育、自然灾害等方面的需求困境和资源匮乏，以及维护社会和谐与稳定。但是，受多种因素影响，社会救助政策的作用较为有限，反映在城乡困难家庭享受社会救助政策的比例较小、金额较少、社会救助资源分散，社会救助基层能力有限等方面。

第一，社会救助资源短缺。政府是社会救助资源最重要的投入主体。目前，受地方经济发展水平的制约，政府投入的社会救助资金仍十分有限，占社会保障总支出的比重较小，与优先满足社会救助需求的公平分配原则相违背。

近年来，尽管很多地方在不断加大社会救助资金投入，但与实际需求相比仍有一定差距，导致社会救助服务需求未得到有效满足。藉此，应拓宽社会救助资金来源，提高社会救助资金规模，提升社会救助供给水平。完善社会救助资金调剂机制，将有限的社会救助资金用于贫困地区。增加政府在社会救助方面的资金和服务投入，地方财政要将社会救助工作经费纳入政府财政预算，每年以一定的标准保持提高社会救助水平。特别是持续提升医疗救助和教育救助的筹资水平、救助比例和救助限额。

第二，社会救助资源分散。社会救助政策涉及多个领域、不同部门，其顶层设计和基层办理都有多个部门负责，救助政策之间缺乏衔接和协同，救助资源难以得到有效统筹。此外，由于社会救助认定与审核的相关信息分散在民政、工商、财税、人社等多个部门，导致信息调查与审核具有一定的难度，周期较长，效率不高，影响了救助目标实现的及时性与有效性。藉此，应在保证低保水平的同时，寻求低保政策与其他社会救助政策之间的过渡衔接，将专项救助的覆盖范围扩展至低收入家庭，提高专项救助服务对象的针对性及有效性。此外，通过建立统筹社会救助协作平台，为各项社会救助政策的衔接创造条件。

第三，社会救助人员能力不强。社会救助政策实施过程中发生的骗保、漏保、"人情保"等现象，与基层救助人员没有依规依法操作大有关联。社会救助对象的复杂性和救助内容的广泛性，不仅需要社会救助人员拥有一丝不苟的执行能力和强大的抗压能力，还需要具备一定的数学专业和计量知识。藉此，应不断提高社会救助人员的专业能力，提高社会救助人员的信用与声誉，严格社会救助人员的执法操作行为，将其行为限制在一个基本的操作框架内，以确保社会救助政策得以真正落实，发挥最大效用。

第四，政策本身存在局限性。首先，现行社会救助政策是针对救助领域和内容进行的分类，而针对特定群体的救助政策较为匮乏，使得部门分困难群众难于界定，如低保边缘户以及其他困难贫困户的紧急性、突发性困境。其次，重事后救助、轻事前预防，一定程度上加重了社会救助政策的负担，影响了社会救助政策终极目标的实现。其次，在救助对象日益增长、救助需求不断变化的背景下，社会救助政策动态调整的时机和程度较难把握。以最低生活保障为例。由于低保线在制定过程中缺乏科学、弹性的指标，许多收入高于低保户但低于国家平均工资标准，或因其他原因导致生活困难的家庭或个人被排除在政策范围之外，成为所谓的低保边缘户，不能享受到必需的扶助。

第三部分 展 望 篇

第七章　相对贫困及政策应对

2020 年我国扶贫战略进入新的历史时期，其重要特征是由绝对扶贫转向相对扶贫。在此阶段，相对贫困的识别与应对，是解决贫困问题的逻辑起点，也是制定新时期扶贫政策的重要依据。本章通过梳理相对贫困的内涵与外延、国外的相对贫困标准，分析不同类别和层次的相对贫困群体的救助需求，为构建我国相对贫困识别和救助框架提供依据与建议。

第一节　相对贫困识别框架

一、相对贫困的概念与测量

（一）三组概念比较

1. 绝对贫困与相对贫困

绝对贫困与相对贫困是一组相对概念。首先，两者相互联系，都是反映贫困程度的概念。绝对贫困是指不能满足基本生存需求的一种状态，相对贫困是指低于社会平均水平的一种状态，但两者都处于一种较低的生活状态。其次，两者相互共存。随着贫困标准的不断改变，相对贫困问题将长期存在，绝对贫困问题也会阶段性出现。在经济发展程度较低，全社会处于整体贫困阶段，相对贫困的群体往往也是绝对贫困群体。但在经济发展程度较高阶段，相对贫困的群体早已能够满足基本的生存需求，消除绝对贫困为缓解相对贫困奠定了基础、创造了条件。

绝对贫困与相对贫困之间也有明显区别。首先，绝对贫困是物质上或经济上的最低生理需求，是一种生存性贫困，侧重基本生存所需。相对贫困是参照目标群体后产生的一种落后和收入下降的状态，包含了较高层次的社会心理需求，是一种发展性贫困，侧重相对排斥、相对剥夺。其次，绝对贫困的测度立足于维持基本生存所需的营养、住房、教育、基本医疗等费用，测度标准具有较强的客观性。而相对贫困的测度立足于参与社会发展和共享成果发展的权利，通过与目标社会群体相对比较进行判定，测度标准具有较强的主观性。最后，绝对贫困存在于特定的历史时期、特定区域和特定的群体，经过一定的扶贫工作是可以被消除的。然而，相对贫困是同一时期、不同人群相比较而言处于较低生活水平，能够满足基本生产需求但不能满足发展性需要的贫困。因此，相对贫困在任何社会发展阶段都存在。

2. 相对贫困与多维贫困

相对贫困与多维贫困是两个相似概念，两者相互联系，相互贯通。

第一，相对贫困与多维贫困都认为，人的贫困不应仅指收入贫困，还应包括社会贫困、能力贫困，诸如接受基本公共服务的能力、获得社会福利与保障、社会融入状况等主观感受的贫困。

第二，相对贫困与多维贫困的比较对象类似。相对贫困是与绝对贫困相比较产生的概念，多维贫困与一维贫困相对照。事实上，绝对贫困就是一维贫困，是以绝对贫困收入线为单一维度的贫困。

第三，多维贫困指数是相对贫困的测量标准。绝对贫困线没有考虑人口的社会和文化需求，单纯以收入中位数或平均值作为参照划定贫困线，衡量更多的是不同等的水平，而非贫困的状态。因此，需要增加收入以外的维度来考察人群是否贫困。从多维角度测量相对贫困要求对每个选中的福利变量，确定相应的贫困线，一个人有某个福利特征值小于相应的阈值即视为贫困，该指标能更全面、更细致反映被剥夺的水平。但是，使用多维贫困的概念容易导致判断的模糊，因为同一个人根据不同的维度或判断标准，可能同时被认为是贫困和非贫困。

3. 支出型困难与工作贫困

支出型困难是指由于家庭成员出现重大疾病、子女就学、突发事件等原因，导致家庭财力支出远远超出承受能力而造成的绝对生活贫困。最早这一概念由上海市民政局提出，在此之前，辽宁省盘锦市总工会提出了"低保边缘户"这一概念。由于这些家庭人均收入略高于当地最低生活保障线，无法享受低保，实际处于社会救助的"夹心层"，一旦遇到子女上学、家人重病，往往比低保户更困难。之所以出现这种"夹心层"的尴尬现象，是因为我国扶贫初期对于贫困的理解和定义停留在基本温饱的层面上，仅以"个人和家庭的收入不能使其满足基本生活"这个标准来定义和识别贫困人群。

不同于以往收入型贫困的事后弥补，支出型困难是一种事前预防，它更注重风险的预测和防范。识别支出型困难人口对提供社会救助的精准性有着重要的作用。支出型困难对象主要包括两类：一是经过各种救助后仍存在突出困难的群体；二是低保救助边缘化群体。但是，支出型困难群体在低保标准的限制下，无法享受低保制度，以及叠加在低保制度上的其他福利待遇，从而使得低保制度成为这类群体无法跨越的"福利悬崖"。目前，各省市对支出型困难群众的救助处在试点阶段，尚未形成统一标准。未来，需要加快构建支出型困难指标，识别支出型困难对象，以优化救助模式，提高救助效率。

工作贫困是指虽然个人或家庭成员有工作，但是收入水平仍然在一定标准以下的状况。与失业者不同，工作贫困者虽然有一定的工作收入，但是所得金额却不足以使其生活维持在一个相对合理的水平。工作贫困对象的识别存在两个难点与重点：一为工作状态如何定义；二为采取何种标准以及标准的程度来测量工作贫困。

在对工作贫困对象的识别实践中，也主要从这两个方面着手。如美国劳动部对工作贫困对象的识别标准是：在过去一年中，至少有 27 周处于工作或寻找工作状态中，且收入低于官方贫困水平。又如在工作贫困的跨国研究中，许多国家或地区将其平均收入的 50% 或 60% 作为标准，以家庭为分析单位识别工作贫困对象。对于我国来说，工作贫困对象的识别要与国情结合，包括两类要素：一是个人处于工作状态，或者家庭至少一人处于工作状态；二是家庭人均收入低于当地平均收入的 50%。

（二）相对贫困的特征

从绝对贫困到相对贫困，贫困的主体更为多元，贫困主体的需求更加多样，贫困对象的致贫因素朝向次生性，这也是相对贫困的突出特征。

1. 主体多元化

相对贫困的主体更加多元化。其中，较为突出、应重点关注的群体有三类：第一，贫困"边缘户"。由于过去在识别贫困户时，严格按照设定的绝对贫困线为标准，划分贫困户和非贫困户。导致高于绝对贫困线标准，但低于平均生活水平线的家庭成为非贫困户，即贫困"边缘户"群体。这部分群体与低保户的收入差距与生活水平相差不大，但却没有享受到精准扶贫的政策红利，甚至贫困"边缘户"的处境会发生逆转和"倒挂"。

第二，低收入、弱保障的城乡流动人口。2019 年，我国农民工总量达 29077 万人，其中外出务工农民工为 17425 万人。在月收入方面，外出务工农民工月收入为 4427 元，本地务工农民工月收入为 3500 元。在随迁儿童教育方面，有 50.9% 的农民工反映其子女在城市就学面临一些障碍。尽管我国农民工的平均工资高于现阶段贫困标准，但他们极度脆弱，极易因病、因学致贫，同时他们还面临社会融入和权利贫困等问题。

第三，绝对贫困下的"返贫户"。2020 年是扶贫战略的转折之年，但是真正实现脱贫并非一朝一夕之事。对于刚脱贫的深度贫困户中的低收入群体，虽然他们已脱贫，但与全国人均水平相比，仍然处于相对贫困状态。且随时可能因为突发事件或疾病，抑或由于缺乏可持续生计能力，在国家政策红利退去后再次"返贫"。

此外，我国相对贫困人口还应该包括其他群体，如城乡老弱病残人群、空巢老人、失能老人、失业人员、"三无人员"等。因此，从整体上来看，相对贫困的治理对象朝向多元化、复杂化。

2. 内容丰富化

2020 年以前的扶贫战略，基本解决了贫困人口的物质贫困。在相对扶贫战略下，将致力于解决贫困人口在其他方面的非收入性贫困。具体来看，对于农村相对贫困人口，由于城乡发展不平衡，农村公共服务发展不足，其主要面临就业发展贫困、精神贫困，需要重点在经济发展、充分就业、资金和制度等方面予以精准扶贫。对于城市流动人口来说，其随迁子女教育、随迁老人养老与健康、社会融入等相对剥夺感更严重。因此，总的来说，2020 年是扶贫工作的"分水岭"，在这之前的扶贫重心是物质贫困、生存贫困，在这之后的扶贫重心更加丰富，包括发展贫困、精神贫困、健康贫困、教育贫困、社会融入贫困等。

3. 致贫因素次生性

以绝对贫困线为扶贫标准的时期，致贫因素主要是原生性的自然环境，即由于闭塞的交通条件、不稳定的自然环境等因素，导致众多山区、农村成为贫困户的集聚区域。如我国 14 个集中连片特困区、592 个国家扶贫开发重点县。随着相对贫困标准的产生，致贫因素由原生性转向次生性。

次生性致贫因素指的是由于政治、经济、文化等因素导致的转型性次生贫困。如由户籍制度、土地制度等导致的城乡二元的制度性贫困；农村贫困人口由于综合能力与素质较低，上升通道窄小，存在难以实现自我发展的能力贫困；城乡流动人口城市融入不畅所导致的精神文化贫困；由于市场波动、产业经营和就业发生改变所导致的贫困，如 2020 年爆发新冠肺炎疫情，导致许多企业和工厂倒闭，造成大量工人失业以至于陷入贫困；由于突发性自然灾害、疾病等不确定性因素所导致的贫困等。

综合来看，转型性次生贫困主要是由于资产不足、社会保障强度不高、基本公共服务获得的不平等，而不足以抵御疾病、自然灾害等社会风险进而致贫，其致贫因素更加隐蔽且复杂。

二、国外相对贫困的识别标准

（一）相对贫困标准的理论研究

相对贫困的特征决定其识别标准是多维的，而非一维的。在关于多维贫困测量方法的研究中，Bourguignon and Chakravarty（2003）建议为贫困的每个维度设定贫困线，如果低于这些贫困线中的至少一个，则为贫困者，并探讨了如何将这些不同的贫困线和一维的贫困缺口加总到多维贫困的测量中。Tsui（2002）从收入方法出发，探讨了一种本质上是多维贫困测量的方法——不将收入作为基本需要的中介变量，而是根据基本需要的最低水平的短缺程度来设定贫困线。Tsui（2002）还讨论了在不同的贫困维度下，如何识别总的多维贫困人口，即只要有一个维度低于该维度的最低需要，即使其他维度都高于其维度最低需要，这个人也是贫困的，这种状况下的贫困人口总数为多维贫困人口总数。

AlkireandFoster（2007）提出了一种新的测量多维贫困的方法——AF 方法，也被称为"双阈值法"。双阈值包括：一是对每个维度内的贫困指标设定贫困阈值，以判断每个维度的指标贫困状况；二是跨维度设定多维度贫困的阈值，以判断多维贫困状况。按照指标—维度—多维贫困指数这一顺序进行三级加总计算，即可得到多维贫困指数。AF 方法是第一个将多维贫困测量广泛应用于全球多维贫困测量实践并得到越来越多国家采纳的方法。如表 7-1 所示，全球多维贫困指数包括健康、教育和生活水平三个维度。

表 7 – 1　全球多维贫困指标设置

维度	指标	阈值	权重
健康	营养	家中有 70 岁以下人口营养不良	1/6
	儿童死亡率	在调查前 5 年内家中有儿童死亡	1/6
教育	受教育年限	10 岁及以上人口未完成 6 年学校教育	1/6
	入学儿童	8 年级之前的适龄儿童未入学	1/6
生活	做饭用燃料	家中使用牲畜粪便、秸秆、灌木、木材、木炭或煤做饭	1/18
	卫生厕所	厕所设施没有改善，或与其他户共用改善了的厕所设施	1/18
	安全饮用水	家中不能获得安全饮用水，来回至少需步行 30 分钟才能获得安全饮用水	1/18
	用电	家中不通电	1/18
	住房	家庭住房不足：地面由泥土、沙土或粪便制成，住宅没有屋顶或墙壁，住宅或墙壁使用的是未经装修的自然材料	1/18
	耐用消费品	下列资产中家庭所拥有的不超过 1 项：收音机、电视、电话、电脑、动物拖车、自行车、摩托车或冰箱，并且没有汽车或卡车。	1/18

注：资料来源于 OPHI（2018）。

多维贫困指数 AF 方法可以用于计算多维相对贫困指数。首先，需要设定单个指标的相对贫困阈值。单个指标的相对贫困阈值可以采用该指标中位数的一定比例来设置。跨维度的相对贫困阈值则可导入 AF 方法。例如，考虑 k 个维度，假定任意 30% 以上维度的贫困即为多维绝对贫困，任意低于 30% 维度贫困的群体都是多维相对贫困群体；然后，用 AF 方法对各维度加总可以计算出多维相对贫困指数。

此外，AF 的指标体系允许不同的国家选择合适的维度和指标。例如，在教育维度，"没有家庭成员完成至少 6 年学校教育"是一个指标，但这个指标可以换成"没有家庭成员完成高中教育"；又如，在生活标准维度，住房成本占家庭收入的百分比也可以根据不同社会经济情况进行调整和设定。

（二）相对贫困标准的国外经验

1. 英国的相对贫困标准

英国是 OECD 国家中使用相对贫困标准最为成熟的国家，也是全球较早使用相对贫困标准的国家。1979 年，英国开始用相对方法测量贫困。英国的贫困标准可分为两种：第一种是绝对贫困，它衡量的标准是家庭收入低于可支配收入中位数的 50%；第二种是相对贫困率，衡量标准是同一年家庭收入低于可支配收入中位数的 60%。其中，可支配收入中位数是指家庭所获得的税后收入的中位数。

2018 年，英国的社会度量委员会提出了新的贫困衡量标准：考虑了育儿和残疾的成本，以及家庭拥有的储蓄额以及其他差异。英国在使用收入作为家庭生活水平的指标时，还考虑了家庭规模和构成的差异。

2. 美国的相对贫困标准

美国政府对贫困的认定采用绝对和相对结合的方法。贫困线有两个：一是贫困门槛线，是美国人口调查局统计使用的标准。针对不同类型家庭满足食物和资源基本需求划定的一条全国适用的标准线，又分为详细门槛线和加权平均门槛线。二是贫困指导线，是美国健康和人类服务部和财政部等部门作决策时使用的行政指标。它基于对食物、衣服、住房和交通等必需品的消费成本统计，以便政府实施诸如"补充营养援助""所得税抵免"之类扶持项目。它除了考虑基本食物需求外，还考虑了住房、医疗等其他花费。贫困指导线被视为"联邦贫困水平线"，被认为可以反映社会保障安全网络项目的减贫效果。

3. 日本的相对贫困标准

日本于 1984 年采用"生活水平相对均衡方法"来测量贫困，其总目标是低收入家庭的人均生活消费支出达到中等收入家庭的 60%。其中，低收入家庭是指：在厚生劳动省开展"全国消费实况调查"的对象中，按照家庭规模和人均年收入十等份分组中的第一组家庭；中等收入家庭则为按家庭规模和人均年收入五等份分组中的第三组家庭。

作为 OECD 成员国，日本的相对贫困标准与可支配收入中位数的 60% 类似，但是在操作层面更加精细化。在具体的操作中，主要通过测算具有代表性的"标准家庭"的生活救助额，然后按照年龄、家庭规模、家庭结构调整，再按照地区生活费用指数进行区域调整。

4. 墨西哥的相对贫困标准

墨西哥将多维贫困指数作为收入贫困标准的补充，测量其国家的相对贫困状况。在收入贫困标准的基础上，多维贫困指数主要基于 AF 方法计算，用于反映社会政策目标、协调各公共部门制定政策、监测公共政策实施效率。

具体来看，多维贫困指数包括 8 个维度：当前人均收入、家庭平均教育差距、健康服务、社会安全、住宅空间和住宅质量、室内基本服务、食物、社会融合度。这 8 个维度分为经济福利和社会权利两大类，两类被赋予了相同的权重，各占 50%。在社会权利这一大类下，每个维度都被赋予相同的权重。

基于此，墨西哥把贫困人口分为贫困人口和绝对贫困人口两类。其中，贫困人口指一个人不仅收入贫困，而且还在 1 - 2 个社会权利维度上存在贫困。绝对贫困人口指一个人不仅收入贫困，而且还在 3 个及以上社会权利维度上存在贫困。在多维贫困的基础上，还制定了最低收入贫困线和多维绝对社会权利贫困线。

综合来看，尽管不同国家的相对贫困标准有所差异，但是存在两个共同特征。第一，都突破了单一收入贫困的局限，将重点集中到多维贫困的监测与识别上。而且，在多维贫困的具体衡量上，包括了教育、健康、社会融入等多维能力指标。第二，都形成了收入维度与非收入维度结合的测量体系，即以一定比例的收入水平为基础，再辅之以各项多维指标。全面、多维的相对贫困标准有利于监测和分析贫困动态，为反贫困战略和政策的制定提供依据。

三、相对贫困识别框架

通过对相对贫困概念及特征的认识，以及国外相对贫困标准的梳理，可以发现，相对贫困同时包括了"贫"和"困"两个涵义。其中，"贫"是由收入不能满足基本需求造成的，"困"是由获得教育、卫生、饮水、社会保障等基本服务的能力不足造成的。对此，本节主要围绕这两个维度构建相对贫困识别框架，见图 7 - 1。

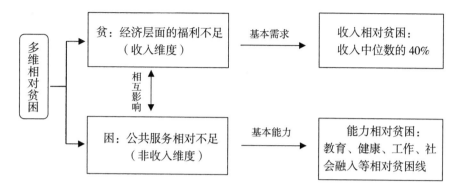

图 7 - 1　相对贫困识别框架

　　首先，"贫"的维度反映的是经济层面的相对贫困，主要用收入指标和支出指标来测量。一是收入相对贫困指标，借鉴欧盟和 OECD 国家的方法，以居民人均可支配收入中位数的一定比例，测算等值收入贫困标准。欧盟标准确定的这一比例是 60%，澳大利亚确定的这一标准是 50%，由于我国还处于中等偏上收入国家，居民消费水平低于欧盟等发达国家，故可将标准定为中位数的 40%。基于此，2020 年后，我国相对贫困的第一条收入标准为：按照前一年全国居民人均可支配收入中位数的 40% 划定次年贫困线，将低于此收入的家庭识别为相对贫困对象。第二条是支出相对贫困指标，可以采取刚性消费支出指标，以恩格尔系数高于 50% 为识别标准。

　　其次，"困"是发展层面的相对贫困，反映的是公共服务相对不足，主要从社会发展维度考量，包括教育、健康、工作、社会融入四个方面，分别为每个维度设置相对贫困线，以此为标准，识别出多维贫困对象。具体来看，一是教育方面，在九年制义务教育基本普及的基础上，适应 2035 年迈入创新型国家前列以及进入高收入国家行列的发展需要，需向普及 12 年义务教育或 12 年免费教育方向发展，教育相对贫困线的识别依据可以为，家庭内部是否有孩子本该接受义务教育、却因各种原因未接受义务教育。二是健康维度，通过考察家庭内部成员患大病并因病负债的情况识别出健康方面的相对贫困。三是工作贫困，通过就业情况及就业收入是否满足基本生活等指标来反映相对贫困。四是社会融入维度，主要通过社会成员，特别是流动人口在流入地的融入程度来识别该方面的相对贫困。

表 7 - 2　相对贫困标准的识别维度

维度及权重	指标	阈值
收入指标 （50%）	可支配收入	中位数的 40% 以下
	刚性消费支出	恩格尔系数高于 50%
非收入指标 （50%）	教育相对贫困	是否接受 12 年义务教育
	健康相对贫困	是否因患大病而负债
	就业相对贫困	是否就业、就业收入是否维持基本生活
	社会融入相对贫困	社会融入程度主观回答

第二节　相对贫困群体救助需求变化

相对贫困群体救助政策有效性的关键是精准施策。需要了解相对贫困群体，特别是支出型困难家庭和工作贫困家庭的救助需求，才能在前期做好预防，在很大程度上抵御其"入贫"。此外，在了解相对贫困群体救助需求的基础上，能够根据不同类别和层次水平采取相应的甄别措施，按照"缺什么，补什么"的原则，突出保障重点，提供差异化和精准化的救助。

一、支出型困难家庭

支出型困难家庭的识别是实施救助的基础和依据。2007 年开始，我国开始逐步关注"支出型困难"群体，一些地方将其纳入制度保障范围。2015 年 4月，《关于进一步完善医疗救助制度全面开展重特大疾病医疗救助工作的意见》提出，将救助对象范围从低保对象、特困供养人员扩大到低收入家庭中的老年人、未成年人、重度残疾人、重病患者和因病致贫家庭重病患者等。2016 年 9 月，《关于做好农村最低生活保障制度与扶贫开发政策有效衔接指导意见的通知》提出，以家庭收入、财产作为主要指标，根据地方实际情况适当考虑家庭成员因残疾、患重病等增加的刚性支出因素，综合评估家庭贫困程度。

本节对支出型困难家庭的识别也采取政策规定的方法，将家庭收入作为基准，将重大疾病支出、残疾人照料支出、教育支出、老年人照料支出等刚性支出要素考虑进来，以家庭可支配收入扣除各项家庭刚性支出的净收入作为认定依据，而非纯收入。基于此，本节与 2019 年"托底性民生保障政策支持系统建设"项目家庭入户问卷数据相结合。经过数据处理，纳入分析建档立卡贫困户 1022 个、支出型困难家庭 1109 个。

（一）困难变化

支出型困难户是相对贫困家庭的重要一类，建档立卡贫困户是绝对贫困家庭的主要一类。首先，为了更精确的识别支出型困难家庭的政策需求，本节采取比较法，将支出型困难家庭与建档立卡贫困户进行比较分析。其次，在支出型困难家庭的识别方面，根据 2019 年武汉市印发的《市人民政府关于印发武汉市支出型贫困家庭救助实施办法（试行）的通知》，明确提出七类针对支出型困难家庭的救助方式，包括基本生活救助、医疗救助、教育救助、住房救助、就业救助、临时救助与慈善救助。因此，本节主要从基本生活、医疗、教育、住房、就业等方面，比较支出型困难户与建档立卡贫困户两类群体的困难情况及享受救助情况，从而更全面、深入地反映出支出型困难户的实际困难。

1. 基本生活困难情况

图 7 - 2 描述了两类困难家庭的第一、第二致困因素，在每一类致困因素中列举了占比最多的前三类因素。根据结果显示，建档立卡贫困户家庭的主要致困因素是疾病和受伤。与其相比，支出型困难家庭的第一致困因素中因病/伤的比例为 46.8%，其次为因残致困，占比为 20.11%。在第二致困因素的统计中，主要有缺劳动力、因残、缺资金三类影响因素，而缺劳动力而致困的家庭数量较多于其他两类因素。由此可知，支出型困难家庭的主要致困因素为因病/伤、因残，建档立卡贫困户的主要致困因素为疾病/伤和缺乏劳动力。

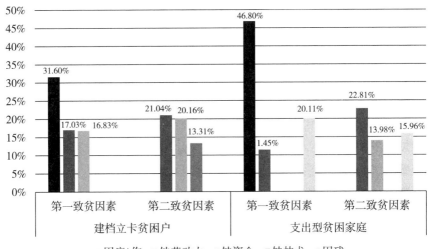

图 7 - 2　2018 年困难家庭生活困难的原因

对基本生活救助的五保金供养制度，支出型困难家庭面临享受不充足的情况。根据表 7 - 3 显示，在剔除无效值后，建档立卡贫困户可观测值为 604，而支出型困难家庭的可观测值为 803。其中，建档立卡贫困户的享受比例为 2.48%，而支出型困难家庭的这一比例只有 1.25%。可见，支出型困难家庭既面临因病、因残等导致的基本生活困难，同时也面临基本生活保障不足的困境。

表 7 - 3　2018 年两类贫困人员五保供养金补贴情况

	建档立卡贫困户			支出型困难家庭		
	频数	频率	有帮助	频数	频率	有帮助
五保供养金	15	2.48%	93.33%	10	1.25%	80%
观测值		604			803	

2. 医疗困难情况

支出型困难家庭的大病花费及来源在一定程度上能够反映其在医疗服务方面是否存在困难。根据表 7 - 4 的调查结果显示，在大病花费状况统计中，建档立卡贫困户在 2018 年全年的大病花费平均费用为 7899.26 元，而支出型困难家庭的花费为 33171.65 元，是建档立卡贫困户大病支出的近五倍。由于支出型困难家庭是因为支出而导致贫困，从大病花费情况可知，支出致贫的主要原因是高额的医疗费用。同时，也从侧面反映出支出型困难家庭在医疗服务方面存在困难。

表7-4　2018年困难家庭大病花费状况

	平均数	标准差	最小值	最大值	观测值
建档立卡贫困户	7899.26	26848.4	0	450000	920
支出型困难家庭	33171.65	91567.93	0	1277000	646

此外，根据"支出型困难家庭大病费用来源"的调查结果显示（见图7-3），支出型困难家庭存在"因病致穷、因病返穷"的困境。在大病费用来源中，医疗保险报销的占比最大，为52.50%，其次为大病借贷费用，为36.71%，重特大疾病救助、他人或慈善机构资助和其他费用来源占比较少，分别为3.05%、4.25%、3.49%。对此，应当重点关注支出型困难家庭在医疗服务方面的困难，聚焦支出型困难家庭的医疗需求，不断创新医疗保障模式，提高支出型困难家庭的健康水平。

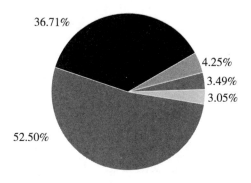

■医疗保险报销　■大病借债　他人或慈善机构资助　■其他费用　重特大疾病救助

图7-3　2018年支出型困难家庭大病费用来源占比

3. 教育困难情况

支出型困难家庭的教育是否存在困难可以通过家庭受教育人数、家庭享受教育救助、家庭儿童享受学费减免情况反映。

表 7 - 5   2018 年困难家庭受教育人数

	平均数	标准差	最小值	最大值	观测值
建档立卡贫困户	1.0068	0.94560	0	4	1022
支出型困难户	0.4977	0.67527	0	4	1109

从困难家庭受教育人数的情况来看（见表 7 - 5），建档立卡贫困户家中平均受教育人数约为 1 人，而支出型困难户中平均受教育人数为 0.49，不及建档立卡户的一半。

从困难家庭儿童的学杂费及住宿费减免情况来看（见图 7 - 4），整体而言，支出型困难户家庭享受到的比例低于建档立卡贫困户的儿童。其中，支出型困难户家庭只有 39.39% 享受到了学费减免，仅为建档立卡户的一半。支出型家庭儿童享受免除杂费的比例为 21.21%，不到建档立卡户的 1/2。此外，只有约三成的支出型困难家庭享受到免缴书本费和住宿费用。由于建档立卡贫困户是"收入型"贫困，对于这一家庭的儿童，政策在帮扶初期就给予了教育救助，而支出型困难往往是收入在贫困线上，在事故发生以后，对于该类困难家庭儿童的关注可能不够及时，导致其没有享受到教育救助。

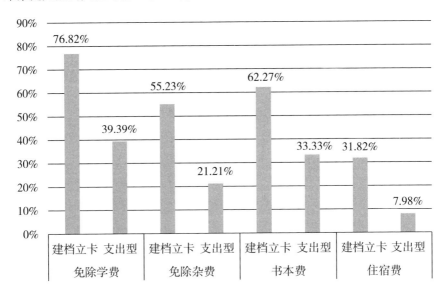

图 7 - 4   2018 年困境家庭儿童学杂费和住宿费减免情况

根据图 7-5 所示，支出型困难家庭和建档立卡贫困户都有享受过教育救助情况，但是享受比例的差异较大。在享受教育救助方面，63.74% 的建档立卡贫困户家庭享受到教育救助，而仅有 19.61% 的支出型困难家庭享受到教育救助。在学费减免方面，67.62% 的建档立卡贫困户享受到了学费减免，41.55% 的支出型困难家庭享受到学费减免。在国家助学金补贴方面，31.89% 的建档立卡贫困户享受了国家助学金补贴，而支出型困难家庭的这一比例仅有 22.92%。在学习用品补助方面，建档立卡贫困户的享受比例有 25.33%，而支出型困难家庭获得该补助的比例仅占 7.64%。

图 7-5 2018 年困境家庭享受教育救助情况

4. 住房困难情况

支出型困难家庭的住房困难可以通过危房情况、住房救助的享受程度来反映。调查结果中，支出型困难家庭的危房比例为 17.89%，大于建档立卡贫困户。然而，在住房救助补贴方面（见图 7-6），支出型困难家庭整体上获得的救助不足。其中，在住房救助方面，14.81% 的建档立卡贫困户享受到了住房补助，支出型困难家庭的比例仅有 5.14%。在租赁房租补助方面，建档立卡贫困户仅有 2.17% 的家庭享受，而支出型则有 23.81%。在危房改造方面，68.00% 的建档立卡贫困户享受了危房改造，而支出型困难家庭的这一比例仅为 29.73%。

总体看来，支出型困难家庭享受住房补贴的比例较少，呈现住房补助不足的困难。此外，在住房救助补贴的类别中，由于支出型困难家庭大部分在城市，而建档立卡都在农村，因此支出型困难家庭更多比例的享受了租房补助，而建档立卡贫困户更多的享受了住房救助和危房改造。

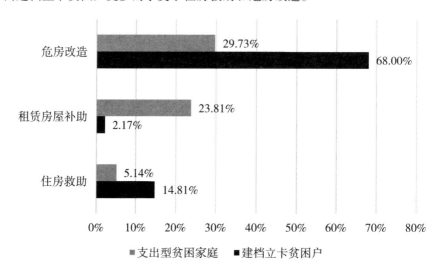

图 7 – 6　2018 年困境家庭享受住房救助补贴情况

支出型困难家庭住房救助不足的问题也到了国家的关注。在第十三届全国人大常委会第十五次会议上，民政部部长李纪恒报告中提到，低收入和支出型家庭还没有纳入救助范围。其主要原因有二：一是对于支出型困难家庭的住房补贴覆盖率较低，且形式单一，针对性较弱。二是对于支出型困难家庭住房救助的审核，存在一定的地域限制。如在南昌市颁布的支出型困难家庭救助办法中，对于超过半年以上不在户口所在地生活的人和不具有本省本市户籍的人不予评定，这样一来，对于在外务工的支出型困难家庭而言则难以入库。对此，应加快支出型困难家庭的数据统筹，推动救助资源的均衡分配。

5. 就业困难情况

第一，支出型困难家庭就业补助享受不足。

在 16 – 60 岁人口中并非所有人口都为劳动人口，这其中包括了适龄具备劳动能力的劳动人口和适龄但不具备劳动能力的人口。支出型困难家庭是否存在就业困难可以通过其家庭人口就业比例、享受就业补助等情况来反映。首先，在困难家庭劳动和就业人口分布情况中，如表 7 – 6 所示，建档立卡贫困户中劳动人口占比过半，为 50.99%，而支出型困难劳动人口占比为 29.05%。可以看出建档立卡贫困户家庭的劳动人数占比远大于支出型困难户，平均每个建档立卡贫困户中有约 2 人为劳动人口,而支出型困难户中平均只有 1 人。此外,支出型困难家庭平均就业人口不到 1 人,就业人口占家庭总人数比为 24.09% 。对于支出型困难家庭劳动人口占比较低的原因,一方面是因为人口结构分布中 16 - 60 岁人口占比原本较小,而另一方面是由于部分劳动适龄家庭成员因病、因残而导致不能劳动也会影响到占比。

表 7 - 6　2018 年困难家庭劳动人口数和就业人数统计表

		平均值	百分比	标准差	观测值
建档立卡贫困户	劳动人口数	2.24	50.99%	1.31714	1016
支出型困难家庭	劳动人口数	1.07	29.05%	1.15194	1099
	就业人数	0.88	24.09%	1.03053	518

表 7 - 7 描述的是支出型困难户家庭的就业情况。在对支出型困难家庭的就业人数的统计中,就业人数的观测值为 518,可知大部分具备劳动能力的适龄人员都已就业,就业率为 70.95% 。然而,还有 29.05% 的劳动人口没有就业。这也侧面反映,对于支出型困难家庭劳动人口的就业保障不够充分。此外,就业人口占劳动人口的比值的最小值为 0,最大值为 2,这表明存在 0 人就业以及就业人数大于劳动人口数的支出型困难家庭,即存在超出劳动年龄范围的老年人或是低于劳动年龄范围的孩子参加就业。

表 7 - 7　2018 年支出型困难户家庭就业人数占劳动人口比

变量	平均值	标准差	最小值	最大值	观测值
就业率	0.7095	0.4390	0	2	322

表 7 - 8 描述了困难家庭享受就业救助的情况。目前,对于困境家庭享受的就业救助情况主要有四类:就业补贴、技能培训、雨露计划和公益性岗位。

数据显示,过半成建档立卡贫困户享受就业补助,支出型困难家庭享受的就业补助明显低于建档立卡贫困户。具体来看,在就业补贴方面,有近三成的建档立卡贫困户享受到了就业补贴,而享受就业补贴的支出型困难家庭仅占 1.92% 。在技能培训方面,15.90% 的建档立卡贫困户参加了技能培训,而支出型困难家庭只有 0.8% 的家庭参加。在雨露计划方面,建档立卡贫困户参与雨露计划占 11.15% ,而支出型困难家庭的这一比例仅有 1.42% 。在开放的公益性就业岗位方面,支出型困难家庭有一半的家庭参与,而建档立卡贫困户占 21.62% 。

表7-8　2018年困难家庭享受就业救助情况

	建档立卡贫困户			支出型困难家庭		
	频数	频率	有帮助	频数	频率	有帮助
就业补贴	276	29.65%	86.96%	17	1.92%	58.82%
技能培训	152	15.90%	70.39%	4	0.80%	-
雨露计划	85	11.15%	92.94%	6	1.42%	66.67%
公益性岗位	137	50.00%	94.16%	8	21.62%	87.50%

从满意度来看，对于就业补贴和培训项目，大部分困难家庭都认为有帮助。对于两类贫困户来说，其中参与度最高、满意度最高的均为公益性岗位。就业补贴对于建档立卡贫困户的帮助较大，而支出型困难家庭认为就业补贴有帮助的比例较小。

从参与度来看，技能培训和雨露计划的参与度相对较低。雨露计划是一项主要帮助贫困地区青壮年农民通过学业、就业、创业和政策培训来解决其在就业和创业中遇到的实际困难的救助项目，其性质也是就业培训。对建档立卡贫困户来说，最受其青睐的是公益性岗位，因其能够在短期内给予其就业岗位和生活来源。但从长远看来，还是要鼓励其通过就业培训提高技能技术水平，从而提高其自身的人力资本。对于支出型困难户来说，其就业能力相对较高，甚至有部分支出型困难户在遭遇重大事故前有较好的就业创业能力。支出型困难户参与就业培训比例较低，一方面可能由于就业培训的宣传和激励力度不大，另一方面可能是就业培训内容不能满足实际需求，且接受培训会面临一定的机会成本，因此导致了参与性较低。

第二，获得产业救助的比例较少。

产业救助政策是政府在宏观经济受到外部冲击的情况下，为保证经济稳定和产业循环，而实施的短期、临时的产业政策[1]。目前，政府对支出型困难家庭的产业救助主要集中在农业救助方面。根据表7-9所示，支出型困难家庭享受农业以及其他产业的救助的比例较少。从产业救助类别来看，在生态补偿、农业支出和退耕还林补贴方面，超过三成的建档立卡贫困户获得这三方面的救助。而支出型困难家庭享受这三项产业救助的比例分别为8.70%、

---

〔1〕　周丽盛：《金融危机下的产业救助政策研究》，云南大学硕士论文，2010年。

15.73％和3.11％，远低于建档立卡贫困户的获得比例。在农业保险补贴和退耕还林补贴方面，分别有17.58％和37.84％的建档立卡贫困户获得救助，然而，支出型困难家庭的这一比例仅为1.67％和3.11％。此外，从产业救助政策的作用上来看，支出型困难家庭认为各项产业救助有帮助的比例较低，均显著低于建档立卡贫困户对救助政策的评价。可见，农业及其他产业的救助对于支出型困难家庭的帮助有限。

表7-9　2018年两类困难家庭农业及其他产业救助情况

	建档立卡贫困户			支出型困难家庭		
	频数	频率	有帮助	频数	频率	有帮助
农业支出补贴	375	38.70％	77.60％	81	15.73％	38.27％
农机购置补贴	28	3.66％	73.43％	0	0	-
农业保险补贴	161	17.58％	68.94％	8	1.67％	50％
生态补偿	452	46.65％	79.42％	46	8.70％	28.26％
退耕还林补贴	336	37.84％	64.58％	15	3.11％	20.00％
产业奖补金	178	19.80％	92.70％	3	0.68％	-

相比对于建档立卡贫困户家庭的农业救助补贴，支出型困难家庭受产业救助的比例较少。这可能的原因是，支出型困难贫困家庭是由于家庭发生重大事故、刚性支出急剧上升而导致家庭生活困难，因此在产业上很难从传统角度找到抓手来进行救助。然而，支出型困难家庭在承受巨大经济支出的同时，经济收入情况是非常重要的，尽管在其所处的产业和就业状况没有出现困难，对于自主创业和企业雇员也应该采取有针对性的补助措施。但是，目前的产业救助主要集中在农林牧业，对于城市中的一些支出型困难家庭并没有较为清晰的摸底和定位以给出相应的救助办法，这也是未来产业救助优化与改善应当关注的方面。

6. 自然灾害救助情况不容乐观

根据"2018年困难家庭遇到临时或突发性困难情况"的结果显示（图7-7），19.29％的困难家庭因为重大疾病而导致开支过大，7.08％的家庭因遇到临时性困难而导致开支过大，还有6.14％的家庭因为自然灾害和交通事故而导致开支过大。其中，以支出型困难家庭的占比居多。

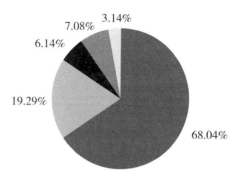

■没有遇到 ■重大疾病 ■自然灾害 ■临时 ■交通

图 7 - 7 2018 年困难家庭遇到临时或突发性困难情况

　　图 7 - 8 描述了当支出型困难家庭遇到因临时/突发困难而导致开支过大时的求助对象情况。数据显示,超过四成(41.87%)的支出型困难家庭遇到困难会寻求亲戚的帮助,其次有约二成(21.33%)会寻求政府帮助,寻求村/居委会帮助的占(16.53%),而向工青妇残联和慈善公益类第三部门来寻求帮助的占比只有 1.33%,极少数支出型困难家庭会向雇主和邻居寻求帮助,没有向外界求助的支出型困难家庭占 12.00%。可见,遇到突发性灾害时,支出型困难家庭的求助渠道较为单一,以内部求助、自行解决为主,政府救助发挥的作用较为有限。

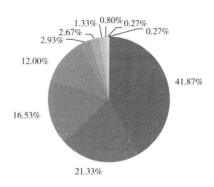

■亲戚　　　　　　　　　　　■政府
■村/居委会　　　　　　　　■没有求助
■朋友　　　　　　　　　　　■其他
■工青妇残联等组织　　　　　■慈善公益类社会组织
■邻居　　　　　　　　　　　■雇主或工作单位

图 7 - 8 2018 年支出型困难家庭遇到困难求助对象

我国对于自然灾害的救助标准分为应急期生活救助标准、过渡期生活救助标准、因灾"全倒户"重建补助标准、因灾"重损户"修缮补助标准、因灾遇难（失踪）人员家属抚慰金标准和受灾人员冬春生活救助标准。对于应急期，为每人每天20元、救助期限15天，过渡期为每人每天20元，救助期限不超过90天，也有地方提供物质补助。其他几类救助金额根据各个地区的经济情况标准有所不同。除了直接的现金补贴，对于自然灾害时期建档立卡户家庭房屋损坏也有相应的房屋修缮和基本生活用品的补贴。

表7－10描述了困难家庭享受自然灾害救助的情况。数据显示，困难家庭受自然灾害救助的比例较少，仅有极少数的支出型困难家庭享受了自然灾害救助。其中，建档立卡贫困户享受的比例为11.91%，而支出型困难家庭的这一比例仅有0.90%。而且，对于自然灾害的救助，1/3的支出型困难家庭认为该救助没有帮助。对于只有极少数困难家庭享受到自然灾害救助的原因，一方面可能是由于2019年各省市未发生影响较为重大的自然灾害，另一方面也可能由于补贴落实不到位，金额较少。而对于支出型困难家庭，大部分是城市居民，自然灾害发生可能性较小，抗自然灾害能力较强；相比来说，农村的农田和房屋更容易受到损坏。

表7－10 2018年困难家庭自然灾害救助情况

	建档立卡贫困户			支出型困难家庭		
	频数	频率	有帮助	频数	频率	有帮助
自然灾害救助	83	11.91%	55.42%	6	0.90%	66.67%
观测值	697			668		

（二）政策需求

首先，家庭债务原因既可以直接反映家庭在哪些方面存在困难，同时也能折射出家庭对于相关方面的政策需求。如表7－11所示，在困难家庭借债的主要原因中，建档立卡贫困户借债的主要原因为看病，其次为孩子上学、住房、日常生活需要和婚丧嫁娶。与其相比，支出型困难家庭借债最主要的原因为看病，占比为38.86%。其次为买房、租房或修建房等住房需要，占11.09%。孩子上学和日常生活需要占比较少，分别为5.51%和4.38%。极少数支出型困难家庭因为经营、婚丧嫁娶和意外事故来借钱。可见，支出型困难家庭对医疗救助政策需求最大，其次是住房救助政策需求、教育救助政策需求和基本生活救助政策需求。

表 7 - 11　2018 年困难家庭借债最主要原因

	建档立卡贫困户		支出型困难家庭	
	频数	百分比	频数	百分比
看病	222	21.72%	431	38.86%
买房、租房或修建房	113	11.06%	123	11.09%
孩子上学	114	11.15%	39	5.51%
经营需要	105	10.27%	16	2.26%
日常生活需要	48	4.70%	31	4.38%
婚丧嫁娶	43	4.21%	12	1.08%
意外事故	6	0.59%	7	0.63%
重大自然灾害	3	0.29%	–	–
不知道	11	1.08%	1	0.09%
其他	357	34.93%	471	37.60%
总计	1011	100%	1109	100%

其次，进一步通过"目前，您家还需要哪些帮助"反映其政策需求。支出型困难家庭在哪个方面需要帮助，代表其在该方面的救助不足，以及对相关领域的政策需求。其中，希望政府帮助家里劳动力找份工作、提供技能培训、指点致富门路、提供低息贷款或生产资金都代表支出型困难家庭对就业补助政策的需求。

图 7 - 9 汇报了该回答的个案百分比和响应百分比。根据结果显示，支出型困难家庭的政策需求差异较大。其中，对于医疗救助政策需求，57.80% 的支出型困难家庭希望政府帮助他们减免医疗费，占响应百分比的 24.68%。对于基本生活救助政策需求，41.57% 的支出型困难家庭希望政府直接提供生活金或生活品，占响应百分比的 17.75%。对于就业救助政策需求，将相关指标数据相加后，共有 39.23% 的支出型困难家庭希望得到政府对其就业、创业提供帮助，如直接帮忙找工作、提供技能培训等，占响应百分比的 16.75%。还分别有 22.81% 和 17.13% 的支出型困难家庭希望得到政府的教育资助、解决

其家庭住房困难，分别占响应百分比的 9.74% 和 7.32%。此外，还有 12.71%
的支出型困难家庭希望政府帮助照料未成年子女、家庭残疾或失能失智成员。

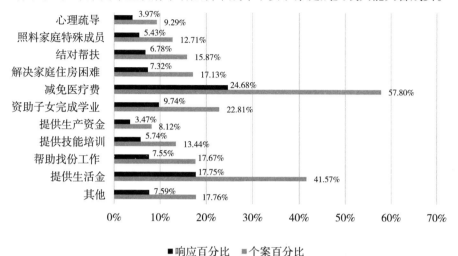

图 7-9 2018 年支出型困难家庭的政策需求

支出型困难家庭对救助政策的需求由大到小依次是：医疗救助政策、基本
生活救助政策、就业救助政策、教育救助政策、住房救助政策以及其他救助政
策。通过上述对支出型困难家庭生活困难的描述可以发现，支出型困难家庭对
医疗、基本生活、就业、教育与住房方面的政策需求，与他们在这些方面面临
的困难和获得救助不足密切相关。这也对政府加强基本保障提出了要求，即不
应忽略支出型困难家庭，应根据其政策需求，提供精准化、个性化的社会救助
政策。

除了基本救助政策需求外，还有 12.71% 的支出型困难家庭希望得到家庭
照料。根据调查结果显示（见表 7-12），45.08% 的支出型困难家庭需要帮助
照料残疾人，为建档立卡贫困户的两倍。还有 10.47% 的支出型困难家庭需要
专人照料老人。与普通老人相比，残疾人和失能、失智老人需要更强的照料力
度和专业性。然而，目前对于困难家庭的残疾人、失能、失智老人的保障仅仅
覆盖了经济补贴，护理的重担依旧在老人家人和子女身上。加之家庭较差的经
济状况，难以负担专业照料费用。这可能既使得困难家庭残疾人员和失能失智
老人的生活质量得不到改善，同时进一步加重困难家庭的负担。对此，一部分
城市开始通过签约家庭医生、购买居家养老服务和发放子女照料者补贴等形

式，开始探索和解决目前对残疾、失能失智老人的护理矛盾。

表 7-12　2018 年特殊群体需要专人照料情况

特殊群体	家庭类别	频数	频率	观测值
残疾人	建档立卡贫困户	62	23.75%	261
	支出型困难家庭	266	45.08%	590
老人	建档立卡贫困户	47	10.85%	433
	支出型困难家庭	54	10.47%	516

二、工作贫困家庭

　　监测工作贫困家庭的政策需求，需要对工作贫困家庭进行界定。工作贫困家庭实际上是相对贫困群体的一个子类，是相对贫困群体中有工作能力的那部分人。因此，工作贫困家庭需要在界定贫困的基础上增加对工作状态的界定。首先，通过"受访户是否是低保边缘户"这一问题来识别出相对贫困群体。在此基础上，通过"家庭中就业人数与劳动人口的比值"识别工作状态，大于 0 则认为家庭中至少有一人处于工作状态。最终，共得到 178 个工作贫困家庭。

　　工作贫困家庭的主要困难是，与没有工作的人相比，他们实际上有工作，但是由于各种内外部因素，导致他们难以维持一个正常的生活水平[1]。例如，就业性质多是临时就业、非正规就业，与雇主的劳动关系较为分散，受最低工资保障制度的约束有限；又如，该群体自身职业技能较低，竞争力不足，多从事重复操作的简单工作，工资水平处于社会的低水平。

　　与工作贫困家庭技能低、工资少的现状相反的是，他们并没有充分地获得由政府提供的劳动就业/创业服务项目。根据图 7-10 显示，63.48% 的工作贫困家庭获得的其他就业/创业项目，如农业补贴、护林员保洁员公益性岗位、村集体经济务工收入等，占响应百分比的 41.09%。还有 21.35% 的工作贫困家庭获得了技能培训/就业培训/职业教育，占响应百分比的 13.82%。除此之外的其他各项就业/创业服务项目的获得比例都低于 20%，特别是能够更直接地从根本上提升困难家庭工作的技能与收入的项目，如技术支持、创业补贴、

---

〔1〕　姚建平：《中国城市工作贫困化问题研究——基于 CGSS 数据的分析》，载《社会科学》2016 年第 2 期。

结对帮扶、就业技能培训补贴等供给不足。

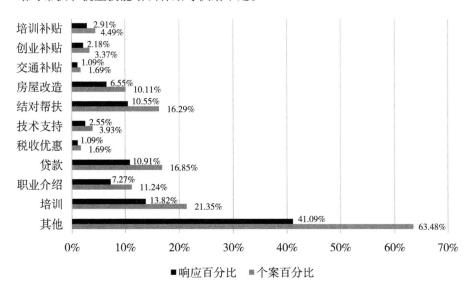

图 7 - 10　2018 年工作贫困家庭获得的劳动就业救助政策的情况

　　工作贫困家庭对就业/创业服务项目的帮扶作用的评价，也可以反映工作贫困家庭的困难与政策需求。根据图 7 - 11 显示，在对就业/创业服务项目帮扶作用的评价中，帮扶作用第一的服务项目依次为：银行等金融机构提供的免息或低息贷款（29.23%）、技能培训/就业培训/职业教育（20%）、职业介绍/就业机会（20%）、房屋新建或改造（13.85%）、结对帮扶（10.77%）、创业补贴（4.62%）与劳务输出交通补贴（1.54%）。帮扶作用排名第二、三的服务项目与其基本相同。将服务项目评价结果与提供情况对比，可以发现，评价较高的服务项目提供的比例却较少，如评价最高的银行提供的免息或低息贷款，获得比例仅有 10.91%。这从深层次也反映出：政府提供的就业/创业服务项目未考虑工作贫困家庭的真实需求，也无法真正解决工作贫困家庭的困难。

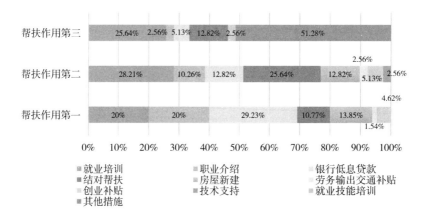

图 7 - 11　2018 年就业救助帮扶作用的情况

　　工作贫困家庭对"就业/创业帮扶项目"强化顺序的期望，可以反映其政策需求。根据图 7 - 12 的结果显示，在"第一应强化的帮扶项目"中，工作贫困家庭最希望强化的项目是银行提供免息或低息贷款，占比为 35.29%。其后，依次是技能培训、结对帮扶、房屋修建或改造、交通补贴和创业补贴。在"第二应强化的帮扶项目"中，占比最高的是技能培训，然后是职业接受与就业帮扶。在"第三应强化的帮扶项目"中，占比较高的是技能培训和结对帮扶。从中可以发现，工作贫困家庭对技能提升、创业资金、结对帮扶方面的政策需求最大，这也为政府就业/创业相关政策的实施提供了方向。

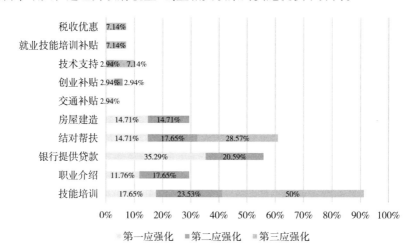

图 7 -12　2018 年就业救助帮扶强化的情况

此外，在相对贫困群体中，除了支出型困难家庭与工作贫困家庭外，流动人口作为社会融入困难的群体，也应得到关注和重视。由于本章的重点是支出型困难家庭，故仅在此处适当反映城市流动人口的困难情况。

流动人口在社会融入中的困难主要表现在三个方面。第一，社会融入困难，这与流动人口家庭自身的认知和心理状态有关，阻碍了流动人口良好的社会交往。第二，居住条件较差。流动人口主要从事商业和服务业，由于经济收入较低且不稳定，居住环境较为恶劣。第三，流动人口遭遇突发意外抗风险能力低。流动的多变性与动态性常使流动人口发生意外事故，然而受经济状况的限制，其抵御风险的能力较低。城市也逐渐关注到该现象。如在 2020 年发生的新冠肺炎疫情中，许多流动人口由于疫情影响，春节期间被滞留在流入地，生活相当困难。对此，武汉市对非本市户籍因探亲、旅游、务工等原因感染新冠肺炎导致生活出现严重困难的流动人口，按照武汉市低保标准的 4－6 倍给予临时救助，对生活困难的一次性给 3000 元的补助。

第三节　政策建议

一、建立相对贫困保障机制

相对贫困保障机制的构建与完善是应对相对贫困问题的基础。首先，应借鉴脱贫攻坚的经验做法，坚持长期长效，把探索解决相对贫困长效机制纳入统筹安排，注重政策的长效性、可持续性，防止出现返贫和产生新的贫困人口。

其次，加快构建相对贫困的精准识别、动态监测机制，完善扶贫资金项目管理，尤其是完善相对贫困地区的社会保障制度，把构建解决相对贫困的长效机制与完善基本公共服务体系紧密衔接起来。再次，建立"政府－社会－市场"三方协同的相对贫困治理机制，建立解决相对贫困的监督与考核评价机制，相对贫困状态监测和评估制度、相对贫困标准动态调整机制、实现相对贫困人口高质量脱贫。

最后，加快构建相对贫困的识别机制。重点把握相对贫困发现的响应性和集成性。对于在基层社区发生的相对贫困现象，使用家庭申请和基层干部主动发现的互补方式，迅速发现、识别和纳入保护。此外，要像精准扶贫的保障性扶贫措施一样，根据家庭的不利条件共同施用多种政策。

二、开展多元化的贫困救助模式

目前的支出型困难救助政策大多都为经济补贴，是按照目前的贫困标准确定为贫困后的补助，而实际上，对由于刚性支出过大的支出型困难户来说，对其救助需求的了解十分重要。应对根据不同类别和层次水平的支出型困难户，按照"缺什么，补什么"的原则，采取相应的甄别措施，突出保障的重点，提供差异化和精准化的救助。如在医疗保障方面，支出型困难家庭中因患大病致贫的占比较高，各地出台了相应的政策，包括基本医疗保险、大病医疗、医疗救助等。

然而，在各种措施实施的过程中容易遇到救助政策间功能重复、救助项目单一等情况，使得需要医疗保障的家庭难以脱离贫困的"瓶颈期"。同时，支出型困难的缺口和内部差异也较大。针对存在政策但是保障不到位的情况，可以进一步明确政策的功能和指向，确保能满足不同层次支出型困难家庭的保障需求。对于不同区域，可以事先统计出各种刚性支出的比例和具体救助来源的比例，从而合理的分配社会资源来"对症下药"。

三、加强支出型困难户的教育保障

目前对于支出型困难家庭儿童的保障较少，主要是通过教育补贴的形式来进行帮扶。困境儿童的现有救助政策涵盖了低保户家庭和建档立卡贫困户。对于支出型困难家庭而言，只有在获得低保补贴的情况下才能够享受相应的儿童保障，那些突然因病、因学、因残等重大事故导致家庭开支过大的家庭无法享受。我国目前对支出型困难户的救助政策处于试点阶段，支出型困难家庭的儿童在外界寻求救助存在一定的被动性和阻碍性。

此外，与普通贫困户家庭相比，支出型困难家庭的教育救助情况较特殊。在帮助内容上，不仅要加强其学费和生活补贴，保证其能够继续完成学业，而且也要重点关注儿童心理问题和学业压力。在帮助方式上，需要针对支出型困难儿童的特点，提供针对性的保障方式，开展适合不同年龄段儿童的帮扶活动。如开展同龄人"手拉手"、社区儿童活动周、周末小课堂等活动，鼓励社区、企业等第三方力量参与学业帮扶和心理疏导，保证支出型困难家庭儿童在经受家庭波折后能够继续接受教育和健康成长。

四、加强相对贫困家庭的医疗保障

困难家庭的老人主要得到家庭的非正式照料，尤其是对于一些重症老人、不能自理老人或残疾老人。但是，受经济收入限制，困难家庭难以雇佣专业护工，只能由亲友照顾，这在一定层面上会对家庭劳动力参与市场具有"挤出效应"，使得困难家庭陷入"人"和"财"的两难困境。

基于此，政府可以通过发动社会组织的力量，提供适当的社会服务来帮助缓解。在村/社区设立托老所或日间照料中心，向相对贫困家庭的老人提供专业化服务。还可以设立"时间银行"，鼓励困难户家庭老人加入，动员邻里之间较为健康的年轻老人加入老年照护中。该模式不仅能解决一部分公共服务供给不足的问题，还可以促进邻里关系与社区和睦。

除了呼吁社会力量外，对于家庭中的照料者来说，也应该加强其护理知识和技能的培训。根据目前调查的数据显示，少有困难家庭照料者参与培训，一方面可能是由于培训占用了时间成本而导致照料者参与度不高，另一方面可能由于培训的方式和内容不具有便捷性和实用性。因此，对于基础的护理知识，可以通过更新社区宣传栏、分发知识手册的方式来普及。对于需要实践学习的护理知识，可以以社区为单位，邀请专业护理人员在节假日提供现场培训；或者设立护理联络员，遇到紧急情况可以随时电话咨询或者上门辅导；还可以与社区医院医生合作，举办"家门口"的护理培训活动。

五、提高相对贫困家庭的就业保障

受经济和产业影响，相对贫困家庭中存在大量工作贫困家庭。提供有效的培训和教育支持可以打造困难家庭的脱贫能力和动力。《中共中央　国务院关于打赢脱贫攻坚战的决定》将技能脱贫作为脱贫攻坚的重要指标。基于"雨露计划"等教育培训计划项目，各个地区的高校和社区也应切实了解困难家庭成员的技能需求和意愿，加大对技能培训计划的宣传，保障培训质量。鼓励困难家庭成员更多的参与到培训计划中，并制定一系列激励措施，营造良好的学习氛围。整合社会资源，为学员提供实践机会。

此外，还可以利用互联网平台增加就业机会。互联网就业平台具有门槛低、接纳性广的特点，可以鼓励困难家庭劳动力参与"互联网＋就业"，并通过税收减免等政策，鼓励互联网企业参与贫困以及残障人员培训。例如，字节跳动推出的"这里 DOU 是好风光"和"山货上头条"等公益扶贫项目，通过互联网平台流量效应，帮助困难家庭和地区宣传当地特色风景和美食，为困难家庭提供连接外界的平台。随着互联网立法和就业平台的不断完善，那些具有劳动能力或是稍有残障的支出型困难家庭能够在一定培训和组织下自食其力，从而满足脱贫的内生动力，实现脱贫目标。

第八章　社会救助服务研究

社会救助服务从广义上讲包括行政管理性服务和劳务性服务两个方面。本章主要针对提供给救助对象的专业劳务服务，指基于贫困群体的实际需要，为其提供社会性服务的救助方式。社会救助服务不局限于解决贫困群体的生存困境，而是通过有针对性的服务，提升救助对象的生活与发展能力，从而达到助人自助的目的。它是我国社会救助制度从管理型救助向服务型救助、从政府单一救助向社会化救助、从生存型救助向发展型救助转型的必然选择，是构建新型社会救助体系的必由之路。

第一节　社会救助服务综述

一、社会救助服务的内容阐释

（一）社会救助服务的概念

我国尚未从国家层面对社会救助服务做出权威界定。本文依据已有研究成果认为，社会救助服务存在广义与狭义之分。广义的社会救助服务，包括行政管理性服务和专业劳务服务。其中，行政性管理服务指政府为制定、实施、评估社会救助政策而进行的一系列行政活动。狭义的社会救助服务，是一种与现金给付、实物发放相对等的，向救助对象提供专业化劳务服务的救助方式。可将其定义为：由政府主导、社会参与，面向社会困难家庭或群体，针对其差异化需求与问题提供的，生活照料、医疗康复、教育与就业等方面的基本生活服务以及其他支持性社会服务。

（二）社会救助服务的内容

政府针对不同群体提供了不同内容的社会救助服务。借鉴国内外成熟经验并结合我国探索实践，参照林闽钢（2015）的分类方法，本报告将社会救助服务项目分为"三类七项"：依据实施目标分为三个大类，即日常照顾型服务、能力发展型服务、支持融合型服务，具体又包括七个小项，即安老服务、康复服务、儿童托管服务、就业促进服务、有条件现金援助、青少年课业辅导服务、支持小组服务[1]。

（三）社会救助服务的发展历程

我国社会救助服务大致经历了四个发展时期。在政府主导下，逐渐实现由小到大、由弱到强、由消极救助到积极救助、由政府单一供给到社会化参与的一系列转变，并逐渐成为实现新时代"弱有所扶"目标的重要抓手。

1. 起步时期（1949—1965 年）

新中国成立初期，受经济落后、生产力水平低、物资匮乏、财政基础薄弱等因素限制，社会救助服务多为应急性、临时性的救助项目，主要受惠对象是灾民和老弱病残群体。20 世纪 50 年代，随着社会主义改造基本完成，城市就业人员开始享受单位保障，农村人员加入人民公社后享受集体保障，社会救助的主要受惠群体为城市单位保障制和农村集体保障制之外的贫困、弱势群体。这一时期的社会救助服务主要由单位和集体负责，民政起补充作用。

2. 停滞时期（1966—1977 年）

这一时期，我国经济和社会发展陷入混乱，社会制度受到严重破坏，社会救助服务发展停滞，相关机构、管理体制、运行人员队伍陷入瘫痪，贫困和弱势群体得不到有效的社会救助服务。

3. 恢复时期（1978—2013 年）

随着我国进入改革开放新阶段，民政、教育、医疗、人社等部门相继成立专门的社会救助管理机构，社会救助体系建设步入规范化发展轨道。这一时期，社会救助仍以物资救助为主，服务救助只起到有限的补充作用。1999 年10 月施行的《城市居民最低生活保障条例》和 2006 年 3 月施行的《农村五保供养工作条例》均提出，要给予贫困和弱势群体物资帮助和生活照护。政策引导下，社会救助项目中开始出现服务项目，如针对失能老年人和残疾人的日常生活照料，针对失业群体的职业介绍、技能培训等。社会救助服务的受惠对

---

[1] 林闽钢：《关于政府购买社会救助服务的思考》，载《行政管理改革》2015 年第 8 期。

象以绝对贫困群体为主，包括困难家庭的老年人、未成年人、残疾人以及长期失业人员等贫困群体。

这一时期，政府职能的转变和社会组织的兴起，为服务救助发展壮大奠定了基础。2009 年 10 月，民政部发布《关于促进民办社会工作机构发展的通知》，开启了政府购买社会救助服务的探索之路。2012 年 6 月，时任民政部副部长罗平飞在全国政府购买社会工作服务战略研讨会上强调：政府购买社会救助服务不再局限于基本的生活救助服务，而是向精神卫生、教育辅导、社会帮扶等救助服务项目扩展；救助服务对象从绝对贫困群体向相对贫困群体扩展，既涉及城市流动人口、农村留守人员、困难和受灾群众，也涉及一般社会公众；社会救助服务从生存型救助向发展型救助转变，从补缺型救助向积极救助的方式转化。2013 年 11 月，中共十八届三中全会通过的《中共中央关于全面深化改革若干重大问题的决定》指出，要激发社会组织活力，凡属事务性管理服务，原则上都要引入竞争机制，通过合同、委托等方式向社会购买。越来越多的社会组织要参与到特殊群体的社会救助事务中来，并发挥其专业性、灵活性优势，为受助对象提供生活护理、精神慰藉、心理安抚等服务。

4. 新发展时期（2014 年至今）

随着社会救助制度的不断完善，服务救助的重要性更加凸显。2014 年 2 月公布的《社会救助暂行办法》明确提出，国家鼓励单位和个人等社会力量通过捐赠、设立帮扶项目、创办服务机构、提供志愿服务等方式参与社会救助。在这一时期，"弱有所扶"成为社会救助服务的新目标，相对贫困群体成为社会救助服务的主要救助对象，涵盖贫困群体和贫困边缘群体。

2017 年 9 月，《关于积极推行政府购买服务加强基层社会救助经办服务能力的意见》的出台，为政府购买社会救助服务提供了政策依据。政府与社会力量合作，标准化社会救助服务与个性化、专业化社会服务相融合，社会救助服务进入多元主体参与供给的社会化阶段。政策引导下，各地在社会救助服务的内容、手段、运行机制不断创新。如，上海市长宁区开展"家庭救助顾问"活动，为救助对象提供陪伴式救助服务。广西省各地为参与儿童关爱保护的社会组织提供办公场所、创业项目资金、服务督导等支持，搭建"专家团队 + 专业社工 + 儿童督导员 + 儿童主任 + 志愿者骨干"的关爱服务人才队伍，极大地提升了关爱保护服务的专业意识和能力。宁夏平罗县探索"以地养老"新模式，当农村老人因身体等原因无法继续从事农业生产时，可以自愿有偿将其土地承包经营权等交由村集体收储后统一流转经营。老人用补偿费置换养老服务，其中，依托社会力量开展的老年大集、老年知识讲座和入户巡访等活动深受老人欢迎。

二、国内外研究综述

（一）国内研究综述

社会救助服务是开展社会救助的重要环节。林闽钢（2010）从我国社会救助体系的现状出发，提出社会救助在实际操作中往往偏向制度性货币救助，轻视服务。因此，需要整合社会救助服务，以民间救助作为政府救助的有力补充，建立完善的社会救助服务体系[1]。关信平（2014）提出要建立更加积极的社会救助制度，扩大社会救助服务；针对各个方面的服务救助提出具体目标、设计具体指标，其中重点包括服务救助的体制建构、具体内容、总体水平、运行机制、具体方法以及实际效果等[2]。谢勇才、丁建定（2015）强调了开展社会救助服务对优化现有社会救助制度的重要性，提出要实现生存型救助向发展型救助的转型升级，其中包括增加救助项目，破除单一的货币或实物救助等[3]。

在社会救助服务的内容方面，林闽钢和江志强给出了比较明确的界定。林闽钢（2015）将社会救助服务分为日常照顾型服务、能力发展型服务、支持融合型服务等"三项七类"[4]。江治强（2016）将社会救助服务分为生活性服务、照护性服务、支持性服务三个依次递进的层次，具体又包括生活性救助服务、康复护理服务、庇护性服务、就业扶持服务、专业辅助服务和其他支持性服务[5]。

在社会救助服务的供给方面，学者们的观点主要集中在政府购买服务，以及与社会力量协同供给方面。林闽钢（2015）认为推进政府购买社会救助服务的关键，在于确立政府主导、社会参与的管理体制和机制，同时强化社会救

---

［1］ 林闽钢：《中国社会救助体系的整合》，载《学海》2010 年第 4 期。
［2］ 关信平：《朝向更加积极的社会救助制度——论新形势下我国社会救助制度的改革方向》，载《中国行政管理》2014 年第 7 期。
［3］ 谢勇才、丁建定：《从生存型救助到发展型救助：我国社会救助制度的发展困境与完善路径》，载《中国软科学》2015 年第 11 期。
［4］ 林闽钢：《关于政府购买社会救助服务的思考》，载《行政管理改革》2015 年第 8 期。
［5］ 江治强：《我国社会救助服务发展的框架性探讨》，载《社会建设》2016 年第 6 期。

助服务的专业化、信息化、协同化等配套改革[1]。李敏（2016）强调了公私合作对于社会救助服务供给的重要性，同时，从降低交易成本的视角，提出增强服务承接者的资质和竞争程度、实现社会救助服务信息化和标准化，以优化社会救助服务公私合作[2]。郑春荣（2017）在对《关于积极推行政府购买服务，加强基层社会救助经办服务能力的意见》进行政策解读的基础上，提出要建立政府购买社会救助服务机制，提升社会救助政策实施效果[3]。岳经纶（2020）梳理了政府购买社会救助服务现状和问题，并在此基础上提出政策建议[4]。

（二）国外研究综述

关于社会救助服务的阐述最早可追溯至18世纪40年代初，其时英国经济学家威廉·贝弗里奇发表了具有显著影响的《贝弗里奇报告》，指出政府有责任为陷入生活困境的公民提供最低水平的救助，强调国家和个人共同承担责任，合作供应相关服务，从而形成一个覆盖全体公民的基本生活保障安全网。

许多国家都已经认识到社会救助服务对提升社会救助综合效果、消除贫困、维护社会稳定的重要作用，并展开了积极实践。

2006年，欧盟提出建立囊括社会保障服务、就业和培训服务、社会救助服务、社会住房、儿童照顾及长期护理服务等在内的"普遍利益的社会服务"（Social Services of General Interest，SSGIs）体系[5]。2010年又颁布"欧洲2020战略"（Europe 2020），提出建立就业者能力建设体系、困难家庭救助服务体系[6]。2013年2月，通过"社会投资包计划"（Social Investment Package，SIP），主张建立可持续的社会保障，重点投资教育培训、就业援助，充分发挥社

[1] 林闽钢：《关于政府购买社会救助服务的思考》，载《行政管理改革》2015年第8期。
[2] 李敏：《社会救助政策"碎片化"表现及其整合》，载《人民论坛》2016年第3期。
[3] 郑春荣：《建立政府购买社会救助服务机制，提升社会救助政策实施效果》，载《中国民政》2017年第22期。
[4] 岳经纶：《政府购买社会救助服务现状、问题与对策建议》，载《中国民政》2020年第5期。
[5] Katarzyna Gajewska, Peer Production and Prosumerism as a Model for the Future Organization of General Interest Services Provision in Developed Countries [J]. *World Future Review*, 2014, 6 (1): 29 – 39.
[6] Mary Daly, Paradigms in EU Social Policy: A Critical Account of Europe 2020 [J]. *Transfer: European Review of Labor and Research*, 2012, 18 (3): 273 – 284.

会福利和社会服务的积极作用和整体功能〔1〕。欧盟为弱势群体建立的社会保护体系注重能力建设和机会给予，使人力资本得到了最大限度的投资与激活。

日本极为重视社会救助服务的社会化发展，建构了覆盖全面的社会救助服务网络。日本的社会救助体系包括生活救助、住宅救助、照护救助、就业救助、教育救助、医疗救助、分娩救助、丧葬救助等八类；还针对不同弱势群体提供救护设施、自力更生设施、住所设施、就业和技能设施等专项救助。

美国社会救助基本上以项目方式展开，包括两大类——现金救助项目和非现金救助项目。现金救助又细化为困难家庭临时性救助与补充性收入保障两种。非现金救助主要以实物和服务形式提供，譬如儿童营养、医疗补助、住房补助、免费就业训练、为困难家庭的子女提供免费午餐、给经济困难的大学生提供低息和无息贷款等。

综上，以社会投资为导向，促进政府与社会合作，建立完善的社会服务体系，对于构建发展型社会救助、推动社会救助体系转型升级具有重要的现实意义。

第二节　社会救助服务评估

一、社会救助服务需求识别

本节采用 2018 年"中国城乡困难家庭社会政策支持系统建设"调查问卷数据，实际反映的是 2017 年城乡家庭困难老年人、困难儿童青少年、困难残疾人的基本状况。经过数据清理，最终获得有效问卷老年人 5343 份〔2〕、儿童青少年 3341 份〔3〕、残疾人 2524 份。

（一）困难家庭老年人服务需求识别

1. 困难老年人最担心养老经济支持问题

表 8-1 描述了 2017 年困难家庭老年人和普通家庭老年人担心养老问题的

〔1〕 Kati Kuitto, From Social Security to Social Investment? Compensating and Social Investment Welfare Policies in A Life – course Perspective ［J］. *Journal of European Social Policy*, 2016, 26 (5): 442 –459.
〔2〕 包括困难家庭老年人问卷 4034 份，普通家庭老年人问卷 1309 份。
〔3〕 包括困难家庭儿童问卷 2530 份，普通家庭儿童问卷 811 份。

情况（此项为多选）。调查结果显示，困难家庭老年人最担心的养老问题是"经济支持"问题，占比78.13%，排在第二位的是"疾病护理"问题，占比61.84%，担心"生活照料"问题的人数紧随其后，占比58.76%，担心自己的"老年监护问题"和"精神慰藉"问题的困难家庭老年人的比例分别为34.40%和31.98%，困难家庭老年人中担心自己以后"送终送葬"问题的相对较少，其比例为23.03%；普通家庭老年人最担心的养老问题也是"经济支持"问题，但不及困难家庭老年人所占的比例，其占比为63.16%，排在二、三位的是"疾病护理"问题和"生活照料"问题，占比分别为55.50%和50.96%，担心自己的"精神慰藉"和"老年监护问题"问题的人数差不多，占比分别为25.96%和25.84%，普通家庭老年人中担心自己以后"送终送葬"问题的也相对较少，仅为13.28%。困难老年人大多没有退休金或退休金水平偏低，其他收入来源又十分有限，许多老年人认为自己在经济上没有保障，在金钱上缺乏"安全感"。

表8-1　2017年困难家庭老年人与普通家庭老年人担心的养老问题

	困难家庭老年人		普通家庭老年人	
	人数	百分比	人数	百分比
经济支持	2287	78.13%	528	63.16%
生活照料	1720	58.76%	426	50.96%
疾病护理	1810	61.84%	464	55.50%
精神慰藉	936	31.98%	217	25.96%
老年监护问题	1007	34.40%	216	25.84%
送终送葬	674	23.03%	111	13.28%
其他	270	9.22%	116	13.88%

注：本表报告的是有效百分比，无缺失值。

2. 农村社会服务供给严重不足

调查显示（见表8-2），城市困难家庭老年人需求最高的五项社会服务分别是健康教育（31.53%）、社会工作服务（22.81%）、上门看病（18.88%）、心理咨询/聊天解闷（18.79%）、就医陪同陪护（17.91%）；农村困难家庭老年人需求最高的五项社会服务与城市相同，但是排序不同，且需求指数更高。具体来说，农村困难家庭老年人需求最高的是上门看病（42.46%），之后依次是健康教育（39.78%）、社会工作服务（30.70%）、就医陪同陪护（29.69%）、心理咨询/聊天解闷（28.47%）。可以看出，困难家庭老年人的服务需求主要集中在医疗健康和精神抚慰两个方面。这与本报告第一章的结论相同。

城乡对比可以看出，农村困难家庭老年人的需求均高于城市。这从一个侧面表明农村老年人社会服务供给严重不足。这一点从表8-2可以得到印证。

由表8-3可知，农村困难家庭老年人能够得到的社会服务中，上门看病最多，达到47.12%，说明国家大力推行的村医政策落实情况较好；供给第二多的是健康教育，就只有16.96%；其他社会服务供给均在10%左右。结合供给情况来看，城市困难家庭老年人的社会服务供给量是需求量的2-3倍，而农村困难家庭老年人的社会供给量远远小于需求，其中供给差额最大的喘息服务，需求为20.54%，而供给仅为7.04%，表明农村困难家庭的养老负担较重。

综合来说，一方面说明城市养老服务体系相对成熟，养老社会服务较为发达，养老服务内容较为丰富；一方面说明农村养老服务缺口很大，短板突出，亟需政府资源倾斜和社会力量广泛参与。

表8-2　2017年城乡困难家庭老年人对社会服务的需求情况

服务项目	城市		农村	
	人数	百分比	人数	百分比
助餐服务（送餐、老年餐桌等）	332	9.98%	313	15.53%
助浴服务（帮助洗澡）	187	5.62%	216	10.71%
上门做家务	309	9.29%	252	12.51%
上门看病	628	18.88%	856	42.46%
日间照料（社区老年日托）	290	8.72%	303	15.03%
康复护理	420	12.62%	429	21.28%
健康教育服务	1049	31.53%	802	39.78%
心理咨询/聊天解闷	625	18.79%	574	28.47%
就医陪同、陪护	596	17.91%	598	29.69%
社会工作服务（社会工作者开展的服务）	759	22.81%	619	30.70%
喘息服务（临时替您照看一段时间家人）	419	12.59%	414	20.54%

注：本表报告的是有效百分比，缺失值共4个。

表 8 - 3　2017 年城乡困难家庭老年人社会服务供给情况

服务项目	城市		农村	
	人数	百分比	人数	百分比
助餐服务（送餐、老年餐桌等）	1074	32.28%	214	10.62%
助浴服务（帮助洗澡）	497	14.94%	140	6.94%
上门做家务	1011	30.39%	192	9.52%
上门看病	1375	41.33%	950	47.12%
日间照料（社区老年日托）	837	25.16%	219	10.86%
康复护理	876	26.33%	203	10.07%
健康教育服务	1066	32.04%	342	16.96%
心理咨询/聊天解闷	666	20.02%	210	10.42%
就医陪同、陪护	696	20.92%	238	11.81%
社会工作服务（社会工作者开展的服务）	1010	30.36%	251	12.45%
喘息服务（临时替您照看一段时间家人）	470	14.13%	142	7.04%

注：本表报告的是有效百分比，无缺失值。

3. 社区养老设施不全或缺失

图 8-1 显示，城乡社区/村拥有最多的养老设施是老年活动中心，但也仅占 41.98%，其次是养老机构[1]（占比 31.82%）、社区日间照料中心（占比 20.29%），这些均未达到一半；城乡社区/村拥有最少的养老设施是老年食堂或饭桌（仅有 12.56%），说明老年人的日常用餐需求缺乏设施支持。有 42.90% 的城乡社区/村没有任何养老设施，基本养老服务无法得到保障。

---

[1] 养老机构包括敬老院、福利院、光荣院、农村互助养老院等。

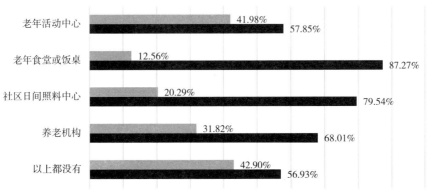

图 8 – 1 2017 年城乡社区/村是否有养老设施

注：有 10 人选择不知道，占 0.17%。

4. 医疗卫生机构较少，医疗可及性较差

图 8 – 2 显示，城乡社区/村拥有最多的医疗卫生机构是药店和诊所，分别占比 68.13% 和 67.94%，说明老年人日常买药和治疗简单病症比较便利；其次是社区卫生服务中心/站（占比 53.04%）、医院（占比 44.58%）、乡镇卫生院（占比 31.39%），医院和乡镇卫生院还未达到一半，说明老年人的身体检查和疾病住院治疗需求未被满足。城乡社区/村拥有最少的养老设施是老年保健中心[1]（仅有 16.26%），说明老年人群中残疾人的康复和保健需求缺乏设施支持。有 9.77% 的城乡社区/村没有任何医疗卫生机构，基本医疗服务无法得到保障。

---

[1] 老年保健中心指残疾人康复和保健中心。

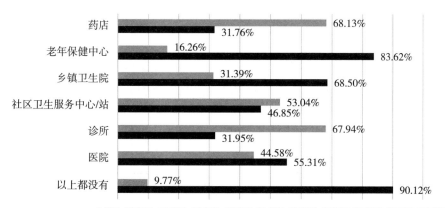

图 8 - 2　2017 年城乡社区/村是否有医疗卫生机构

注：有 6 人选择不知道，占比 0.11%。

5. 老年人长期护理保险参保意愿强

表 8 - 4 描述了 2017 年困难家庭老年人与普通家庭老年人对长期护理保险（参加长期护理保险后，可以为老年人报销部分生活照料、医疗护理费用，但是需要老年人缴纳一定数额的保险费）支付意愿的情况。调查结果显示，愿意支付长期护理保险的困难家庭老年人共 2367 人，占 59.28%；普通家庭老年人愿意支付的比例大体相近，为 59.18%。这表明，困难家庭老年人与普通家庭老年人大多数都愿意支付长期护理保险。

表 8 - 4　2017 年困难家庭老年人与普通家庭老年人对护理保险的支付意愿

	困难家庭老年人		普通家庭老年人	
	人数	百分比	人数	百分比
愿意	2367	59.28%	767	59.18%
不愿意	1626	40.72%	529	40.82%
合计	3993	100%	1296	100%

注：本表报告的是有效百分比，缺失值共 54 个。

（二）困难家庭儿童服务需求识别

1. 健康与教育是帮扶重点

调查显示（见表8-5），困难家庭儿童最需要的帮助前三项分别为学业辅导、教育费用减免和增加营养。这表明受家庭经济影响，困难儿童缺乏优质的教育资源和良好的成长环境，难以拥有公平的人生起点。

表8-5　2017年城乡困难家庭儿童需要的帮助

项目	城市		农村	
	人数	百分比	人数	百分比
增加营养	1086	53.90%	807	61.37%
学业辅导	1568	77.82%	990	75.29%
教育费用减免	1413	70.12%	980	74.52%
人际交往	850	42.18%	585	44.49%
心理辅导	784	38.91%	498	37.87%
其他	84	4.17%	52	3.95%

注：本表报告的是有效百分比，缺失值11个。

从学业辅导情况来看（见表8-6和表8-7），困难家庭儿童得到作业辅导的比例和频率都比较低。调查显示，22.55%的城市困难儿童和25.87%的农村困难儿童没有得到作业辅导，17.86%的留守儿童的作业辅导者是祖父母和外祖父母。在辅导频率的调查结果中，21.65%的困难家庭儿童每周只得到1次辅导，5.80%的困难家庭儿童每月得到1次辅导，还有2.21%的困难家庭儿童得到作业辅导的频率为0。困难家庭儿童的家庭教育缺失源于：一是监护人文化素质不高或教育理念滞后，对儿童教育心有余而力不足；二是家庭经济不宽裕，对课外教育资源的投入较少。

表8-6　2017年城乡困难家庭督促或辅导儿童写作业的情况

	城市		农村	
	人数	百分比	人数	百分比
父亲	261	12.93%	218	16.54%
母亲	872	43.21%	469	35.58%

	城市		农村	
祖父母	151	7.48%	125	9.48%
外祖父母	42	2.08%	10	0.76%
其他人	237	11.74%	155	11.76%
没有人	455	22.55%	341	25.87%

注：本表报告的是有效百分比，缺失值5个。

表8-7 2017年城乡困难家庭辅导儿童写作业的频率

	城市		农村	
	人数	百分比	人数	百分比
天天（每周5-7次）	624	39.92%	255	26.13%
经常（每周2-4次）	547	35.00%	394	40.37%
偶尔（每周1次）	292	18.68%	233	23.87%
很少（每月1次）	68	4.35%	79	8.09%
从不	32	2.05%	15	1.54%

注：本表报告的是有效百分比，缺失值1个。

从营养状况来看（见图8-3），13.55%的困难家庭儿童患有贫血，而普通家庭儿童的这一比例仅为5.94%。贫血是铁、叶酸、维生素B12等微量营养素缺乏的病症，也是营养不良的重要指标。营养型贫血对于困难家庭儿童特别是对婴幼儿童，具有不可逆转性和破坏性。若因缺铁造成贫血后，儿童再补铁也无法有效逆转贫血造成的不利影响，还会降低儿童的免疫力及成年之后的生产力。儿童营养不良主要与家庭经济状况有关。家庭经济困难会造成家庭食物匮乏、多样性缺失、饮食搭配不合理等问题，从而使得儿童发生营养不良。

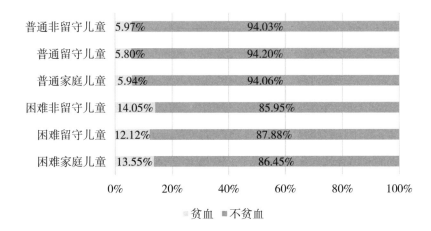

图 8 – 3　2017 年城乡困难家庭儿童的贫血情况

2. 心理支持与疏导需求迫切

调查显示（见表 8 – 8），17.54% 的城市困境儿童和 23.61% 的农村困境儿童同意"因为家庭生活困难在学校或其他地方让别人瞧不起"。27.36% 的城市困境儿童和 30.17% 的农村困境儿童同意"因为付不起费用而减少社会交往或与朋友的交往"。可见，不足的物质支持会影响儿童与同伴交往，从而进一步影响青少年的自我认知水平和孤独感。尤其是农村留守儿童家庭和孤儿家庭，由于缺少家人的陪伴，在亲情缺失的同时也给儿童的心理健康带来负面影响。

表 8 – 8　2017 年城乡困难家庭儿童的心理情况

		城市		农村	
		人数	百分比	人数	百分比
让人瞧不起	同意	353	17.54%	310	23.61%
	有时或部分同意	280	13.91%	202	15.38%
	不同意	1380	68.55%	801	61.01%
减少社会交往	同意	551	27.36%	397	30.17%
	有时或部分同意	301	32.21%	167	35.74%
	不同意	1162	57.70%	752	57.14%

注：本表报告的是有效百分比，缺失值 26 个。

（三）困难家庭残疾人服务需求识别

1. 康复服务供给不足

调查显示（见图 8-4），超过六成的城乡困难家庭残疾人没有接受过康复服务。康复服务使用最多的三项分别是诊断和需求评估（13.92%）、辅助器具配置（9.71%）、康复治疗与训练（9.64%）。残疾人居家服务、日间照料与托养仅占 4.29%，表明残疾人社区服务供给严重不足。

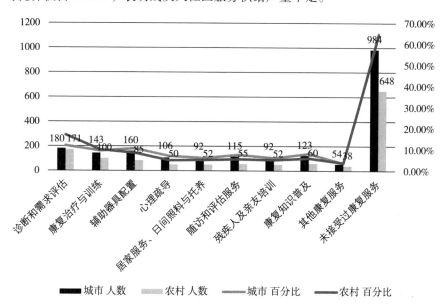

图 8-4 2017 年城乡困难家庭残疾人接受康复服务情况

注：本表汇报的是有效百分比，缺失值共 2 个。

2. 托养服务供给不足

对比表 8-9 和 8-10 可知，托养服务供给严重不足。城乡困难家庭残疾人中需要托养服务的比例分别为 20.91% 和 25.69%，而享受该项服务的仅为 4.75% 和 4.96%。这表示仅有不足五分之一的托养需求能够被满足。原因可能在于：一是社区能够提供的残疾人托养服务设施较少，供给不足；二是托养服务费用超出了困难残疾人的支付能力。

表 8 – 9 2017 年城乡困难家庭残疾人托养服务需求情况

是否需要托养服务	城市		农村	
	人数	百分比	人数	百分比
是	317	20.91%	259	25.69%
否	1198	79.02%	748	74.21%

注：本表报告的是有效百分比，无缺失值。

表 8 – 10 2017 年城乡困难家庭残疾人托养服务利用情况

是否享受托养服务	城市		农村	
	人数	百分比	人数	百分比
是	72	4.75%	50	4.96%
否	1444	95.25%	958	95.04%

注：本表报告的是有效百分比，无缺失值。

3. 就业服务需求旺盛

调查显示（见表 8 – 11），城乡困难家庭残疾人最需要的就业服务是零就业家庭就业帮扶（分别占比为 9.04% 和 10.22%），职业技能培训和资金信贷扶持等发展型就业扶助的需求也较高。这从一个侧面表明，困难家庭残疾人自立的愿望较为迫切。藉此，政府应为残疾人创业就业提供更多资金和政策支持，通过职业技能培训让残疾人具备就业的能力，通过资金信贷扶持让残疾人具备就业的财力。

表 8 – 11 2017 年城乡困难家庭残疾人就业服务需求情况

项目	城市		农村	
	人数	百分比	人数	百分比
职业技能培训	115	7.59%	82	8.13%
职业介绍	75	4.95%	53	5.26%
农村实用技术培训	18	1.19%	50	4.96%
资金信贷扶持	80	5.28%	98	9.72%
零就业家庭就业帮扶	137	9.04%	103	10.22%
其他帮扶	128	8.44%	123	11.21%
其他	942	62.14%	490	48.61%

注：本表报告的是有效百分比，无缺失值。

另一方面，困难家庭残疾人对基本生活技能培训和劳动技能培训的需求也比较旺盛。困难残疾人的基本生活能力提高，可以将照料者解放出来，进入就业市场为家庭创造收益；困难残疾人的劳动技能提高，能够提升人力资本，通过简单就业获取工资收入。调查显示（见表 8 - 12），城乡困难家庭残疾人中需要基本生活技能培训的比例分别为 23.48% 和 29.66%，需要劳动技能培训的比例分别为 20.05% 和 22.62%。说明困难残疾人对于自食其力、改变现状的愿望十分迫切。但这种愿望并没有得到很有力的支持。从表 8 - 13 可知，实际接受过这两项培训的人并不多，尤其是农村困难家庭残疾人，仅有 1/4 接受过培训。

表 8 - 12　2017 年城乡困难家庭残疾人培训需求情况

	城市		农村	
	人数	百分比	人数	百分比
基本生活技能培训	356	23.48%	299	29.66%
劳动技能培训	304	20.05%	228	22.62%

注：本表报告的是有效百分比，无缺失值。

表 8 - 13　2017 年城乡困难家庭残疾人接受培训情况

	城市		农村	
	人数	百分比	人数	百分比
基本生活培训	169	11.15%	52	5.16%
劳动技能培训	209	13.79%	75	7.44%

注：本表报告的是有效百分比，无缺失值。

二、我国社会救助服务发展存在的问题

（一）总体供给不足

2014 年 2 月，国务院颁布《社会救助暂行办法》，确定了"物质 + 服务""政府 + 社会"的社会救助基调。2020 年 8 月发布《关于改革完善社会救助制度的意见》，再次强调"积极发展服务类社会救助，形成'物质 + 服务'的救助方式"。但就目前来说，社会救助重物质轻服务、重政府轻社会、重他助轻自助的现象尚未改观。突出表现在社会救助服务在社会救助八项制度设计中占比较低。

具体来说，城乡低保主要通过现金补助的形式，对家庭成员收入低于当地最低生活保障标准的救助对象给予最低生活保障金；特困人员供养针对符合条件的老年人、残疾人和未满16周岁的未成年人提供一定的照料服务，但覆盖人群较窄且内容不全；医疗救助和教育救助的主要救助方式是费用减免等现金补贴，只包含少量救助服务内容；住房救助主要通过提供配租住房、租赁补贴以及危房改造等物质援助解决救助对象的住房困难；就业救助的制度设计较为强调提供职业介绍、技能培训等服务，但在其覆盖面、适用性等方面均存在短板；受灾人员救助和临时救助以发放一次性补贴为主。综合来看，已有的社会救助服务项目简单，内容单一，力度不足，只能在救助过程中起到微弱的辅助作用。

（二）供给主体薄弱

社会救助工作目前仍处于政府主导阶段，社会组织参与不足，社工机构发育不健全。"强势"政府与"弱势"社会之间没有形成长期稳定兼具弹性的合作关系，社会救助服务缺乏高效供给的组织基础。

首先，政府全面负责的单一供给模式不适应社会救助服务发展的要求。一方面，传统层级体制存在僵硬刻板、信息多级传递等弊病，难以对急速变化的社会现实做出及时回应；另一方面，政府有限的资源不允许其覆盖每一个需要救助的微观个体，其标准化供应也难以满足差异化、多样化的服务需求。最后必然导致供需脱节、效率低下等问题。

其次，社会组织发育不成熟，难以承接复杂的社会救助服务项目。从外部环境来看，社会组织的地位和作用虽然在顶层设计中得以确认，但在实践中仍受到诸多限制，表现为行政干预较强、政社不分现象突出。从自身发展来看，社会组织仍缺乏稳定的资金支持、成熟的管理机制、扎实的业务能力和职业化的人才队伍，大多无法胜任政府购买服务的需要。

最后，政社合作机制尚未建立，社会力量缺乏介入社会救助服务的渠道和平台。具体表现在：由于信任不足、扶持不够，社会组织缺乏承接社会救助服务的动力与空间，私人企业缺乏参与社会救助服务供给的积极性，社区缺乏社会救助服务供给的充足资金和人员，居民间缺乏自助互助的理念和制度保障，最终造成现有社会救助服务网络在获取救助服务需求方面缺乏敏感性，所提供的救助服务难以贴合救助对象的需求，加之成本偏高，很难达到最佳效果。

（三）购买机制不健全

《社会救助暂行办法》明确要求可将社会救助中的具体服务事项通过委托、承包、采购等方式，向社会力量购买服务。2017 年，民政部等 4 部门联合发布《关于积极推行政府购买服务加强基层社会救助经办服务能力的意见》，进一步对政府购买社会救助服务的购买主体、购买内容、承接主体、购买机制等做出明确界定。

根据文件规定，政府购买社会救助服务的内容包括两大部分：事务性工作和服务性工作。前者包括摸底排查、家计调查、业务培训、规划设计、课题研究、政策宣传、绩效评价等；后者则包括照料护理、康复训练、送医陪护、社会融入、能力提升、心理疏导、资源链接等。

但从地方实践来看，民政部门更倾向于将事务性工作委托给社会组织，而专门针对救助对象的服务性项目购买不多。究其原因，一是基层民政的经办能力不足，服务购买更偏向有利于提高自身业务绩效的工作；二是有资质、有能力的服务类社会组织还比较少；三是方便向人力资源公司、劳务派遣公司等购买岗位和人员。这样就导致了两种结果：一是本应由政府直接提供的服务事项没有做好。如调查中，有民政部门工作人员提出，像救助对象识别这类事务，连有经验的民政干部都觉得力有不逮，很难想象社会组织人员可以胜任，一些漏保问题因此产生。二是应该由专业社会组织提供的发展型服务供给不足。目前政府购买的救助服务主要集中在生活类和照护类，仅能满足救助对象的基本生活需要，无法给予其必需的发展扶持；加之"重补救轻预防"理念的普遍存在，社会组织提前介入社会救助服务的活动并没有得到足够重视和鼓励。

（四）评估体系不完善

由于社会救助服务的复杂性、多样性，其中有相当一部分的绩效评价不能简单地用数字指标来量化。但是，目前针对社会救助服务的绩效评估体系并不完善。具体体现在：一是现有评价体系多集中在对社会救助服务的资金使用、项目设计、组织管理等方面，而缺少对项目实施过程和效果的评价。二是指标体系存在覆盖范围不全面、指标选取不恰当、信息获取有困难等问题。三是第三方评估本身能力不强，且有相当机构本身就与政府关系密切，缺乏独立性，导致在评估中碍于情面等因素破坏了评估结果的客观性和准确性。四是由于社会救助政策和实施在各地存在差异（如低保标准、操作管理规范等），导致国家难以推行一套完全统一的社会救助服务的绩效考核与评估机制。

第三节　政策建议

我国社会救助服务虽取得了一定进展，但尚未实现供需对接，还不能有效解决贫困群体的生活和发展难题。藉此，需从服务理念、参与主体、供给手段、运行机制等多方面着手改善，不仅要保障贫困群体的基本生存，更要着眼于使他们有能力追求美好生活，共享经济和社会发展成果。

一、强化社会参与

（一）引导专业服务类社会组织参与社会救助

通过购买服务、开发岗位、政策引导、提供工作场所、设立基层社工站等方式，鼓励社会工作服务机构和社会工作者协助社会救助部门开展家庭经济状况调查评估、建档访视、需求分析等事务，并为救助对象提供心理疏导、资源链接、能力提升、社会融入等服务。鼓励引导以社会救助为主的社会服务机构按一定比例设置社会工作专业岗位。

（二）促进社会救助领域公益慈善事业发展

鼓励支持自然人、法人及其他组织以捐赠财产、设立项目、提供服务等方式，自愿开展慈善帮扶活动。动员引导慈善组织加大社会救助方面的参与力度。按照有关规定，对参与社会救助的慈善组织给予税收优惠、费用减免等，有突出表现的给予表彰。建立政府救助与慈善救助衔接机制。另一方面，支持引导志愿服务组织、社会爱心人士开展扶贫济困志愿服务。加强社会救助志愿服务制度建设，积极发挥志愿服务在汇聚社会资源、帮扶困难群众、保护弱势群体、传递社会关爱等方面作用。

二、创新服务机制

（一）完善政府购买服务机制

一般情况下，政府向社会组织购买服务的方式主要有合同制、直接资助制和项目申请制，具体购买工具类型可分为补供方（通过合同，进行分类资助、整笔资助或整笔拨款）、补需方（提供服务券、税收优惠、贷款担保等）两种，较为科学、理想的购买流程为：政府机构及相关职能部门作为购买主体，决定拨款额度及监督资金使用情况，通过向社会组织拨款进入社会服务递送程序，并配套以相关的评估监督机制，同时，通过枢纽型社会组织更好地链接服务需求及提供社会组织竞争合作平台。

具体要求为：合理设置购买项目，将社会救助服务纳入相关部门的政府购买服务指导性目录。建立健全方式灵活、程序规范、标准明确、结果可控、动态调整的购买机制。对政府集中采购目录以内或采购限额标准以上的项目，按照政府采购的有关规定，采用公开招标、邀请招标、竞争性谈判、竞争性磋商、单一来源采购等方式确定承接主体。选定承接主体时，要以满足服务质量、符合服务标准为前提，不能简单以"价低者得"作为选择标准。建立以项目选定、信息发布、组织购买、实施监管、绩效评价为主要内容的规范化购买流程，分类制定内容明确、操作性强、便于考核的服务标准。政府购买服务资金要逐步纳入财政预决算，形成常态化、制度化。

（二）加强综合评价与监管

首先，要建立健全由购买主体、服务对象及第三方组成的综合性评价机制，就服务成效、项目管理、社会影响等多方面内容，加强对购买社会救助服务工作的绩效评价。根据政府购买社会救助服务需求，明确招投标程序、合同签订与履行、信息公开等方面的要求，建立科学规范的评估指标体系。委托第三方对项目购买服务进行年度评估。第三方机构通过听取项目汇报、实地观察、相关方访谈等形式，对服务全过程进行跟踪问效，对服务成果进行检查验收。评价结果向社会公布，并作为以后年度选择承接主体的重要参考依据。明确政府购买社会救助服务中各主体的监督责任，积极鼓励社会公众及媒体等担负起监督责任。

其次，要加强对政府购买社会救助服务的监督管理，完善事前、事中和事后监管体系，确保购买行为公开透明、规范有效。上级人民政府和民政部门要加强对下级人民政府和民政部门购买社会救助服务的业务指导和监督。购买主体要按规定公开购买服务的相关信息，并主动接受审计监督、社会监督和舆论监督。承接主体应主动接受购买主体的监管，健全财务报告制度，保证服务数量、质量和效果，严禁服务转包。要建立承接主体退出机制，制定临时接管预案。在承接主体发生不能按合同约定提供服务的情形时，及时启动预案，确保救助对象的正当权利不受影响；对承接主体存在违背合同、弄虚作假等行为，情节严重、造成恶劣社会影响的，依法进行处罚，按照法律规定或合同约定终止合同执行，依法禁止相关主体在一定期限内参与政府购买社会救助服务工作。

三、统筹救助资源

（一）建立社会救助对象动态管理信息库

依托国家统一的政务网络和数据共享交换平台，建立部门协同、无缝链接的低收入人口信息数据库。具体做法：将救助对象的个人信息、家庭状况、收入状况、身体状况、需求评估以及已接受的救助服务和项目等内容纳入信息库统计范围，形成纵向连接部、省、市、区（县）、镇（街）五级，横向协调民政、财政、医疗、残联等相关职能部门单位以及社会组织的网络体系，实现社会救助信息共享与政策协调，并在此基础上，实现分类救助、全面关怀、重点服务。同时，建立信息库的数据采集、更新、管理与维护机制，实现对救助对象的动态管理。

（二）加快社会救助服务供需对接平台建设

社会救助服务供需信息在网络中的双向流动，能够有效激活社会救助的服务网络。藉此，要加快建立省市级乃至全国统一的社会救助服务供需对接信息平台，面向符合条件的购买主体和具有资质的社会组织，供双方发布、查询和使用购买救助服务的相关信息，鼓励和支持优秀社会组织跨区域承接政府购买服务。利用互联网技术，为所有有救助需求的家庭和个人提供表达诉求的方式和渠道，并加强数据整合与分析，实现社会救助服务供需双方乃至多方的信息交流，提高社会救助服务的供给效率以及减少不必要的人力消耗。

（三）拓宽资金筹措渠道并整合相关社会资源

就我国目前经济发展水平而言，政府不可能包揽所有的社会救助供给。任何社会福利政策在对象覆盖范围上都有一个临界点，对于接近政府救助临界线的"边缘群体"，需要挖掘社会资源加以解决。

首先，要进一步拓宽社会救助服务的资金筹措渠道，注重加强企业的社会责任感和捐赠力，以及全社会的共担意识，鼓励慈善行为，畅通闲置资源的流动渠道。其次，通过政府购买社会救助服务的形式，在社会中形成一张社会救助服务网络，各个管理和服务主体都处在网络的结点上，各个救助对象都被囊括进网络中，各个方面的社会资源也都被整合进网络中，从而实现服务资源高效整合，社会救助服务最优产出。

四、提升服务能力

（一）提高基层经办能力

基层经办能力在很大程度上决定了社会救助政策的落实和执行情况。藉此，首先要落实基层经办人员配备和能力提升。省级人民政府要统筹研究制定按照社会救助对象数量、人员结构等因素配备相应工作人员的具体办法和措施。对于现有社会救助工作人员不足的地区，可以多种方式鼓励社会力量参与，并由其派遣能力强、业务熟、素质高的工作人员承担相关工作。同时，要加强基层经办人员的日常业务培训，通过政策解读、专家授课、经验介绍、案例分析、互动参与等形式，切实增强基层工作人员对社会救助政策的理解和把握，培养社会救助骨干人才。其次要切实推进"一门受理、协同办理"平台，将分属于不同部门负责的公共服务事项整合到一个窗口、一个站点，确保困难群众求助有门，受助及时；同时，充分运用"互联网＋"模式，简化审批程序，缩短审批时间，努力让"数据代替群众跑路"，为群众服务提速。

（二）积极引进专业社会工作

借鉴国外经验，引入社会工作专业理念与方法，实施"多维救助""温情救助"，为困难老年人、儿童、残疾人、大病等重点困难群体提供个案帮扶、心理关怀、危机干预、巡防陪护等关爱服务。

同时，加强服务主体的社工化建设。投入更多资源，积极培育社会工作专业人员，提升社会救助服务递送能力。有条件的地方要定期开展专业社会工作者培训，改善社会工作人员薪酬福利待遇，稳定社会组织核心成员。针对贫困地区专业社会工作者数量少、培养难等问题，建议相关部门对贫困地区社会工作人才的考评采取倾斜政策，鼓励更多的人加入到社会工作师职业队伍。

第九章　积极社会救助政策研究

兜底保障是精准扶贫"五个一批"的重要组成部分。2021 年，我国脱贫攻坚战取得全面胜利，社会保障兜底政策在其中作出了重要贡献。但是，就目前来说，部分农村脱贫成果不稳固，新脱贫人口抗风险能力弱，返贫风险严峻；无力脱贫、无业可扶的"两无"贫困人口数量巨大；相对贫困、支出贫困、工作贫困等低收入群体仍将长期存在。藉此，巩固脱贫成果，破解新贫困，亟需进一步强化和完善预防型、综合型、服务型、发展型的积极社会救助体系，在兜底保障和增强内生动力两个方面同时着力。

第一节　积极社会救助理论概述

一、积极社会救助的概念

积极社会救助是相对于传统消极救助而言的。传统消极救助强调"广覆盖、低标准、保生存"，是一种单向度的给予而非增能，是一种事后的风险补偿行为而非事前预防，在这种救助下，受助者由于缺乏适度激励以及脱贫脱困所需的资源和能力，无法实现真正的自立。而积极社会救助在保证"输血"的同时，更加注重"造血"，即在缓解生存困境的同时，更加强调要增强受助者应对风险的能力。具体来说，积极社会救助既关注人的受助权利，也强调受助者对社会的责任；作为该制度的责任主体，国家和社会在制度设计时既要求维持适当的救助标准，也要适度增加用于人力资源方面的投资，如增加就业意愿和能力的培养；同时考虑"事先防范"的方法，采取未雨绸缪的风险防范措施。

积极社会救助致力于解决的是相对贫困、多维贫困以及暂时性贫困的问题。它是对传统的"生存型"维持救助的超越与发展，也是面向后工业社会新型风险的必然选择。通过救助方式的转换，有助于在兜住社会发展底线的同时，提升制度运行的效率，实现制度发展的可持续。

二、积极社会救助理论研究综述

（一）国外关于积极社会救助理论的研究

关于积极社会救助理论的研究，可以追溯至 20 世纪中后期，英国社会学家安东尼·吉登斯在"第三条道路"的政策设计中提到的"积极社会福利"理论，即认为社会救助应在满足经济利益的基础上实现人的自我发展，强调个体在接受社会救助的同时也要承担对社会的责任和义务。人力资本投资是积极社会救助理论的核心，与之相关的行为准则还包括主动发现、风险预防、权责对等、多元协同等。

1. 预防贫困

谢若登（Michael Sherraden）资产建设理论认为，持续贫困的重要原因是缺乏个人资产。政府转移性支出（福利）只能维持最低水平的生存和最基本的消费，无助于资产积累，因而无法使穷人走出困境。谢若登在此基础上提出个人发展账户的设计并付诸政策实践，具体做法为：政府为贫困储蓄者提供与储蓄额相等或略高一些的配款，用于其支付资产积累的项目，如创立小微企业、技能培训等，从而逐步建立起个人资产。

2. 强调人力资本投资

凯恩斯（John Maynard Keynes，1883—1946 年）国家干预济贫理论体系的核心内容是充分就业，贫困问题的解决依赖于为失业者和受救济者提供就业机会，增加社会新投资量。柯尔（G. D. H. Cole，1889—1950 年）的社会民主主义济贫理论针对救济提出了更为具体的主张。他认为，仅仅对失业者进行救济是不够的，应该使失业者能够重新就业。

3. 引入就业激励机制

弗里德曼的新自由主义社会救助理论提出了解决贫困问题的负所得税主张，此为一种过渡性措施。实行负所得税以不妨碍市场正常运行为前提，可以使公共基金集中用于穷人，使穷人有自助的动力。发展性福利理论认为社会福利的接受者更愿意参加生产性就业，而不是依赖于福利补助；但要使福利接受者摆脱救济实现自立自强，社会必须为他们提供必要的支援和帮助。因此主张强化救助对象参与经济活动的能力，并借此实现脱贫自立。根据发展性福利理论，由国家提供适当的社会救助是必要的，但同时应更加关注受助者自助能力的培养。

综上，积极社会救助的理论内核主要有：第一，关注人的受助权利。即贫困者有享受社会救助的权利，政府和社会有提供社会救助的责任。第二，强调社会救助中的个人责任。即受助者并不无偿享有社会救助，享受权利的同时也应承担相应义务。第三，注重受助者的就业能力建设。受助者不是被动地接受社会救助，对其中有劳动能力的受助者应针对性给予就业帮助。第四，强调救助方式的转换。传统社会救助以物质或现金支付为主，积极救助理论主张以资产增长摆脱困境。

（二）国内关于积极社会救助理论的研究

国内众多学者对社会救助政策的各个方面进行了大量研究，认为当前救助政策存在许多需要改进和完善的地方，并对形成积极的发展型社会救助提出构想。

李泉然（2017）认为社会救助政策运行面临的风险及挑战有三个方面，一是救助范围急剧扩张将给社会救助政策后续的良性运行造成一定压力，二是社会转型期风险类型、人群变化对社会救助政策的风险防护功能提出更高要求，三是经济新常态的常态化发展趋势需要社会救助政策充分发挥自身的兜底功能[1]。苑晓美（2018）认为我国社会救助面临的发展困境有六个：救助理念消极，生存救助为主；救助项目捆绑，疏忽特殊群体；救助方式单向，主动性难以显现；偏重现金救助，能力提升欠缺；补差给付方式，暗含就业惩罚；就业援助不足，技能培训缺位[2]。谢宇与安建增（2015）从我国现行的社会救助模式为切入点进行研究后将我国社会救助按实践特性划分为三种形式，分别为残留性、制度性和发展型，在对社会救助实践分析中发现我国现在的社会救助制度中存在的关于救助理念等在内的问题，并得出我国社会救助应从单一生存型向复合发展型救助模式转变的建议[3]。

郭林与张巍（2014）认为中国社会救助制度的改革要注重贯彻积极救助

[1] 李泉然：《精准扶贫视阈下社会救助政策的发展》，载《中州学刊》2017第1期。
[2] 苑晓美：《发展型社会救助的理念——实践及其启示》，载《中州学刊》2018年第5期。
[3] 谢宇，安建增：《我国社会救助政策模式存在的问题及完善对策》，载《陕西理工学院学报（社会科学版）》2015年第2期。

的理论观点，确立积极的社会救助理念，塑造良好的社会氛围，使国民充分了解到积极的社会救助理念是中国社会救助制度发展的重要方向，还要进一步加强中国现代社会救助制度的建设[1]。兰剑与慈勤英（2019）认为面对后脱贫攻坚时代农村反贫困的新形势，农村社会救助政策亟需强化兜底脱贫保障和政策衔接，更加关注相对贫困和多维贫困，规避救助依赖，建立贫困风险预警机制，注重贫困者长远发展[2]。匡亚林（2018）认为随着政策的发展与变迁两类反贫困政策在一定程度上出现了政策叠加的现象，应当将精准扶贫和社会救助两者进行政策衔接，促成政策整合从而形成制度合力[3]。苑仲达（2016）认为英国的积极救助制度对我国有可取之处，应将积极救助作为推进社会救助治理体系和治理能力现代化的优先战略，其具体做法包括促进多元参与、完善制度体系、优化治理方式和加强依法治理[4]。张浩淼（2016）在对中国发展型社会救助制度建设进行深入研究后提出，构建新型发展型社会救助除了应关注传统的保障贫困受助者基本生存外，还应更加明确受助者自身自助的重要性，加强受助者与社会之间的相互融合，立足本国实际，广泛借鉴，推动发展型社会救助政策体系构建[5]。

就业与社会救助的关系也是学界关注的重点。影响社会救助与就业关系的因素主要有个性特征、家庭变量、就业政策、低保福利。刘璐婵与林闽钢（2015）利用数据证明受助者劳动力市场参与率低，"养懒汉"问题普遍存在，认为救助项目叠加造成受助者不愿退保，提出通过分类救助政策来加以解决[6]。王增文（2017）认为受助家庭的再就业决策行为变化取决于收入增长状况，而不同的经济状况也决定了差异化的社会救助家庭再就业决策行为[7]。侯斌

[1] 郭林、张巍：《积极救助述评_ 20 世纪以来社会救助的理论内核与政策实践》，载《学术研究》2014 年第 4 期。

[2] 兰剑、慈勤英：《后脱贫攻坚时代农村社会救助反贫困的困境及政策调适》，载《西北农林科技大学学报（社会科学版）》，2019 年第 3 期。

[3] 匡亚林：《论精准治贫与社会救助的整合治理》，载《华中科技大学学报（社会科学版）》2018 年第 1 期。

[4] 苑仲达：《英国积极救助制度及其借鉴启示》，载《国家行政学院学报》2016 年第 4 期。

[5] 张浩淼：《关于成都市发展型社会救助制度构建的思考》，载《四川行政学院学报》2016 年第 1 期。

[6] 刘璐婵、林闽钢：《"养懒汉"是否存在——城市低保制度中"福利依赖"问题研究》，载《天津社会保险》2016 年第 2 期。

[7] 王增文：《中国社会救助群体再就业决策行为发生机制研究》，载《湖南师范大学社会科学学报》2017 年第 1 期。

（2019）基于发展型救助的视角，得出多重福利供给因素，如领取低保年限、个人社会救助收入占比以及家庭社会救助收入占比等都对城乡失业贫困人口的再就业行为和意愿具有显著的负向影响。考察了就业对提升劳动年龄阶段内城市低保受助者获得感的影响，提出明确发展型救助理念，实施积极的就业政策，针对不同的需求提供有针对性的就业服务，完善就业救助与低保救助的联动机制等建议[1]。罗微与师文文（2019）通过现金转移支付项目、专项救助（就业救助与住房救助）项目的就业效应进行综述，提出实施分类救助，提高社会救助制度精准性，完善救助模式，激活救助对象就业积极性的建议[2]。邹均（2019）认为解决社会救助对象的就业倦怠问题，需要细化奖惩限制制度，动态管理救助对象就业信息；构建综合化救助服务体系，立足区域实情灵活选择就业助推手段；完善社会救助立法，规范救助道德机制，培养自立自强精神[3]。

第二节　积极社会救助政策实践

一、福利国家的社会政策改革

20世纪中期以来，西方国家围绕儿童教育福利、就业扶持等方面提出了一系列积极社会政策，后被统称为"发展型社会政策"（Social Policy for Development）。它主张在一个更加广泛的发展过程中将社会政策与经济政策有效结合，提出减少贫困、降低不平等、对抗社会排斥、提供基本服务、增强生存能力等全面的政策目标。在此背景下，社会救助政策主要突出两种策略：一是削减救助支出，二是鼓励受助者就业。

英国的"福利式"社会救助制度，体系完善、覆盖面广、水平较高，但同时面临"福利依赖"的问题。为此，英国通过提高并严格申请资格、降低住房津贴、减少补助金额等对传统救助制度进行改革，同时通过区分不同受助

〔1〕 侯斌：《就业能提升获得感吗——基于对城市低保受助者再就业情况的考察》，载《兰州学刊》2019年第4期。

〔2〕 罗微、师文文：《社会救助制度的就业效应——一个文献综述》，载《社会保障研究》2019年第6期。

〔3〕 邹均：《社会救助对象的就业倦怠如何解》，载《人民论坛》2019年第4期。

者的工作能力来实施具有针对性的救助措施。如帮助有工作能力的残疾人脱离救济参加就业，为不具备工作能力的人提供"扶助而不是施舍"。这种改革更强调个体对社会的责任，希望在一定程度上减轻国家的福利负担。

加拿大的"保障式"社会救助制度属于社会保障体系的一部分。为了应对经济危机和财政赤字，加拿大也在该领域启动了一系列改革。如取消普遍家庭津贴计划，实行工作收入补助计划，并提高获得救济的资格标准；开展就业援助活动，包括一系列教育项目、求职技能培训、读写能力的筛选和培训、就业安置等。

德国"济贫式"社会救助制度的核心是失业救助制度。即将失业救助和社会救助合二为一，统称为求职人员基本保障，领取者要接受严格的家计调查。降低或调整社会救助项目津贴水平，将社会救助资格审核与就业密切挂钩，有就业能力的受助者必须接受主管部门提供的工作并进入劳动力市场。

墨西哥的"繁荣计划"是条件转移支付救助模式的代表，它以受助者履行某种职责或做出某种努力作为享受相关救助的条件。其特点在于：强调"造血功能"的发挥，注意发挥受助者的自助脱贫意识；强调绩效评估，通过第三方机构对执行效果进行评估，并根据评估结果不断完善计划方案，采取改进措施；强调公共服务均衡并消除社会排斥，注意将困难家庭的孩子分散到政府举办的各类教育机构中，为其提供平等的医疗和营养标准；强调应保尽保，有救无类；强调发挥年轻人的潜力和能动性，对符合救助条件的年轻人，政府出资进行培训，帮助其实现就业。

美国的社会救助制度强调"工作价值"。其中最有影响的是困难家庭临时救助项目（Temporary Assistance to Needy Families），它一方面要求领取救济金者在领取福利两年或准备好了就要工作，否则将面临减少或终止现金福利的处罚；另一方面，要求州政府努力发展和扩大教育、训练和就业服务。如联邦政府要求单亲父母在接受社会救助的两年内每周工作时间增加，接受救助的时间累积不超过 5 年。这项措施通过要求救济金领取者强制工作，缩减了救助范围和救助持续的时间，同时在促进就业和经济自主上有较大成效。

综上，各国的社会救助制度改革均呈现出明显的积极化：一方面，用选择性福利替代普遍性福利，具体措施包括严格受助条件、降低救助标准、限制受助时间等；另一方面，扩大和发展就业培训服务，让困难群体有能力创造收入、实现自我发展和提升。

二、我国"救助＋扶贫"的双向衔接

在我国，社会救助制度与扶贫开发政策的双向衔接，为积极社会救助理念写下了最为生动的注脚。自 2015 年 10 月习近平总书记提出"五个一批"脱贫措施以来，民政部、财务部、扶贫办等相关部门接连发布《关于贯彻落实〈中共中央、国务院关于打赢脱贫攻坚战的决定〉的通知》《关于在脱贫攻坚三年行动中切实做好社会救助兜底保障工作的实施意见》《关于在脱贫攻坚兜底保障中充分发挥临时救助作用的意见》《社会救助兜底脱贫行动方案》等一系列文件，详细部署低保兜底脱贫、医疗救助脱贫、特困救助供养、临时救助解困、农村"三留守"关爱保护、社会力量参与以及片区扶贫、定点扶贫等方面的工作，要求充分发挥社会救助在打赢脱贫攻坚战中的兜底作用，保障完全或部分丧失劳动能力且无法依靠产业就业帮扶脱贫的贫困人口的基本生活，切实兜住兜牢民生底线。

习近平总书记多次强调，一人就业，全家脱贫，增加就业是最有效最直接的脱贫方式。就业救助政策亦发挥了积极作用，推动"输血扶贫"走向"造血脱贫"。2019 年 1 月，人社部和国务院扶贫办联合下发《关于深入推进技能脱贫千校行动的实施意见》，要求面向建档立卡贫困家庭应、往届"两后生"和具备劳动能力的人员，大力开展职业技术培训，实现"造血式"扶贫。为拔穷根，各地精准施策，通过多种形式提高困难家庭和人员的就业意愿、能力，使之由被动消极的"受助者"转变为主动求发展的劳动者。如，浙江省云和县通过完善机制、搭建平台、整合资源等举措，有效拓展社会救助内涵，提升救助帮扶成效，初步构建起城乡一体、权责清晰、相互衔接、运作规范的社会救助大体系，成功创建了可复制可推广的"云和样板"。河南省郑州市通过福彩公益金引入专业社会工作力量，实施"三区"社会工作人才支持计划，为群众提供社会救助服务，一对一牵手帮扶贫困地区社会工作服务机构，增加贫困群体的收入并且带来就业理念的转变。湖南省通过实施"禾计划"推动了"五化民政"建设高质量发展，健全四级联动机制、资金保障机制和人才培育机制，成立孵化基地，开发线上教育培训系统，社工岗位纳入专技管理，打通晋升通道。规范政府购买服务及服务内容、督导评估，确保人员素质和社工服务质量，达到服务创新。目前，针对农村地区的困难群体就业帮扶体系已基本形成。据人社部消息，截至 2020 年 11 月，全国累计建设扶贫车间 3 万多个，吸纳贫困人口家门口就业近 44 万人；通过开发保洁、环卫、绿化、保安等各类公益性岗位，安置贫困人口 496.3 万；贫困劳动力务工规模从 2015 年的 1227 万人增长到 2020 年的 3243 万人[1]。

2020 年新冠疫情肺炎疫情期间，大批中小微企业生产经营困难导致停工停业，大批农民工滞留家乡无法返岗复工，大批灵活就业人员失去稳定收入来源。为保障这些受疫情影响陷入困境的群众基本生活，民政部接连印发通知，要求对符合条件的城乡困难家庭应保尽保，及时将相关社会救助和保障制度暂时无法覆盖的困难家庭和个人纳入临时救助范围。2020 年 5 月以来，国务院办公厅印发《关于支持多渠道灵活就业的意见》，人社等部门印发《关于扩大失业保险保障范围的通知》《关于做好当前农民工就业创业工作的意见》《农民工稳就业职业技能培训计划》等多个文件，提出通过以工代训、以训稳岗以及企业补贴等形式，帮助待岗和失业农民工、返乡农民工、贫困劳动力找到生存出路。

第三节　积极社会救助政策面临的挑战

相对贫困、多维贫困、长期贫困与代际传递贫困是"后扶贫"时代的重要特点。这就要求社会救助制度更加关注低收入群体的多维贫困现象，从单纯解决极端贫困、保障基本生存，转向着力解决相对贫困、促进贫困者自我提升，力争构建能够更好实现城乡反贫困目标的积极的社会救助体系。

一、救助观念及体制障碍

贫困问题正在出现新的特征和趋势，如贫困代际传递，社会阶级固化；相对贫困问题愈发凸显；贫困主战场由农村转向城乡并存。目前的社会救助制度体系和政策设计还不能完全有效地应对新贫困带来的问题。

（一）社会救助理念滞后

社会救助制度的起点虽然是生存救助，但其根本目标是推动被救助者脱离

---

[1] 李京泽：《人社部：就业扶贫成效显著，累计建扶贫车间 32688 个》，载中国新闻网https://baijiahao. baidu. com/s？id = 1683759837287013574&wfr = spider&for = pc，最后访问日期：2020 年 11 月 11 日。

生存困境进而促进自身价值的实现。在最初的社会救助政策施行中，救助的目标和方式较为单一，即以直接给予物质或金钱的方式，解决受助者挨饿受冻的问题，保障其基本生存。其特征和局限性显而易见：注重自上而下的他助过程，忽视受助者的主观能动性；注重现金和实物发放，忽视针对性、差异化的服务供给；注重生存救助，忽视与就业救助的联动机制，不能促成受助者人力资本和生存能力的提升；注重事后补救、短期效应，忽视对深层次致贫因素的系统性追溯与考量。

从社会层面来讲，这种单向型的"输血式救助"只能维持甚至制造出一个"贫困"阶层，而不能让受助者真正摆脱贫困，从困境中"站"起来。

伴随贫困的内涵与外延发生改变，社会救助需要进行重新定位和功能调整。在救助理念方面，更多强调受助权利的保障、社会救助中的个人责任、受助者的就业能力、受助方式的转变；在体制机制方面，更多凸显社会救助支出的削减和对积极就业的鼓励。具体来说，从风险应对来看，积极社会救助的项目和内容设置是用以面对人为风险，而非外部风险；从目标任务来看，积极社会救助旨在推动受助者发展，强调其自我实现和责任，而非单纯应对贫困，维持生存；从方式手段来看，积极社会救助主张通过鼓励就业、培养受助者就业能力缓解其生活困境，而非单一的实物或现金救助。

（二）制度设计存在缺陷

现行社会救助体系能够较好地解决贫困群体的基本生存问题，但对贫困群体摆脱贫困却作用有限。一个很重要的原因在于制度层面缺乏规范，就业救助与生存救助的耦合性较差。

一是存在政策"真空"。依照《社会救助暂行办法》规定，失业人员"应当接受"与其健康状况和劳动能力相适应的工作，在没有正当理由的情况下，如果三次拒绝工作，将被减发甚至停发其本人的最低生活保障金。在这一"强制性"规范要求之下，低保对象一般会暂时接受工作。由于规定中并没有涉及上岗后的行为规范、预期效果，也没有对就业满意度、匹配度等进行跟踪，其中一些低保对象很快就会以健康或能力原因辞职，重返低保行列，造成就业救助的目的落空。

二是救助标准过于宽泛。现行城市低保在认定资格上，主要考察的是家庭人均收入是否低于"低保线"，以及家庭资产是否符合政策规定，并未将是否具有劳动能力列入考察范围，且没有对低保金的领取期限进行限制。在实践中，不少地方无论申请者是否具有劳动能力，只要符合相应收入和资产要求就将其纳入低保，导致大量有劳动能力的低保户不就业或难就业，反而作为城市最大的贫困群体沉淀下来。

（三）基层实践呈碎片化

积极社会救助应该是一个系统、连续的过程，实施目标除保障受助对象基本生存外，还在于帮助提升受助者的人力成本、改善发展环境、促进社会融合、降低社会风险等，最终是要增强受助者的自我发展能力，使其能够自主自立。但一些政策执行者在基层社会救助实践中并没有把社会救助视为一种有效的反贫困举措，以完成救助任务、发放救助款物为主要目标，只注重应对贫困群体的眼前和应急性问题，忽视了贫困受助者的发展需求，不能很好地防范和化解贫困风险。

因此，尽管我国在就业援助、职业培训方面的覆盖面宽泛，但效果并不显著。研究表明，接受过培训的人员通过职业技能鉴定的比率较低，即便通过职业技能鉴定，动手能力也不高。城市困难家庭中主要劳动力通过接受就业服务成功就业和创业的个案仅在7%左右或以下[1]。

二、困难群体的就业障碍

困难群体在就业上的困难，一部分来自于外部经济体制改革导致的就业权丧失或缺乏新的就业机会，另一部分是由于自身缺陷导致的无法适应社会工作要求。很多困难群体长期处于失业或就业的不充分状态，凭借自身力量难以实现就业，需要国家和社会给予支持和帮助。

（一）社会层面

1. 经济结构转型升级，劳动力供求总量失衡

经济进入"新常态"发展模式，总体上看对劳动力的需求在数量方面有所缩小，对质量要求以及结构与功能的匹配性提高。

一是传统行业用人需求下降，造成劳动力大量积压。中国人力资源市场信

---

〔1〕 唐钧：《论城乡困难家庭就业救助精准化》，载《党政研究》2017 年第 5 期。

息监测中心数据显示，截至 2020 年 6 月，住宿和餐饮业、制造业、居民服务和其他服务业、批发和零售业等行业需求人数均有所减少，比去年同期分别降低 55.6%、7.8%、23%、12%[1]。

二是用工门槛提高，结构性"缺工"成为就业主要矛盾。劳动力市场对具有一技之长、能够吃苦耐劳的求职者更加青睐，尤其是具有 3—5 年以上经验的技术、生产和市场营销人才，这部分用工需求较大，但相应最为稀缺。结构性"缺工"根本原因在于劳动力市场上的岗位需求和劳动者技能存在严重错位。

三是"机器换人"进入快车道，对过剩人力产生排斥。在人口红利渐失、制造业成本飙升的压力下，采用机器人降低成本已经成为不少劳动密集型企业的不二选择。机器人技术率先出现在高劳动强度、高危险、高环保或高品质要求的工种，替代程度取决于二者的"性价比"。

2. 就业扶助政策不完善，落实不到位

《社会救助暂行办法》规定，通过贷款贴息、社会保险补贴、岗位补贴、培训补贴、公益性安置等办法增加有劳动能力的救助对象的就业机会，并免费向其提供岗位信息、职业介绍、职业指导等就业服务。其中，针对困境家庭劳动力的职业技能培训是"就业扶贫"政策的重要组成部分。目前，各地在职业技能培训的政策实践中有诸多创新，但也存在一些发展中的问题。

一是财政补贴机制有缺陷。技能培训补偿标准偏低，培训补贴资金难以弥补培训实际成本；补贴标准、拨付方式五花八门，既有实行免费培训的，也有实行先缴后补的，既有补助培训机构的，也有直接补助给受训者个人的，乃至出现同一培训项目在不同部门补贴标准不一、高低不等的乱象。

二是技能培训基础薄弱。培训定点机构主要由培训机构、职业高中以及技校、中等专业学校等构成，其中既有公办，也有民办，教学质量良莠不齐；师资力量薄弱，尤其是实训教学的师资严重匮乏。

三是培训项目针对性不强。对于不同起点的学员多为混合式的"一锅煮"培训，缺乏分类分层的差异化施教，并且主要集中在"短平快"的培训项目，如美容美发、电脑操作等，而市场急需的数控技术、机械加工等工种，因其对师资和设备要求高则很少开设。

---

[1] 人社部：《2020 年第二季度部分城市公共就业服务机构市场供求状况分析》，载 http://news.10jqka.com.cn/20200727/c622229525.shtml，最后访问日期：2020 年 7 月 27 日。

（二）个人层面

1. 自身条件不足

就业市场讲究择优录取，更何况当前的就业竞争早已从职业技能、专业知识上升到学历、履历、性格、背景、社会关系等更为宽泛的领域。对于困难群体来说，这意味着就业岗位是一种稀缺资源。研究发现，低保对象年龄越大、性别为女性、教育水平越低、健康状况越差，就业的可能性越低[1]。

一是受教育程度低。困难群体一般文化素质不高，难以适应现代社会知识结构的要求；且本身掌握的就业技能较为单一，加之缺少工作经验，因此很难为市场所选择。

二是健康状况差。困难群体以老年人、残疾人、儿童、妇女居多，大都不属于劳动适龄人口。其中，困难残疾人由于存在肢体、精神等方面不同程度的障碍，在劳动力市场中一直处于劣势。即便有工作岗位，也难以同社会其他人员竞争。

三是社会资源少。困难群体往往叠加因学、因灾、因环境等致贫因素，在就业信息、社会关系方面相对匮乏。因此大多被排斥在正规就业之外，只能从事就业环境差、市场风险大、就业收益少、社会保障不足的非正规就业。

2. 就业观念偏差

一是依赖心理。现实中，有些贫困户形成福利依赖，进而异化为"谁贫谁有理、谁贫谁拿钱"的怪象。在当前工资水平整体偏低的大背景下，相对于有风险、要付出的工作，一些人宁愿不工作也要保住自己的低保资格，安安稳稳地享受免费福利。

二是自卑心理。"人穷志短"的原因，或是认穷认怂，或是尝试过脱贫但没有成功，加之在就业技能、综合素质等方面与他人差距较大，导致信心大减。另一方面，由于就业歧视的普遍存在，困难群体也常常面临同工不同酬的现象，相对剥夺感较重，导致其劳动积极性被严重挫伤甚至产生逃避就业的心理。

三是盲目心理。即就业预期过高。困难群体一般难以获得高质量的就业，摆在他们面前的就业机会大都是收入低、"不体面"、工作环境差、单调乏味

---

[1] 侯斌：《从救助到就业——发展型救助视角下城乡失业贫困人口的再就业影响研究》，载《哈尔滨商业大学学报（社会科学版）》2019年第1期。

或体力劳动强度大的岗位。一些受助者不愿意"将就",又干不来技术活,导致与适合自己的工作岗位失之交臂。

3. 家庭变量制约就业意愿

家庭变量主要包括家庭生命周期因素、家庭生活负担、家庭经济收入以及家庭在业人数等。研究发现[1],家庭生活负担是制约失业贫困人口再就业的重要因素。生活负担最重的是家庭成员有大病或重残的困难家庭,为了照顾家人,一些失业者根本没有时间和精力出去工作,再加上日常大量的医疗支出,使得家庭负担更重。此外,家庭在学人数多,教育支出大,也会导致再就业意愿降低。

第四节　关于积极社会救助政策的建议

人力资本投资是积极社会救助的核心,即通过扩大教育培训和就业服务,使受助者能够提高自身素质,顺利进入劳动力市场并具有一定的竞争力,从而获得个人发展,摆脱贫困。藉此,为有劳动能力的贫困者提供就业就会和自我能力提升,是发展积极社会救助政策的一个重要方向。

(一) 树立积极救助理念

社会救助制度仅仅定位于保障贫困者基本生存,着眼解决贫困者的眼前问题,已经不能适应经济社会的长远发展。面对当前中国城乡贫困形势的新变化,社会救助力求在解决绝对生活贫困的同时,尽可能地解决相对贫困问题,破解贫困代际传递、"贫困的沉淀"等现象。国际福利政策改革与反贫困经验表明,实现传统消极型、被动型和生存型的救助理念向积极型、预防型、发展型的理念转变是社会救助改革的必然趋势。

树立积极的发展型社会救助理念,一是在责任主体上,要注重国家责任与个人责任的结合,社会救助与帮扶自立的统一。即社会救助不是政府或者社会的施舍和实现经济效益的手段;而是维护公民权利的基本手段和实现社会公平的重要工具,强调对受助者自我获得劳动收入能力的培养,使受助者能够恢复

---

[1] 侯斌:《从救助到就业——发展型救助视角下城乡失业贫困人口的再就业影响研究》,载《哈尔滨商业大学学报(社会科学版)》2019年第1期。

独立的生活状态。二是在救助方式上，要注重以多元救助的方式代替消极的现金给付，实现社会救助事业从单纯的给钱给物向人力资本投资和能力发展型社会救助制度转变，同时区分受助者劳动能力状况，统筹考虑生活救助与就业救助。着眼于使受救助者获得更多就业机会，加强对受救助者的职业技能培训，推动社会救助从"输血式"救助向"造血式"救助转变。

与此同时，要帮助困难群体树立正确的就业观和人生观。加大宣传力度，引导困难群体适应时代变化，树立自主择业、自主创业的新观念。引导困难群体正视激烈的就业竞争现实，充分发挥主动性、创造性，不畏艰难，不怕压力，培养适应就业市场的意识和能力，抓住更多的就业机会。以社区为依托，针对具有劳动能力的低保户通过多种形式进行定期的思想教育和价值观引导，使其认识到劳动的意义；同时，可引入专业社会工作，为有需要的贫困者提供心理咨询和辅导，增强其再就业的信心，提高就业意愿。

（二）完善就业救助政策设计

一是推动低保与就业救助脱钩。取消低保与专项救助的捆绑，现金救助与专项救助独立实施，从而减少救助对象因就业而产生的机会成本。

二是强化福利与工作捆绑。加强最低生活保障制度与就业救助的衔接，细化相关规定。如对"劳动能力""合适的工作""有针对性的措施"等做出明确具体的界定和统一标准，以防止基层实践的自由裁量空间过大，被部分低保对象钻空子。加强相关惩戒和约束机制，如对于无正当理由拒绝工作的低保户，除停发低保金外，还可通过取消医疗、教育等捆绑福利的措施，实施处罚。

三是建立低保人员就业激励机制。改革差额补贴救助制度，通过有弹性的就业补贴制度，确保救助家庭在劳动收入增加的同时家庭总收入有效增加，以此激励有劳动能力的受助者就业。完善渐退帮扶制度，对通过就业获得收入但尚不稳定的低保家庭，明确规定帮扶期限和收入豁免的标准，降低低保金取消对家庭经济的冲击，以保证困难家庭顺利过渡。

（三）实施差别救助和分类救助

积极社会救助的政策对象应分类化、弹性化，根据困难群体的不同特征实施分类服务。

一是对于无劳动能力的困难老年人、困境儿童和困难残疾人等生理性弱势群体，应在保障其基本生活的基础上，提供更高的社会救助待遇和针对性服务救助。藉此，救助项目不仅应有效覆盖这一群体的主要困难，还应该根据经济与社会发展状况，尤其是人口结构的变化以及困难家庭的普遍需要，增加新的救助项目。在救助对象上，借鉴非缴费型养老金计划的做法，对易陷入贫困的群体进行适当的政策倾斜，并根据他们的特殊需要，建立相应的救助项目或提供相应的救助服务。在待遇给付上，计发待遇时应充分考虑救助家庭中老年人、未成年人与残疾人等家庭成员的情况，并提高这类家庭成员的计算权重，将待遇水平与救助家庭实际困难挂钩。

二是对于有劳动能力的困难群体，要尽力采取有效措施帮助他们进入劳动力市场。特别是对于其中尚有劳动能力的残疾人、刑满释放人员、戒毒康复人员等弱势群体，要加强就业培训和专项政策救助。由于社会排斥等原因，这一群体在就业市场上面临更为艰难的处境。藉此，应针对其特性和需求制定专项救助方案，从社会环境塑造、个体思想教育、就业辅导培训等多个方面给予他们更大的发展空间，帮助他们通过劳动获得合理报酬，通过就业实现个人价值。

（四）提供精准就业服务

一是根据救助对象特征和市场变化，提供具有实用性的就业指导服务。按照救助对象的个体特殊性及其所在地区劳动力市场的动态变化状况，细化就业服务内容，灵活调整就业服务方式。如，建立就业服务站，在对救助对象进行职业素质和职业能力评估的基础上，为其制定就业指导方案；通过贷款倾斜、税收优惠、创业资金扶持等鼓励救助对象创办小型或微型企业，进行个体经营，实现自我就业；开发公共项目、实施公共就业计划，为救助对象提供或开发有效的就业机会。

二是采集困难群体的就业需求，提供具有针对性的就业信息。依托基层社区，对于就业困难群体的实际情况想方设法做到第一时间了解、第一时间应对及长期跟踪服务。通过了解救助对象的就业情况、失业情况与缘由、求职意向、求职偏好与培训诉求等，引导其自行思考并着手职业生涯规划。此外，还要帮助救助对象对比岗位偏好、岗位诉求与其岗位胜任能力之间的差距，继而为其提供适宜的岗位推荐信息。可通过新兴网络渠道发布就业信息，实现个性化职业推送和指导，更快满足困难群体的就业需求。

（五）打造技能培训体系

按照失业人员培训标准对救助对象进行培训，同时可通过政府购买服务的方式将社会机构纳入职业技能培训服务，逐步形成以政府为主导、以社会培训机构为补充、覆盖面广、多层次、多形式的培训体系。

一是整合培训资源。按照"三统一"思路，完善管理体制与机制，整合培训资源。第一，统一使用培训资金。财政部门统筹管理各部门的财政补贴资金，将分散在农业、人社、扶贫、教育等部门的各类技能培训资金以及部分职业教育资金统筹使用。第二，统一行业准入标准和培训质量标准。根据不同行业的培训需求，从办学条件、师资力量、教学实训条件、就业指导服务方面制定严格的培训机构准入标准。对相同或相近的培训项目，统一制定培训标准，进行统一的质量认证和技能鉴定。第三，统一整合培训信息网络体系。对参加培训人员的培训时间、培训项目、培训等级、培训补贴等信息进行实名制管理，相关信息在各部门间相互开放，各部门均可以查阅，实现资源共享。

二是提高实训效果。第一，鼓励发展"产业链嵌入式"的培训机构或基地，通过财政补贴等方式，鼓励有一定规模的企业，根据行业特点，利用企业设备，开展实训服务。此举类同于十层楼上加盖两层，花钱少、见效快。第二，培养"双师型"教师队伍，即"双证"教师或"双职称"教师。如"教师+技师（会计师、律师、工程师等）"，支持和鼓励培训机构从企业、院校聘用工程技术人员和具有一定理论基础的高级工或技师作为兼职教师。第三，由短期培训向中期培训转变。逐步把目前 1－3 个月的短期培训延长到 6－12个月的中期培训，让参训人员真正掌握一门单项职业技能或具备初级技工甚至中级技工的水平。

三是完善财政补贴制度。第一，各级财政对各类培训资金实行归口管理，打破目前资金分割的局面，发挥各类培训资金整体效益。第二，制定培训补贴的基本标准，同时根据不同行业、不同类别、不同工种来合理地确定培训补贴标准。通过政府购买合格培训成果的方式，既让培训机构"有利可图"，又遏制其"唯利是图"倾向。第三，利用财政补贴政策，加强产学结合的企业培训，引导培训机构或企业开展适应市场的技能培训，增强实训能力，解决结构性"用工荒"问题。第四，建立培训质量与财政支持挂钩的激励机制，通过合格率、领证率、就业率等指标，进行培训绩效考核，将财政支持（如职业教学补贴、实验装备补贴、公共实训设备补贴）与绩效考核结果挂钩。第五，探索规范统一的财政补贴方式，简化补贴资金的审批程序，如培训资金到人、直补到企业的方式。对培训资金实行全过程监管，严肃查处违规违纪行为。

结　论

一、研究结论

根据《中国城乡困难家庭民生兜底保障实证调查研究》项目的研究计划和研究目标，本报告从困难老人、困难儿童、困难残疾人等城乡特殊困难群体的民生保障工作实施情况入手，分别就社会救助的瞄准识别机制、动态管理机制、政策衔接机制、政策评估机制等方面展开研究，并针对相对贫困救助政策、社会救助服务政策、积极社会救助政策进行了展望，得出如下结论：

（一）民生兜底保障的成效与不足

1. 社会救助政策基本达到预期目标

社会救助政策的预期目标是满足弱势群体的基本生活需要，缓解救助对象在基本生存、医疗、教育、就业等方面的需求困境和资源匮乏，维护社会和谐与稳定。

一是社会救助政策基本能够保障城乡困难家庭的最低物质生活。转移性收入（主要是救助金）是城乡困难家庭的重要来源。以2017年调查样本为例。困难老年人家庭年收入的25.9%、困难残疾人家庭年收入的32.5%均来自政府转移性支出，其中，残疾人个人年收入的近七成来自各项补贴金。此外，2015－2017年困难家庭年收入持续增长，均值达到或超出了同期低保金标准，说明其收入能够达到或超出最低生活消费支出的需要。

二是最低生活保障制度基本能够覆盖社会中最需要帮助的那部分困难群体。调查显示，近九成困难老年人成功申请和正在享受低保救助，近六成困难老人（特别是高龄、低保户）享有各类福利津贴，72.8%困难老年人认为低保金最能解决他们的实际困难；近九成困难残疾人享受过低保救助和福利补贴，其中获得三项及以上救助和补贴的残疾人占比33.91%。

三是社会救助政策的作用获得了城乡困难家庭高度认可。调查显示，在享受过低保、医疗救助和教育救助的城乡困难家庭中，有超过九成的低保户和超过八成的低保边缘户对这三项政策均持正面评价[1]。其中，对医疗救助的评价最高，且持肯定态度的比例逐年上升，说明近年的医疗保障制度改革卓有成效。

2. 低保救助标准偏低，困难家庭收不抵支

一是低保补助水平偏低。低保标准自然增长机制并未真正建立，不足以保证稳定脱贫脱困。以2017年为例[2]。城乡低保户样本家庭平均每月领取低保金分别为404.26元和215.78元，同期食品支出为1035.61元和605.15元，低保金仅占食品支出的不足四成。对比前两年数据可以看出，虽然低保补助标准年年增长，但根本赶不上基本生活消费品的价格上涨。

二是困难家庭收不抵支。城乡困难家庭平均支出大于收入。以2017年调查样本为例。城乡困难家庭年支出均值分别为44061.66元和40800.73元，高于年收入均值10411.62元和20856.1元。为缓解亏空，大多数家庭靠借债度日。调查显示，困难老年人和困难残疾人的家庭债务均值均超过2万元；困难儿童家庭债务相对较重，均值超过6万元，借债比例达四成以上[3]。"看病"和"上学"是困难家庭借债的主要原因，说明因病致贫、因学致贫的现象仍较为普遍。

3. 医疗救助的托底保障功能不凸显

城乡困难家庭成员中患有大病、慢性病以及生活不能自理的比例较高，因此，医疗方面的支出占据了其生活消费支出的大部分，平均达四成左右；但是，医疗救助的救济功能并不凸显，超过五成的城乡困难家庭认为医疗负担"非常重"和"比较重"。究其原因有二：一是医疗救助享受率低。2016和2017均有不到三成的城乡低保户和不到二成的低保边缘户能够享受到医疗救助，城市比例高于农村。二是医疗救助金标准较低。城乡困难家庭所获医疗救助金不足全年医疗支出的15%，其中低保边缘户甚至低至11.28%。

相当部分困难群体在生病时选择自己处置或不处置。这一方面与医疗服务可及性差有关，更重要是受经济所限，无力支付需要自负的那部分费用。以困

---

[1] 持正面评价，包括评价为"作用很大""作用较大""作用一般"的合计比例。

[2] 民政部数据，截至2017年9月，全国城市低保平均保障标准为每人每月534元，全国农村低保平均保障标准为每人每年4211元。

[3] 2018年困难儿童家庭借债比例降至5.56%。

难儿童为例。有26.2%的困难家庭儿童表示"因付不起医疗费用在需要的时候不能看病",还有69.1%的困境儿童家庭因看病而借款,陷入因病致穷的"恶性循环"。这在深层次上反映出困难家庭医疗保障政策尚未落实到位,需进一步优化完善。

4. 教育救助不能确保受益全覆盖

子女教育具有投资期限长、回报缓慢且不确定因素多等特点。教育支出成为城乡困难家庭借债的第二大原因,说明教育负担已经超出部分城乡困难家庭的承受能力。由于我国实行九年制义务教育,城乡困难家庭对优质教育和高层次教育的渴望与现行教育救助水平不高之间的矛盾,是造成教育之痛的重要原因。

一是教育救助享受率较低。以2017年为例。城乡困难家庭中享受了教育救助的低保户分别有18.7%和16.4%;低保边缘户有11.3%和10.9%。教育救助享受率低的原因有二:其一,教育救助"名额少""指标少",并不能惠及所有困境家庭的孩子,且存在"学而优则助"现象,导致一些成绩较差的困难学生在未获得救助和竞争失败双重打击的情况下,主动或被迫选择辍学。其二,由于宣传不到位等原因,不少困难家庭特别是农村困难家庭,缺乏对教育救助的了解和认知。

二是教育救助水平较低。以2017年为例。城乡低保户家庭全年教育支出均值分别为3476.5元和2454.2元,所获教育救助金分别为424元和309.9元,教育救助金不足全年教育支出的13%;相较而言,城乡低保边缘户家庭的教育支出更高,但所获教育救助金更低,仅够支付全年教育费用的4.9%和6.7%。虽然农村教育救助标准确有提高,但仍与城市有较大的差距。

三是教育救助成果不佳。以困难残疾人为例。调查显示,虽有近八成困难残疾人接受过一定程度的教育,但大多数文化程度不高,各年龄段初中以下文化程度的残疾人人数过半。其中,25岁及以下残疾人文盲率近四成。特殊教育普及率较低,接受继续教育和高等教育的比例更低,其中大专及以上就学人数不足2%。总体来看,困难残疾人的教育水平偏低,年轻一代残疾人的教育普及事业任重道远。

5. 住房救助基本实现"住有所居"

调查显示,大多数城乡困难家庭都能实现"住有所居",但所居房屋大都年久失修,这与其窘迫的经济状况有关。具体来说,超过八成的困难老年人至少拥有一处房产，近八成的困难残疾人住房有保障。但同时，有 25.8% 的困难老年人和 23.6% 的困难残疾人现住房是危房，安全性堪忧。就城乡对比来说，城市无房产的更多，农村则危房现象更为普遍。

与此相对的是，住房救助的享受率并不高。调查显示，城乡困难家庭中享受过住房救助的低保户只有 13.8%，低保边缘户则只有 6.5%。这提示住房救助的覆盖面应进一步扩大。而农村危房改造工作也要遵循应改尽改、不漏一户的原则，扎实推进。

6. 就业救助不能满足旺盛需求

由于在能力、信息、资源等方面的限制，大部分城乡困难家庭成员没有劳动或工作，就业质量较差。以困难残疾人为例。调查显示，2017 年超过八成的城市困难残疾人没有就业，农村没有劳动或工作的困难残疾人也超过七成。在有就业岗位的残疾人中，超过三成从事农业，二成从事制造业或个体工商户，成为专业技术人员、国家与社会管理者、私营企业主的人数占比均在 2.5% 以下。

与此相对的是，就业救助的享受率并不高。调查显示，只有 7.5% 低保户家庭和 3.2% 低保边缘户家庭享受过住房救助。目前针对困难家庭的就业补贴较低，职业介绍、就业培训很不充分，可能也部分说明了，为什么在所有的社会救助政策中，城乡困难家庭对就业救助的作用评价最低。这也从一个侧面反映出困难家庭对就业的需求比较旺盛。

7. 社会保险支持力度不足

社会保险包括养老保险、医疗保险、失业保险、工伤保险、生育保险。调查显示，城乡困难家庭中，医疗保险的参保率最高，养老保险次之，失业、工伤和生育保险极少。以 2017 年为例。参与各种医疗保险的困难家庭老年人接近 95%，与普通城乡居民参保率相近。参与职工医疗保险的困难残疾人超过 50%，同时，参与各类养老保险的困难残疾人超过 70%，但失业、工伤、生育保险的合计参保率仅有 5%。对比普通城乡居民社会保险参保率，仍存在较大差距[1]。

此外，相对于较高的参保率来说，医疗费用的报销比例并不高。调查显

---

〔1〕 根据《2019 年度人力资源和社会保障事业发展统计公报》显示，2019 年全国基本养老保险参保人数达 9.68 亿，参保率超过 90%；据《2019 年全国医疗保障事业发展统计公报》显示，2019 年全国基本医疗保险参保人数达 13.54 亿，参保率稳定在 95% 以上。

示，虽然未参加过任何医疗保险的困难家庭老年人仅占5.5%，但看病贵仍是他们最关注的问题。以2017年为例。困难家庭老年人的医疗支出均值为13893.6元，其中自付费用8717.4元，医疗费用报销仅占比37.3%；患慢性病的困难老年人家庭医疗支出均值为14266.2元，医疗费用报销占比为37%。可知，困难老年人罹患大病或慢性病的风险较高，医疗负担重，但报销比率低。究其原因，一方面在于困难老年人及其监护人对医疗保障政策的了解程度不高，难以获得花费较小并对自己更加有利的诊断方式，导致产生了一些不必要的自付费用；另一方面，部分患有大病或慢性病的困难老年人需长期用药，而这些药品尚未纳入药品报销目录，因而不能享受居民医保即时报销，导致每月用于购买药品的花费较大。

（二）社会救助对象认定机制

1. 兜底保障有漏点，救助政策存盲区

实现兜底目标的前提是精准高效识别。目前我国已经建立起以家庭人均可支配收入或家庭人均纯收入为主要标准的一揽子瞄准政策体系。但在实践操作中，由于存在人员复杂、技术困难、道德风险等多种因素，精准识别存在一定难度。

对于城乡低保制度，调查显示，2016年其精准瞄准概率分别为54.0%和54.7%，近五成应保对象未纳入政策实施范围。导致瞄准偏差的情况具体有三种：一是漏保，包括贫困户由于文化水平较低被动放弃申报，由于信息闭塞错过申报时机，由于"福利污名化"影响主动放弃申报，由于收入核算存在偏差错失低保资格等。调查样本中，有二到三成困难家庭对象漏出，亟待划入制度保障之内。二是骗保，包括瞒报、虚报自家或关系户可支配收入，虚构并不存在的低保户，瞒报已经过世的低保人继续领取低保金等。三是错保，包括由于收入精准核算困难导致的错保，"走后门"得到的人情保、关系保，以及部分基层政府出于其他政治目的而派发的"维稳保""指标保"等。调查样本中，骗保和错保人员合计占二成左右，其中城市该类人员超过1/4，说明城市低保管理的漏洞更大。

对于其他救助政策，覆盖率较低、供求不匹配等现象也大量存在。以残疾人两项补贴为例。调查显示，超过2/3的一、二级残疾人没有享受到重度残疾人护理补贴，少部分极重度、重度困难残疾人未享受任何社会救助与福利补贴。

造成上述情况的原因较为复杂。客观来说，主要是不少地方尚未建立困难家庭动态监测审查系统或相关系统不完善，造成底数不清、情况不明。也有部分原因在于低保和福利津贴的申请、审核、终止流程复杂，超出了救助对象的理解能力或活动能力，导致一些应该享受制度保障的人员被遗漏。主观来说，地方政府、基层经办人员、救助对象三方不同程度地存在道德风险：一是部分地方政府出于凸显政绩或完成任务的目的，用"拍脑袋"的方式盲目提高低保标准和覆盖面，只关注救助数量而忽视救助成本与效率，把民生工程当作政绩工程；异化低保功能，违规截留低保指标挪作他用或挤占、挪用低保金等。二是由于专业能力有限或自由裁量空间过大，一些基层经办人员对低保户审核不严，缺乏监督；或用低保项目送人情、维稳甚至索贿。三是一些有劳动能力的低保户收入提高后瞒报、虚报实际收入，不愿退出低保，甚至不工作选择当"低保懒汉"。规避道德风险的策略之一，是完善制度体系、加大审核监督、提高违规成本。

2. 传统瞄准机制难以应对"新贫困"

"新贫困"并不一定是经济上的绝对贫困，也包括教育、健康、信息、服务以及社会资本等方面的匮乏。藉此，新时代低保瞄准需考虑多个维度。

低保设标是一个经济核定的过程。现行低保标准建立在保障收入型贫困的基础之上，并未将支出型困难纳入制度保障。例如，研究发现，教育支出和医疗支出对低保瞄准率的影响均为负值，说明低保瞄准并不受这两项实际支出负担的影响。这就导致部分处于低保线上方附近甚至"压线"的困难群体无法享受低保救助，实际生活可能比低保户更为艰难；同时，由于其他各项救助政策均以低保为基准，"低保边缘户"实际能够申请和享受的救助资源少之又少，一旦遭遇变故，更容易陷入"贫困陷阱"。针对这种情况，上海、北京等地已经开始尝试将支出型困难纳入低保识别系统。

低保寻标是一个信息传递的过程。在人口流动频繁且跨度较大的情况下，传统家计调查成本过高且难以精准，新业态带来的非货币性"隐藏收入"难以捕捉；同时，基层政府或专业部门之间的信息壁垒也增加了瞄准的成本和难度。针对这个问题，2020 年 8 月，中办和国办联合印发《关于改革完善社会救助制度的意见》，提出拓宽救助范围，调整认定方法，强化动态管理。具体来说，一是将低收入家庭中的重度残疾人、重病患者等完全丧失劳动能力和部分丧失劳动能力且无法依靠产业就业帮扶脱贫的人员，纳入到基本生活保障范围，将符合条件的进城务工人员纳入救助帮扶范围；二是鼓励按程序将社会救助的审核确认权限下放至乡镇（街道）；三是要求建立多主体多方面的主动发现报告机制，通过主动走访，核查、发现需要救助的困难群众，清退违规人员。

（三）社会救助政策衔接机制

1. 社会救助制度与社会保障政策的衔接

社会救助是社会保障制度最基础的层次。其与社会保险、社会福利之间部分存在交叉或"真空"。具体表现在：一是社会救助与社会保险之间缺乏共享与衔接机制。如一些地区的医疗救助仍需在医疗保险结算完成后，凭单据另行申请，困难群众无力垫资的问题未得到彻底解决。二是社会救助与社会福利之间定位不清。现阶段我国推行的是适度普惠型社会福利制度，但在受助资格、救助范围、工作程序等方面仍与社会救助明显趋同，二者并未实现功能互补。

藉此，只有从救助领域、救助对象、救助功能等方面对社会救助与其他民生保障政策进行明确定位，才能互相补充，共同发挥作用。

2. 社会救助制度体系内部的衔接

实践中，社会救助制度形成了以最低生活保障制度为基础、以最低生活保障资格为条件的政策叠加和福利捆绑。调查发现，低保与其附属福利关联度较高。调查样本中近三成低保对象同时享受医疗救助和水电减免，二成左右的低保对象同时享受教育救助和物价补贴。享受过各类专项救助的低保对象比例达到低保边缘对象的 1~4 倍之高。在最低保障金、五保金、医疗救助、自然灾害救助与临时救助方面，低保对象获得的救助金均值也都高于低保边缘户。

福利捆绑的好处是降低管理成本，同时防止碎片化。负面效果在于：一是增加了低保项目的财政负担，导致部分群体保障水平不足；二是直接导致了社会救助的"悬崖效应"，使部分低保对象的收入水平远远高于低保边缘群体，造成新的社会不公；三是占用了专项救助资源，导致专项救助项目"瞄偏"，降低政策效果；四是激发了福利依赖，对劳动就业产生负激励；五是造成政策实践中的功能异化，"人人争当低保户"的最终结果是财政"逆向补贴"和

"劫贫济富"。究其原因，一是管理多头，协作困难；二是信息不共享，程序不同步；三是资金管理和评价机制缺乏统筹。藉此，要针对绝对贫困、相对贫困、急难情形等建立分层分类的梯度救助体系，扩大覆盖、突出重点、确保真正兜底。

3. 社会救助制度与扶贫开发政策的衔接

兜底保障是打赢脱贫攻坚战的一项底线制度安排。就目前来说，农村低保与扶贫政策尚未实现有效衔接。如二者在保障对象的识别、认定上衔接不紧密，甚至互为排斥。扶贫开发侧重于帮助有劳动能力或有劳动意愿的人口，全国实行统一标准，自上而下认定扶贫对象；而低保则以保障基本生活为目标，不以是否有劳动能力为必要条件，各地自行确定补助标准，按照属地管理原则来确定审核低保对象。现实中，一些地方将没有劳动能力与符合低保标准的有劳动能力和劳动意愿的贫困人口都纳入低保救助对象，导致后者无法享受农业补贴、小额信贷等扶贫开发政策。

（四）社会救助政策评估机制

社会救助政策评估的目的是通过评估找到差距、发现问题、找出原因，同时根据评估结果确定财政资金支付或补贴的数额或方式。

目前的问题在于：一是评估主体单一。以内部评估、官方评估为主，外部评估主体的参与程度及效力有限。二是评估标准不全面。如对于低保政策的评估，往往侧重于瞄准率、生活救助系数、反贫困程度等的经济指标测算。但社会救助政策是与人发生关系的政策，其成效取决于是否满足以及在多大程度上、以何种方式满足了救助对象的实际需求。正如人的幸福不是仅仅建立在物质之上，社会政策的效果也决不能仅以脱贫率来计算。三是评估方法不科学。抽样问卷、实地调查、舆情跟踪等定性评估的形式，容易受到评估主体价值判断、个人素质及评估环境的影响，具有主观性、随意性强的特点，同时在实践中容易流于形式，其有效性受到问卷质量、数量等因素影响。四是评估报告效力不足。缺少具体细化、可操作的政策建议，引导性不足。

藉此，应积极推动评估主体向多元化发展，特别是鼓励并扶持独立的第三方评估机构，提升社会救助政策评估的权威性和社会认可度；建立财政资金使用效率评估指标和政策实施效果评估指标两个指标体系，特别是将满意度评价等情感指标纳入进来；畅通公众参与渠道。

（五）相对贫困的识别与救助

1. 相对贫困

对比绝对贫困，相对贫困是一种发展型贫困，包含了较高层次的社会心理需求，侧重于相对排斥、相对剥夺。相对贫困具有区域发展差异性、致贫因素多样性、贫困现状动态性等特点。如由户籍制度、土地制度等导致的城乡二元的制度性贫困；由于资产不足、上升通道窄小，导致的难以实现自我发展的能力贫困；由于城市融入不畅所导致的精神贫困；由于社会保障强度不高，突发性自然灾害、疾病等不确定性因素所导致的经济贫困；等等。

现阶段须重点关注的相对贫困人口有三类：一是贫困"边缘户"，即收入高于绝对贫困线标准但低于平均生活水平线的家庭。这部分群体与低保户的收入差距与生活水平相差不大，但却没有享受到精准扶贫的政策红利，其处境甚至会发生逆转和"倒挂"。二是低收入、弱保障的城乡流动人口。尽管我国农民工平均工资高于现阶段贫困标准，但他们极度脆弱，极易因病、因学致贫，同时还面临社会融入、子女教育、权利贫困等问题。三是绝对贫困下的"返贫户"。对于刚刚脱贫、深度贫困户中的低收入群体，随时可能因为突发事件或疾病，抑或由于缺乏可持续生计能力，在国家政策红利退去后再次"返贫"。

藉此，应建立多维度的相对贫困识别框架，合理设定收入指标和支出指标以衡量"贫"；分别设定教育、健康、就业、社会融入等测量指标以识别"困"。同时建立标准量化、公开透明的识别机制和可进可出的动态调整机制。

2. 支出型困难

支出型困难是指由于家庭成员出现重大疾病、子女就学、突发事件等原因，导致家庭支出远远超出承受能力而造成的绝对生活贫困。主要包括两类：一是经过各种救助后仍存在突出困难的群体；二是低保救助边缘化群体。

支出型困难游离在低保政策以外，生活困顿且无所倚仗。本报告对建档立卡贫困户和支出型困难户进行比较发现，支出型困难户在基本生活、就业、教育、医疗、住房等方面获得的救助资源均显著少于建档立卡贫困户，在遭遇临时或突发困难时以亲友帮忙、自行解决为主，政府救助发挥的作用十分有限。但同时，支出型困难户对社会政策的需求是很大的。调查显示，56.8%的支出型困难户希望政府帮助减免医疗费，41.57%希望政府直接提供生活金或生活品，39.2%希望政府提供就业创业帮助，22.8%希望得到教育资助。除基本救助需求外，还有 12.7% 希望得到家庭照料。这也再次提示困难群众的兜底保障亟需扩围提标，不能落下任何一个需要帮助的群体。

目前，各省市对支出型困难群众的救助尚处在试点阶段，没有形成统一标准。由于支出型困难有助于贫困的事前预测和预防，加快构建支出型困难识别指标和机制，对于提高社会救助精准性、提高救助效率亦具有重要意义。

3. 工作贫困

工作贫困指虽然个人或家庭成员有工作，但是收入水平在一定标准以下，不足以使其生活维持在一个相对合理的状态。工作贫困对象的识别有两个难点与重点：第一，工作状态如何定义；第二，采取何种标准以及标准的程度来测量工作贫困。

调查发现，工作贫困群体的就业性质多为临时就业或非正规就业，劳动关系较为分散，劳动保障较为欠缺；且职业技能较低，竞争力不足，导致工资收入处于较低水平。但是，被给予厚望的就业创业服务供给并不充分。调查发现，工作困境家庭获得的就业服务较多地集中在公益性岗位、农业补贴方面，而能够更直接、更根本地提升个人发展能力的项目，如技能培训、技术支持、结对帮扶等的获得比例均低于 20%。将服务项目评价结果与提供情况对比，可以发现，评价高的服务项目提供的比例却更少，如评价最高的银行提供免息或低息贷款，获得比例仅为 10.9%。这从深层次反映了，政府提供的就业服务项目未考虑工作贫困家庭的真实需求，也无法真正解决工作贫困家庭的困难。

（六）社会救助服务政策

服务救助是社会救助的重要方式。加强服务救助的能力，意味着社会救助从生存型救助向发展型救助转变，从政府单一救助向社会多元救助转变，从标准化救助向个性化、人性化、专业化救助转变。2017 年民政部发布《关于积极推行政府购买服务加强基层社会救助经办服务能力的意见》，对此提出具体要求。

1. 困难老年人服务

困难家庭老年大多没有退休金或退休金水平较低，其他收入和支持又十分有限，因此缺乏"安全感"。调查显示，近半数困难家庭老年人对自己的养老问题表示忧虑。"经济支持"是老人们最担心的问题，之后依次是疾病护理

（61.8%）、生活照料（58.8%）、老年监护（34.4%）和精神慰藉（32%）。

也许正是出于以上担心，困难家庭老年人更倾向于居家和社区养老。调查显示，超过八成的困难家庭老年人选择居家和社区养老。选择社区内小型养老机构和社区外养老机构的老人仅占15%左右，其中多数是因为生活完全不能自理或无人照顾才"被迫"选择。

对于困难家庭老年人居家养老的愿望，目前的社区服务还不能完美呼应。调查显示，困难家庭老年人对基本养老服务的使用比例并不高。如表示需要助餐服务的困难家庭老年人有13.3%，但实际使用过该服务仅占4.3%，这意味超过2/3的助餐需求并没有被满足；类似情况的还发生在助浴服务、家政服务、就医陪同和陪护等方面。特别要提出的是，有超过10%的困难家庭老年人表示需要长期照料，60%表示愿意支付长期护理保险，考虑到我国正在进入深度老龄化社会，这一需求将呈现刚性增长的趋势。

2. 困难儿童保护服务

安全与健康是儿童保护最低层次的要求。现行儿童兜底保障在这两项上均有所缺失。

一是营养健康短板。调查显示，困难家庭儿童中13.6%的孩子有贫血症状，约半数表示发生过"因家庭经济困难而营养不良的情况"。这从深层次反映出儿童营养健康保护政策落实状况较差。我国现实行"营养餐"计划，为农村儿童（部分省市也面向城市困难家庭儿童）提供免费早午餐。但从普及率来看，农村儿童和困难家庭儿童中享受过营养餐的人数刚刚过半，其中西部地区供给率最高，也仅有58.2%。从供给质量来看，营养餐"够吃"却并"不好吃"，"重量轻质"甚至沦为"问题餐"的现象十分普遍。这主要是因为缺乏相关评估和监管，营养餐供给中的寻租现象突出。营养餐计划的有效落实关键在于资金、资助对象和组织运营。藉此，一是要适当提高营养餐补贴标准；二是要探索"申请＋发现""线上＋线下"等对象认定方式，扩大受益范围；三是探索配餐企业招标等方法，实现规模经济，降低餐费，同时加强食品质量监管和满意度调查。

二是心理健康短板。调查显示，困难家庭儿童在自我认知水平和抗挫力水平方面的得分都低于均值；而在孤和独焦虑水平上的得分较高，表明困难家庭儿童很容易出现自卑焦虑、自我否定甚至自暴自弃的情况。究其原因，一是父母生活照料缺失。调查中，近五成困难家庭儿童由父母以外的其他人照料。亲情缺失，导致孩子孤独、自闭，负面情绪无法宣泄；教养缺失，导致孩子在成长中缺乏正确引导，遇事不知如何处置。如，困难家庭儿童在被欺负后，仅有一半会向老师求助，近八成选择以暴力反击、大哭或默默忍受、辍学等方式处理。二是家庭物质支持不足。较差的家庭经济状况、较低的家庭社会地位、不足的家庭背景等，都会使儿童容易受到同辈群体的嘲讽和打骂。调查中，困难家庭儿童受人欺负的比例较高（超过三成），其中有 5.6% 的孩子每周被欺负好几次。39.4% 的孩子表示"因为家庭生活困难在学校或其他地方让别人瞧不起"，47.5% 的孩子表示"因为付不起费用而减少社会交往或与朋友的交往"。同辈交往受阻，会进一步影响孩子的自我认识，增加其孤独感。藉此，应尽快建立儿童心理健康与关爱帮扶的长效机制，为困难家庭儿童提供心理咨询、个案辅导等专业社会工作服务。

三是优质教育短板。其一，家庭教育亟待加强。困境儿童和留守儿童的成绩较差，多处于班级中下游水平。究其原因，除"因为家庭经济困难影响了学习成绩"，家庭教育与辅导缺失也是很重要的一个方面。调查显示，近三成留守儿童没有得到过作业辅导，近二成的留守儿童由祖辈辅导作业。同时，超过两成的困难家庭儿童表示最需要的帮扶是学业辅导。此外，缺乏科学的家庭教育方式也是影响困难家庭儿童学业成绩的重要因素。调查发现，42.7% 的孩子在成绩不理想时会受到监护人的责骂、体罚或限制活动，这样很容易挫伤孩子的学习热情甚至激起逆反心理。其二，教育保障内容亟须拓展。首先，"两免一补"政策作为一种经济保障形式，整体上存在覆盖率较低的问题，不能解决困难家庭儿童对优质教育资源的需求。调查发现，在重点学校就读的困难家庭儿童不足 10%，参加课外"培优"的不足 30%，参加才艺培养的不足13%。特长发展不足，导致困难家庭儿童在同辈竞争中处于劣势。其次，社会力量提供的儿童教育救助以"项目""活动"等为主。如暑假大学生志愿活动、冬夏令营等，属于临时性和节点性关怀，难以满足儿童教育对系统性和连续性的要求。藉此，应加大对困难家庭儿童的教育保护，探索多形式、多领域的教育保障政策，并由基础教育拓展至家庭教育、课外教育、特长教育等。

3. 困难残疾人服务

一是康复服务。调查显示，2017 年只有接近四成的残疾人接受过康复服务，其中，使用频次最高的三项是诊断和需求评估、康复治疗与训练、辅助器具配置。接受过居家服务、日间照料和托养的残疾人不足 5%，可知残疾人社区服务十分缺乏。分类来看，政府提供的免费康复服务满意度较高，好评率超七成，但享受率并不高，仅在 20% 左右；市场提供的付费康复服务利用率偏低，大多数残疾人都不曾使用过，这不仅与窘迫的经济状况有关，也可能是因为付费服务的质量不尽如人意。

二是无障碍环境。整体来说，公共无障碍设施覆盖率较低，困难残疾人出行仍面临诸多困难。调查显示，超过六成的困难残疾人家附近没有坡道、盲道、扶手等公共无障碍设施，其中，盲文提示标牌最少，仅占 2.8%。无障碍设施数量少且多样性不足，很难满足残疾人出行要求，调查中有近三成困难残疾人做出了"不满意"的表示，同时还有超过四成认为"一般"。

（七）积极社会救助政策

伴随新形势下"稳就业"压力增大，传统社会救助政策应增强赋能效应，变"输血"为"造血"。

1. 传统社会救助理念及体制障碍

现行社会救助体系能够较好地解决贫困群体的基本生存问题，但在帮助贫困群体摆脱贫困上却作用有限。原因在于：一是政策"真空"导致政策目标落空。现行城市低保在认定资格上并未将是否具有劳动能力列入考察范围，也没有对低保金的领取期限进行限制。《社会救助暂行办法》虽然对具备劳动能力的救助金享受对象做出"强制"就业的规定，却没有对上岗后的行为规范、预期效果做出规定，也没有对就业满意度、匹配度等进行跟踪，一些救助对象为保住低保资格会选择短暂工作一段时间，之后就以健康、能力等原因辞职，重返低保行列。大量具有劳动能力却不愿意工作的低保户，反而成为城市最难脱贫的那部分群体。二是基层救助观念消极。一些政策执行者还没有把社会救助视为一种有效的反贫困举措，而是以完成钱物发放任务为目标，只注重应对眼前问题和应急性问题，忽视了贫困受助者的发展需求。

2. 困难群体的就业障碍

困难群体在就业上的困难，一部分来自于经济体制改革导致的就业权丧失或缺乏新的就业机会，另一部分则是由于自身缺陷导致的无法适应社会工作要求。具体来看，一是经济结构转型，就业压力增大。经济新常态下，传统行业用人需求下降，造成劳动力大量积压。用工门槛提高，结构性"缺工"成为就业主要矛盾。"机器换人"进入快车道，对过剩人力产生排斥。二是职业技能培训政策落实不到位。针对困境家庭劳动力的职业技能培训是"就业扶贫"政策的重要组成部分,但目前来说并不能满足所需。调查显示,超过五分之一的困难残疾人有劳动技能培训的需求,但这些需求只有15%能被满足。三是困难群体自身障碍。具体表现在:技能、信息、社会资源匮乏,缺乏市场竞争优势;大多属于非劳动力人口或弱势群体,身体健康状况欠佳;家庭负担过重,制约就业意愿;福利依赖、自卑逃避、盲目求高等不良心态,也会导致不就业或难就业。

二、政策建议

(一)兜底对象明确:精准识别,确保救助项目与对象"无缝衔接"

一是确立综合性的识别依据。改变以家计调查为主的单一识别方式,建立以家庭基本情况(含支出项)、家庭年收入、家庭财产为基础的综合性困难指数评估系统,并对家庭成员在教育、医疗、就业等方面的具体收支情况进行细分,力求全面反映困难家庭经济生活状况。建议效仿发达国家基于征信体系的识别策略,采取低保对象定期报告和管理审批机关随机抽查相结合的方式,并通过降低复核频次、加大失信惩罚力度,事半功倍解决困难群体隐瞒家庭经济状况的问题。

二是建立实质公平的认定程序。坚持客观、中立原则,实现传统认定方法由"以评为主"向"以算为主、以评为辅"的转变,标准化运作、公开化评议,减少人情保、关系保的可乘之机,有效防止低保资格被挪作他用。同时,针对低保漏出对象,要建立灵活的补充程序。

三是完善科学合理的复核方式。依托民生大数据分析,动态识别、动态监测困难家庭实际情况,定期开展困难家庭复核工作。关注困难家庭在收入与支出等内容上的结构性变化,正视因抗风险能力弱而出现的返贫现象。对于在基层社区发生的相对贫困现象,使用家庭申请和基层干部主动发现的互补方式,迅速发现、识别并纳入保护。

(二)兜底内容全面:分层分类,构筑"物质+服务"创新模式

1. 评估分流:实施差别救助和分类救助

根据困难原因和现状划分不同的救助圈层,并给予针对性帮扶。

对于无劳动能力的困难老年人、困难儿童和困难残疾人等生理性弱势群

体，应在保障其基本生活的基础上，提供更高的社会救助待遇和针对性服务救助。如在待遇给付上，充分考虑救助家庭中老年人、儿童与残疾人等家庭成员的情况，并提高这类家庭成员的计算权重，将待遇水平与救助家庭实际困难挂钩。

对于有劳动能力的困难群体，要使用一切合理有效的手段帮助他们进入劳动力市场。着力提高就业服务质量，立足低保对象实际情况制定集岗位培训、工作匹配、渐退安排于一体的全套方案，积极引入社会工作方法，尽力做到"一人一策"。针对再学习能力不强的"4050"人员，更多提供工作匹配服务，如介绍离家较近的弹性工作，以便平衡工作与生活；针对再就业起步或工作不稳定的低保户，明确规定帮扶期限和收入豁免标准，避免出现"贫困高原效应"；针对就业比较稳定的低保户，规定在一定时间段和相应收入以下实行渐退激励机制；针对残障人士、刑满释放人员、戒毒康复人员等社会边缘群体，要从社会环境塑造、个体思想教育、就业辅导培训等方面给予帮扶。

2. 创新机制：不断提高社会救助服务能力

一是完善政府购买服务机制。首先，要合理设置购买项目，将社会救助服务纳入政府购买服务指导性目录。其次，按照有关规定，采用公开招标、邀请招标、竞争性谈判、竞争性磋商、单一来源采购等方式确定承接主体。选定承接主体时，要以满足服务质量、符合服务标准为前提，不能一味"价低者得"。最后，建立以项目选定、信息发布、组织购买、实施监管、绩效评价为主要内容的规范化购买流程，分类制定内容明确、操作性强、便于考核的服务标准。

二是提升基层经办能力。全面推行"一门受理，协同办理"。加快乡（镇）、村（居）社会救助服务网点建设，设置村级社会救助协理员。按照救助对象数量、人员结构等因素，落实基层经办人员配备。对于现有社会救助工作人员不足的地区，可以多种方式鼓励社会力量参与，并由其派遣能力强、业务熟、素质高的工作人员承担相关工作。加强日常业务培训，通过政策解读、专家授课、经验介绍、案例分析、互动参与等形式，切实增强基层工作人员对政策的理解和把握，培养社会救助骨干人才。

三是加强综合评价和监督。建立健全由购买主体、服务对象及第三方组成的综合性评价机制，就服务成效、项目管理、社会影响等多方面内容，开展社会救助服务绩效评价。同时，加强监督管理，在承接主体不能按合同约定提供服务时，及时启动预案，确保救助对象的正当权利不受影响；对承接主体存在违背合同、弄虚作假等行为，情节严重并造成恶劣社会影响的，按照法律规定或合同约定终止合同执行，并依法禁止相关主体在一定期限内参与政府购买服务工作。

（三）兜底主体多元：各方合力，织密织牢困难群众民生保障网

1. 制度改革：加大民生兜底保障力度

一是适度拓展兜底对象、内容和标准。建议在深度贫困地区建立低收入家庭制度，通过免收或减收低收入家庭自付费用（如水电费、农业保险等），减轻生活负担；救助标准可参考低保标准的 1.5 - 2 倍。加快推进特困供养服务机构建设，提升机构供养服务能力，为区域内的困难家庭老年人和残疾人提供集中托养、生活照料、介入护理等服务。

二是谨慎对待"福利捆绑"和政策叠加。首先，明确最低生活保障的"兜底"功能。政府只需对失去劳动能力的老弱病残等信息成本较低者承担完全"兜底"责任，对有劳动能力者只有提供临时性救助的责任。其次，逐步解除低保与专项救助之间的政策捆绑，对功能相近、对象重合度高的救助政策进行归并，统一按困难类型进行分类救助，不断完善阶梯式救助体系。最后，结合地方实际，将专项救助的范围拓展到低保边缘户、支出型困难家庭等其他困难群众，对因病、因学、因残、因灾等受困致贫的群体及时给予差别化、针对性救助，使现有制度由"悬崖式"变为"斜坡式"。

2. 资源统筹：整合碎片化与合理分配权能

一是厘清职能边界，增加保障层次。妥善处理社会救助与保险、福利之间的分工关系，同时注重三者在覆盖范围、保障水平、衔接转换等方面的平衡关系，建立"保险 + 福利 + 救助服务"的多层次立体化兜底保障格局。具体路径为：首先，利用社会保险帮助困难家庭分散风险；然后，通过各类福利补贴的发放，为社会保险不能发挥作用的群体提供保障；最后，对于经过社会保险和福利补贴都无法保障的群体，以社会救助服务托底。

二是优化部门协作，统筹管理资源和信息资源。首先，建立适度集中的管理机制。建议由各级民政部门牵头，分类统计救助对象，并探索将医疗、住房、教育、就业、司法等专项救助的资金分配和监管工作统一由民政部门负责。其次，建立低收入人口信息库。将低收入人口的个人信息、家庭状况、收

入状况、身体状况、需求评估以及已接受的救助服务和项目等内容纳入到信息统计范围，形成纵向连接部、省、市、区（县）、镇（街）五级，横向协调民政、财政、医疗、残联等相关职能部门、单位以及社会组织的网络体系。并在此基础上，"因人因户"分类分层管理，逐步实现分类救助、全面关怀、重点服务。

三是推动政社对接，将补充性救助交予民间。首先，通过购买服务、开发岗位、政策引导、提供工作场所等方式，鼓励社会工作服务机构和社会工作者协助社会救助部门开展家庭经济状况调查评估、建档访视、需求分析等事务，并为救助对象提供心理疏导、资源链接、能力提升、社会融入等服务。其次，鼓励支持自然人、法人及其他组织以捐赠财产、设立项目、提供服务等方式，自愿开展慈善帮扶活动。最后，加快建立省市级乃至全国统一的社会救助服务供需对接平台，鼓励和支持优秀社会组织跨区域承接政府购买服务。

3. 长效机制：强化返贫监测与适度救助

一是处理好社会救助与扶贫开发之间的关系，在保障对象选择、标准制定方面力求衔接。对有就业能力的、能够通过扶贫政策实现脱贫的低保对象，统一纳入扶贫政策支持范畴。对无就业能力或就业能力极弱的群体，通过低保制度做好兜底保障。

二是健全贫困预警与快速反应机制。借助大数据等信息技术，追踪反馈受助对象生活变化情况，筛查短期内"支出骤增、收入骤减"者，及时走访排查、跟进帮扶；拓宽群众自我申报、干部主动发现等返贫预警途径。同时，进一步完善政府兜底、社会救助、大病补充保险等政策机制，对症下药将致贫风险消灭在萌芽阶段。

三是持续践行区域扶贫开发、社会网络再造与兜底保障三项组合型政策，增强反贫政策的持久性。利用本土优势资源，持续开展区域扶贫开发，做大做强地方特色产业。通过技能培训、劳务补助、以工代赈等多种方式，带动贫困群众融入产业链，提升人力资本，提供就业岗位，稳定脱贫，持续增收。

此外，针对城乡三类特殊困难群体的民生兜底保障问题，我们提出如下政策建议：

（1）加强对困难老人兜底保障体系建设。

一是应保尽保，强化经济保障。加强低保向困难老年人的政策倾斜力度，通过"整户保"与"单人户保"相结合的方式，推进最低生活保障"适度扩围"。持续推进建档立卡贫困人口参保"动态清零",适度扩大代缴范围,为新增贫困户、返贫户等及时办理超龄贫困人员养老待遇,实现应发尽发、应享尽享。

二是健全制度,强化医疗保障。探索困难老年人综合医疗保险制度。推广困难家庭老年人医前救助制度,将经济困难家庭的老年人全部纳入到医疗救助体系之中,实行特定病种免费或减免医疗费用的政策。进一步落实和完善家庭医生制度,建立困难老年人身体健康状况数据库,提供定期医疗服务和健康检测管理。

三是政府兜底,强化住房保障。通过"政府补、慈善助、企业帮"等方式,为高龄、失能等城市困难老年人家庭予以免费适老化改造或改造补贴金。通过资格准入、资金补助等方式,为有租房需求的困难老年人提供政策支持,优先满足无房产老年人的住房需要。扎实推进农村危房改造工作,特别是对其中经济困难的老年人要给予更高标准或全额现金补助,做到优先改造、优先发放。

四是社会参与,丰富服务供给。通过政府购买服务,为高龄老人提供日常生活照顾,为有需要的家庭开展适老化设施改造。通过优惠政策,吸引社会资本加入,提高困难家庭老年人养老服务的社会化水平。

五是关注心理,打造良好环境。积极引入专业社工服务,为困难家庭老人提供心理咨询和精神慰藉,缓解孤独感。同时,以多种形式激发老人参与社会生活的热情,如组织适合困难老年人特点和喜好的社区活动,鼓励其参与社区事务管理等。

(2)加强对困境儿童兜底保障体系建设。

一是聚合多方主体,全方位关怀。学校要做好信息收集和动态监护,通过家访、探访、随访等方式,了解困难家庭儿童基本情况;定期举办心理辅导、个性帮扶等活动,培养儿童的良好习惯和健康品格。政府要为进城务工子女提供教育补贴和均等的受教育机会,为困难儿童的父母提供家庭养育咨询服务。社会组织发挥专业优势,通过一对一谈心、定期探访、"代理家长"等形式,及时发现因各种原因受困的困境儿童,并针对性给予关爱和保护。

二是以需求为抓手,精准关爱。儿童成长需要不断地从外界汲取能量,无论是物质、情感,还是知识、信息。困难儿童的兜底保障不能只拘泥于现金救助,而要因人施策,采取针对性、差异性、个性化的措施。既要关注困难家庭儿童的共性，也要从不同年龄、性别、个性出发设计帮扶内容。

三是重视事前干预，动态监测。建立困难儿童风险源头预防干预机制。对困难家庭进行风险评估，并对评估为高风险的儿童进行动态跟踪，向他们提供监护干预服务，打造"源头预防—强制报告—应急处置—评估帮扶—监护干预"的闭环机制。

四是整合福利资源，提高效率。借鉴广东省"大儿童保障体系"，以省、市、县三级联动的未成年人保护救助中心为平台，儿童主任和儿童辅导员为依托，及时发现、报告困难家庭儿童的情况，并开展困境儿童的评估、转介、监护及干预。建议由民政部门牵头成立儿童福利工作领导小组及办公室，形成"一个部门牵头、多部口联动"的协同工作机制，定期开展工作汇报、情况通报以及组织针对性业务培训，如公安部门加强儿童伤害案件办案能力培训、教育部门加强儿童安全教育宣传培训、卫生部门加强受虐儿童身体和心理康复培训等。

（3）加强对困难残疾人兜底保障体系建设。

一是精准保障。全面落实残疾人"两项补贴"、最低生活保障以及低收入家庭重残人员"单人保"政策，应养尽养，兜住底线。通过长期跟踪、动态核查、实时更新残疾人的真实情况和资料，确保相关救助补贴政策惠及有真实需求的困难群体。以无房、危房困难家庭为帮扶重点，在城市给予保障性住房方面的政策倾斜，适当降低准入条件；在农村通过资金补助、信贷扶持等方式，加快推进危房改造实施进度。探索建立适应农村特点的保障性住房制度。

二是精准就业。将具有劳动能力和就业愿望的适龄困难残疾人作为帮扶重点。根据不同培训需求，提供不同层次、不同类别的职业培训服务。针对不同用工需求，开展定向培训，打通培训就业"最后一公里"。

三是精准助学。将残疾人教育纳入国民教育体系，全面普及残疾人义务教育，并完善普通高等院校招收残疾考生政策。分地区、分类别、分阶段开展教育扶持：经济发达区域着力体制机制创新，推动残疾人教育向精准化、高效率和选择性供给方向发展；经济欠发达地区要继续强化教育保底功能。

四是精准康复。依托"互联网＋康复服务"信息平台，建立残疾人健康状况追踪监测和动态记录，为难以负担康复护理费用的残疾人提供适当补助，为行动能力、认知能力较差的残疾人提供上门服务。

　　五是精准托养。通过政府购买服务等多种形式，吸引并发动社会力量参与到残疾人日间照料、居家服务、寄宿托养中来，实现残有所托。

　　六是无障碍环境营造。将有无障碍改造需求的困难家庭作为帮扶重点，加大补贴力度，提高改造技术。

参考文献

[1] 王延中：《社会保障绿皮书：中国社会保障发展报告（2020）》，社会科学文献出版社 2020 年版。

[2] 马良：《老年社会工作服务嵌入健康老龄化》，浙江工商大学出版社 2019 年版。

[3] 郅玉玲、李一：《困境儿童分类保障机制研究》，人民出版社 2019 年版。

[4] 张金峰：《老年残疾人社会保障研究》，世界图书出版社 2012 年版。

[5] 邓国胜、肖明超：《群众评议政府绩效》，北京大学出版社 2006 年版。

[6] 胡向明：《公共部门决策的理论与方法》，高等教育出版社 2007 年版。

[7] 穆怀中：《社会保障国际比较》，中国劳动社会保障出版社 2014 年版。

[8] 黄恒学：《分类推进我国事业单位管理体制改革研究》，人民出版社 2011 年版。

[9] 贾征：《社区服务与社会保障》，中国劳动与社会保障出版社 2001 年版。

[10] 解亚红：《走向整合：中国城市社区卫生服务创新探索》，中国社会出版社 2008 年版。

[11] 李鲁：《卫生事业管理》，中国人民大学出版社 2012 年版。

[12] 林琼：《新型医疗保障制度下的城市社区卫生服务体系》，中国财政经济出版社 2007 年版。

[13] 陈强：《高级计量经济学及 Stata 应用》，高等教育出版社 2013 年版。

[14] 民政部编：《2020 中国民政统计年鉴》，中国社会出版社 2020 年版。

[15] 中国营养学会：《中国居民膳食指南（2016）》，人民卫生出版社 2016 年版。

[16] 大卫·桑普斯福特、泽弗里斯·桑纳托斯：《劳动经济学前沿问题》，卢昌崇、王询译，中国税务出版社 2000 年版，第 193 页。

[17] 马克·格兰诺维特．镶嵌：《社会网与经济行动》，罗家德等译，社会科学文献出版社 2015 年版。

[18] 熊彼特：《经济发展理论》，易家详等译，商务印书馆 1990 年版。

[19] ［印］阿马蒂亚·森：《以自由看待发展》，任赜、于真译，中国人民大学出版社 2009 年版。

[20] 唐钧：《论城乡困难家庭就业救助精准化》，载《党政研究》2017 年第 5 期。

［21］侯斌：《从救助到就业——发展型救助视角下城乡失业贫困人口的再就业影响研究》，载《哈尔滨商业大学学报（社会科学版）》2019 年第 1 期。

［22］李萌：《消除精神贫困构建健康精神生活的对策探究》，河北师范大学博士论文，2014 年。

［23］高恒、焦怡雪：《德国住房制度体系经验借鉴与启示》，载《城市开发》2020 年第 6 期。

［24］贾志科、李文强、王思嘉：《新中国成立后我国儿童福利政策的演进历程——兼述政策效果及未来方向》，载《少年儿童研究》2019 年第 10 期。

［25］杨立雄：《中国残疾人社会政策范式变迁》，载《湖北社会科学》2014 年第 11 期。

［26］张瑶：《我国残疾人托养服务政策的变迁》，载《残疾人研究》2017 年第 4 期。

［27］郝玉玲、杨立雄：《德国残疾人社会保护政策的反贫困现状评析》，载《社会政策研》2018 年第 1 期。

［28］周焕春、何转霞：《提升融合质量、完善服务体系——〈新西兰残疾人政策（2016—2026）〉述评》，载《社会福利（理论版）》2018 年第 6 期。

［29］孙才坚、徐静罡、周裕智等：《上海市卢湾区社区特困老人医疗服务的社会救助研究》，载《中华医院管理杂志》2000 年第 12 期。

［30］张时飞、唐钧：《"全民低保"进入攻坚阶段》，载《中国社会保障》2007 年 001 期。

［31］崔凤、左魏巍：《我国老年福利津贴制度：特点、内容与问题》，载《学习与实践》2009 年第 9 期。

［32］黄高伟：《残疾人社会保险制度——以江苏省部分地区资料为基础的分析》，载《南京工程学院学报（社会科学版）》2009 年第 4 期。

［33］庞文、张蜀缘：《中国残疾人社会保障制度的演进：1978—2017》，载《残疾人研究》2018 年第 2 期。

［34］李芳萍、吴军民、赖水源等：《农村贫困残疾人家庭住房保障问题研究——基于江西省 9 县区的抽样调查》，载《残疾人研究》2016 年第 3 期。

［35］张建伟、胡隽：《中国残疾人就业的成就、问题与促进措施》，载《人口学刊》2008 年第 2 期。

［36］李静：《从生活救助到就业支持——优势视角下残疾人福利的实现路径》，载《南京大学学报（哲学·人文科学·社会科学版）》2012 年第 6 期。

［37］李国建：《发展残疾人教育事业的思考》，载《边疆经济与文化》2006 年第 7 期。

［38］吴胜利：《残疾人法律援助制度中国家责任的体现》，载《法制与社会》2007 年

第 8 期。

[39] 张谊：《中美无障碍环境建设问题比较研究》，载《华中科技大学学报（城市科学版）》2003 年第 3 期。

[40] 李棉管：《技术难题、政治过程与文化结果——"瞄准偏差"的三种研究视角及其对中国"精准扶贫"的启示》，载《社会学研究》2017 年第 1 期。

[41] 王增文、邓大松：《倾向度匹配、救助依赖与瞄准机制——基于社会救助制度实施效应的经验分析》，载《公共管理学报》2012 年第 2 期。

[42] 胡思洋、赵曼：《逆向选择、道德风险与精准救助》，载《国家行政学院学报》2017 年第 1 期。

[43] 冯怡琳、邸建亮：《对中国多维贫困状况的初步测算——基于全球多维贫困指数方法》，载《调研世界》2017 年第 12 期。

[44] 栾卉、万国威：《后减贫时代的中国城乡多维贫困及其衍生规律——基于六省市3199 户贫困家庭的实证调查》，载《兰州学刊》2020 年第 12 期。

[45] 王小林、Alkire、S：《中国多维贫困测量：估计和政策含义》，载《中国农村经济》2009 年第 12 期。

[46] 张童朝、颜廷武、何可等：《基于市场参与维度的农户多维贫困测量研究——以连片特困地区为例》，载《中南财经政法大学学报》2016 年第 3 期。

[47] 程晓宇、陈志钢、张莉：《农村持久多维贫困测量与分析》，载《中国人口·资源与环境》2019 年第 7 期。

[48] 沈扬扬、Sabina Alkire、詹鹏：《中国多维贫困的测度与分解》，载《南开经济研究》2018 年第 5 期。

[49] 栾卉、万国威：《后减贫时代的中国城乡多维贫困及其衍生规律——基于六省市3199 户贫困家庭的实证调查》，载《兰州学刊》2020 年第 12 期。

[50] 张良驯：《中长期青年发展规划评估的标准、模式和程序》，载《中国青年社会科学》2020 年第 001 期。

[51] 高兴武：《公共政策评估：体系与过程》，载《中国行政管理》2008 年第 2 期。

[52] 姚建平：《中国城市工作贫困化问题研究——基于 CGSS 数据的分析》，载《社会科学》2016 年第 2 期。

[53] 林闽钢：《关于政府购买社会救助服务的思考》，载《行政管理改革》2015 年第 8 期。

[54] 林闽钢：《中国社会救助体系的整合》，载《学海》2010 年第 4 期。

[55] 关信平：《朝向更加积极的社会救助制度——论新形势下我国社会救助制度的改革方向》，载《中国行政管理》2014 年第 7 期。

［56］谢勇才、丁建定：《从生存型救助到发展型救助：我国社会救助制度的发展困境与完善路径》，载《中国软科学》2015 年第 11 期。

［57］江治强：《我国社会救助服务发展的框架性探讨》，载《社会建设》2016 年第 6 期。

［58］李敏：《社会救助政策"碎片化"表现及其整合》，载《人民论坛》2016 年第 3 期。

［59］郑春荣：《建立政府购买社会救助服务机制，提升社会救助政策实施效果》，载《中国民政》2017 年第 22 期。

［60］岳经纶：《政府购买社会救助服务现状、问题与对策建议》，载《中国民政》2020 年第 5 期。

［61］李泉然：《精准扶贫视阈下社会救助政策的发展》，载《中州学刊》2017 第 1 期。

［62］苑晓美：《发展型社会救助的理念——实践及其启示》，载《中州学刊》2018 年第 5 期。

［63］谢宇、安建增：《我国社会救助政策模式存在的问题及完善对策》，载《陕西理工学院学报（社会科学版）》2015 年第 2 期。

［64］郭林、张巍：《积极救助述评——20 世纪以来社会救助的理论内核与政策实践》，载《学术研究》2014 年第 4 期。

［65］兰剑、慈勤英：《后脱贫攻坚时代农村社会救助反贫困的困境及政策调适》，载《西北农林科技大学学报（社会科学版）》2019 年第 3 期。

［66］匡亚林：《论精准治贫与社会救助的整合治理》，载《华中科技大学学报（社会科学版）》2018 年第 1 期。

［67］苑仲达：《英国积极救助制度及其借鉴启示》，载《国家行政学院学报》2016 年第 4 期。

［68］张浩森：《关于成都市发展型社会救助制度构建的思考》，载《四川行政学院学报》2016 年第 1 期。

［69］刘璐婵、林闽钢：《"养懒汉"是否存在——城市低保制度中"福利依赖"问题研究》，载《天津社会保险》2016 年第 2 期。

［70］王增文：《中国社会救助群体再就业决策行为发生机制研究》，载《湖南师范大学社会科学学报》2017 年第 1 期。

［71］侯斌：《就业能提升获得感吗——基于对城市低保受助者再就业情况的考察》，载《兰州学刊》2019 年第 4 期。

［72］罗微、师文文：《社会救助制度的就业效应——一个文献综述》，载《社会保障研究》2019 年第 6 期。

［73］陈明星、黄莘绒、黄耿志等：《新型城镇化与非正规就业：规模、格局及社会融合》，载《地理科学进展》2021 年第 1 期。

［74］陈宗胜、文雯、任重：《城镇低保政策的再分配效应——基于中国家庭收入调查的实证分析》，载《经济学动态》2016 年第 3 期。

［75］都阳、ALBERT PARK：《中国的城市贫困：社会救助及其效应》，载《经济研究》2007 年第 12 期。

［76］郭于华、常爱书：《生命周期与社会保障——一项对下岗失业工人生命历程的社会学探索》，载《中国社会科学》2005 年第 5 期。

［77］国务院发展研究中心社会保障制度改革研究课题组：《中国城镇失业保障制度改革的回顾与前瞻》，载《管理世界》2001 年第 1 期。

［78］黄晨熹：《城市低保对象求职行为的影响因素及相关制度安排研究——以上海为例》，载《社会学研究》2007 年第 1 期。

［79］兰剑、慈勤英：《促进就业抑或强化"福利依赖"？——基于城市低保"反福利依赖政策"的实证分析》，载《西南大学学报（社会科学版）》2016 年第 3 期。

［80］李培林、张翼：《走出生活逆境的阴影——失业下岗职工再就业中的'人力资本失灵'研究》，载《中国社会科学》2003 年第 5 期。

［81］李易骏、古允文：《另一个福利世界？东亚展型福利体制初探》，载《台湾社会学刊》2003 年第 31 期。

［82］李迎生、李泉然、袁小平：《福利治理、政策执行与社会政策目标定位——基于N 村低保的考察》，载《社会学研究》2017 年第 6 期。

［83］彭宅文：《财政转移支付、地方治理与城市低保发展——基于省际面板数据的实证分析》，载《公共行政评论》2017 年第 3 期。

［84］彭宅文：《最低生活保障制度与救助对象的劳动激励："中国式福利依赖"及其调整》，载《社会保障研究》2009 年第 2 期。

［85］王思斌：《积极托底的社会政策及其建构》，载《中国社会科学》2017 年第 6 期。

［86］肖萌、陈虹霖、李飞跃：《动态分析策略下的退保模式及其变迁趋势研究》，载《社会》2019 年第 4 期。

［87］岳经纶、胡项连：《低保政策执行中的'标提量减'：基于反腐败力度视角的解释》，载《中国行政管理》2017 年第 8 期。

［88］张浩淼：《救助、就业与福利依赖——兼论关于中国低保制度"养懒汉"的担忧》，载《兰州学刊》2014 年第 5 期。

［89］张盈华、张占力、郑秉文：《新中国失业保险 70 年：历史变迁、问题分析与完善建议》，载《社会保障研究》2019 年第 6 期。

［90］邹均：《社会救助对象的就业倦怠如何解》，载《人民论坛》2019 年第 4 期。

［91］贺佳雯、彭思聪：《丽水：减缓相对贫困的浙江样本》，载《南方周末》2020 年 5 月 21 日。

［92］王友捐：《全国居民收入稳步增长，居民生活质量持续改善》，载《经济日报》2019 年 1 月 22 日。

［93］尹蔚民：《全面建成多层次社会保障体系》，载《人民日报》2018 年 1 月 9 日，第七版。

［94］李楠楠：《民政部：医保＋救助困难家庭得大病最高可报 96％》，载《人民日报》2015 年 5 月 22 日。

［95］林焕新：《营养改善计划惠及 4000 万农村娃》，载《中国教育报》2020 年 5 月 25 日。

［96］周三春：《我省完成农村危房改造 110 多万户存量危房动态清零》，载《湖北日报》2020 年 10 月 16 日。

［97］《河南农村 4 类重点对象危房存量"清零"》，载《中国建设报》2020 年 7 月 7 日。

［98］魏铭言：《农村留守老人已近 5000 万敬老院 2/3 无合法身份》，载《新京报》2013 年 9 月 21 日。

［99］《学生营养餐仅半碗素面！营养餐决不能成为"营养贪"》，载《山西晚报》2018 年 9 月 14 日。

［100］田儒森，冉紫洄，王雪柔：《24 岁的她体重只有 40 斤！为了弟弟，极度节省长期营养不良终于病倒》，载《贵州日报》2019 年 10 月 26 日。

［101］《校园暴力司法大数据揭示了什么?》，载《北京青年报》2018 年 9 月 6 日。

［102］魏丽娜：《残疾人士可"足不出户"提交法援申请》，载《广州日报》2019 年 12 月 10 日。

［103］邢婷：《山东：特殊教育学校对所有类型残疾儿童少年"零拒绝"》，载《中国青年报》2019 年 9 月 26 日。

［104］高珊：《河北：贫困重度残疾人康复体育关爱计划将实施》，载《河北日报》2017 年 8 月 30 日。

［105］郭妍：《陕西大力发展特殊教育保障残疾人受教育权利》，载《陕西日报》2016 年 12 月 7 日。

［106］《社会力量积极参与残疾人事业》，载《深圳特区报》2017 年 12 月 4 日。

［107］靳婧：《乌海市残疾人就业管理中心开展线上就业培训》，载《乌海日报》2020 年 5 月 13 日。

[108] 黄钰钦：《教育部回应"随迁子女上学难"：继续推动入学降门槛扩大城镇学位供给》，载中国新闻网，2021 年 3 月 31 日，https：//new. qq. com/rain/a/2021 0331A08JL500。

[109] 李京泽：《人社部：就业扶贫成效显著，累计建扶贫车间 32688 个》，载中国新闻网，2020 年 11 月 11 日，https：//baijiahao. baidu. com/s？ id = 1683759837287 013574&wfr = spider& for = pc。

[110] 王鹏、孙少龙：《各地今年已向困难群众发放价格临时补贴190. 9 亿元》，载新华社，2020 年 10 月 23 日，https：//baijiahao. baidu. com/s？ id = 1681340570409 534929& wfr = spider&for = pc

[111] 《中国发展报告 2020：中国人口老龄化的发展趋势和政策》，载澎拜新闻网，2020 年 10 月 15 日，https：//www. thepaper. cn/newsDetail_ forward_ 9582019。

[112] 青海省民政厅办公室：《大力发展老年福利事业全力保障老年人基本权益——全省困难老年人生活保障工作概况》，2012 年 7 月 25 日，http：//mzt. qinghai. gov. cn：8088/html/show – 4230. html。

[113] 《长期护理保险试点扩大在即，如何吸引更多社会力量参与?》，载央广网，2020 年 5 月 27 日，https：//baijiahao. baidu. com/s？ id = 1667825121785845300&wfr = spider& for = pc。

[114] 《我国 31 个省份均已建立高龄津贴制度》，载新华社，2019 年 2 月 21 日，ht- tps：//baijiahao. baidu. com/s？ id = 1626076282821078593&wfr = spider&for = pc。

[115] 强勇：《因贫困户的识别不精准，这里有十余人受处分》，载新华网，2018 年 6 月 5 日，http：//www. xinhuanet. com/local/2018 – 06/05/c_ 129887244. html。

[116] 张艳玲：《调查称西部贫困生严重营养不良政府干预存漏洞》，载搜狐网，2011 年 3 月 1 日，http：//news. sohu. com/20110228/n279568429. shtml。

[117] 《河南虞城通报"学生营养餐沦为问题餐"：存在操作程序违规》，载中国青年网，2018 年 4 月 19 日，https：//baijiahao. baidu. com/s？ id = 1598139664096931 024&wfr = spider &for = pc。

[118] 舟山市教育局：《我市义务教育营养餐资助精准效果显著》，2019 年 10 月 23 日，http：//zsjy. zhoushan. gov. cn/art/2019/12/23/art _ 1563055 _ 41193426. html。

[119] 李曜：《贵州全面实施儿童营养改善，为全国第二个实现全覆盖省份》，载多彩贵州网，2020 年 5 月 28 日，http：//www. gog. cn/zonghe/system/2020/05/28/ 017624487. shtml。

[120] 王作金：《春风化雨，滋润困境儿童的心田》，载凤凰网，2016 年 6 月 16 日，ht-

tps：//finance. ifeng. com/a/20160616/14492325_ 0. shtml。

[121]《防控进行时！广东：一个也不能少助力孤儿等困境儿童"停课不停学"》，载澎湃新闻，2020 年 3 月 12 日，https：//m. thepaper. cn/newsDetail_ forward_ 6477737?ivk_ sa = 1023197a。

[122]《广东民政：加强疫情间救助保护兜住监护缺失儿童安全底线》，载广东省民政厅网站，2020 年 4 月 3 日，http：//smzt. gd. gov. cn/zwzt/yqfk/smztdt/content/post_ 2964944. html。

[123] 唐音：《韶关乳源十六镇：双百社工助力困境儿童"停课不停学"》，载腾讯网，2020 年 4 月 6 日，https：//new. qq. com/omn/20200406/20200406A0L61I00. html。

[124] 葛军伟：《星星之火关爱残障儿童——对残障儿童及其家庭的介入过程》，载中国社工网，2015 年 5 月 5 日，http：//www. stshgzz. com/Show/Detail? id = 176。

[125] 吴涛，胡星，骆飞：《贵州毕节 4 名儿童集体喝农药自杀事件调查》，载新华网，2015 年 6 月 12 日，http：//news. sohu. com/20150612/n414883965. shtml。

[126]《湖南小学生确因不满座位摆放跳楼身亡？事发前监控画面曝光》，载澎拜新闻，2016 年 6 月 26 日，https：//www. thepaper. cn/newsDetail_ forward_ 1489264。

[127] 禹丽敏：《宁夏创新模式保护困境儿童：织张网看好病给个家》，载环京津网，2019 年 11 月 18 日，https：//baijiahao. baidu. com/s? id = 1650506008932556027&wfr = spider&for = pc。

[128] 景朝荣：《永德开展"代理妈妈"为孤困儿童架起连心桥》，载云南文明网，2011 年 6 月 1 日，http：//www. wenming. cn/syjj/dfcz/201106/t20110602_ 197645. shtml。

[129] 孙少龙：《到 2019 年底全国已有 674. 1 万建档立卡贫困残疾人脱贫》，载新华网，2020 年 3 月 19 日，http：//news. xmnn. cn/xmnn/2020/03/31/100697296. shtml。

[130] 中国残疾人联合会网站：《中办、国办〈意见〉要求"解决因残致贫问题"》，2017 年 11 月 23 日，http：//www. cdpf. org. cn/yw/201711/t20171123_ 612724. shtml。

[131] 孙冰洁：《民政部：全国残疾人两项补贴申领、审核等今起将全面移至线上》，载央广网，2018 年 12 月 12 日，https：//baijiahao. baidu. com/s? id = 161964060 5445416 185&wfr = spider&for = pc。

[132] 国务院新闻办：《平等、参与、共享：新中国残疾人权益保障 70 年》，载中华人民共和国中央人民政府网站，2019 年 7 月 25 日，http：//www. gov. cn/

zhengce/2019 - 07/25/content_ 5414945. htm。

[133] 王博，张文静：《甘肃今年安排 6300 多万元助力贫困残疾人康复脱贫》，载新华社，2017 年 5 月 21 日，http：//www. gov. cn/xinwen/2017 - 05/21/content_ 5195663. htm。

[134] 《连云港市残疾人专场招聘会达成就业意向近 50 个》，载江苏省人民政府，2017 年 7 月 3 日，http：//www. jiangsu. gov. cn/art/2017/7/3/art_ 46502_ 2537027. html。

[135] 张席贵：《长春用人单位安置本市残疾人大学生可获补贴》，载中国新闻网，2014 年 5 月 5 日，http：//www. chinanews. com/edu/2014/05 - 05/6134509. shtml。

[136] 肖春霞：《法援助残大爱无"碍"》，载澎湃新闻，2019 年 12 月 15 日，https：//www. thepaper. cn/newsDetail_ forward_ 5247411。

[137] 韩婷澎：《黑龙江：畅通残疾人法律援助绿色通道落实"最多跑一次"》，载网易新闻，2020 年 5 月 12 日，https：//3g. 163. com/news/article/FCEE6QDH053 46936. html？ from = history - back - list。

[138] 权敬：《多元化康复服务提升首都残疾人获得感》，载新华网，2018 年 7 月 4 日，https：//baijiahao. baidu. com/s？ id = 1605026389688472766&wfr = spider&for = pc。

[139] 李蕾：《济宁为近 9 万名持证残疾人提供基本康复服务服务率达 99% 以上》，载齐鲁网闪电新闻，2020 年 5 月 13 日，https：//baijiahao. baidu. com/s？ id = 16664872094 27397054&wfr = spider&for = pc。

[140] 江苏省人民政府：《无锡户籍残疾人可免费上开放大学》，2019 年 9 月 18 日，http：//www. jiangsu. gov. cn/art/2019/9/18/art_ 64348_ 8715230. html。

[141] 肥西县残疾人联合会：《不负春光抓残疾人技能培训需求摸底》，2020 年 3 月 23 日，http：//scl. hefei. gov. cn/gzxx/jcdt/17744449. html。

[142] 吴睿：《江苏苏州张家港一低保边缘户骗 17 万医保金被判刑停止享受医疗救助》，载央视新闻客户端，2020 年 5 月 15 日，https：//baijiahao. baidu. com/s？ id = 166672 4544105278944&wfr = spider&for = pc。

[143] 石国庆：《河南一村会计趁职务之便将自己列为低保户骗保》，载人民网，2017 年 2 月 15 日，http：//m. haiwainet. cn/middle/3541953/2017/0215/content_ 30733170_ 1. html。

[144] 百度词条：社会保险，https：//baike. baidu. com/item/% E7% A4% BE% E4% BC% 9A% E4% BF% 9D% E9% 99% A9/73529？ fr = aladdin。

[145]《嘉定探索区级因病支出型贫困救助初显成效》，载上海市嘉定区人民政府网站，2014 年 11 月 2 日，http：//www. jiading. gov. cn/zwpd/zwdt/content _ 28943。

[146]《在南京，存"时间"换养老，来吗》，载南京民政，2019 年 8 月 8 日，http：//www. yanglaocn. com/shtml/20190808/1565273887120340. html。

[147] 李京泽：《人社部：就业扶贫成效显著，累计建扶贫车间 32688 个》，载中国新闻网，2020 年 11 月 11 日，https：//baijiahao. baidu. com/s？id = 1683759837287013574& wfr = spider&for = pc。

[148] 人社部：《2020 年第二季度部分城市公共就业服务机构市场供求状况分析》，2020 年 7 月 27 日，http：//news. 10jqka. com. cn/20200727/c622229525. shtml。

[149] Ashok S. Rai. Targeting the poor using community information, *journal of develop mengteconomics*. 2002（69）71 – 83.

[150] Martin Ravallion：Miss – targeted or miss – measured？*Economcis Letters*. 2008（100）. pp. 9 – 12.

[151] Martin Ravallion. "How Relevant Is Targeting to the Success of an Antipoverty Program？". *The World Bank Research Observer*, 2009（2）：205 – 231.

[152] Emanuela Galasso, Martin Ravallion：Decentralized targeting of an antipoverty program, *journal of Publin Economics*. 2005, 89（4）. pp. 705 – 727.

[153] Barr, Nicholas A. , Expirical Definitions of thePoverty Line, *Policy and Politics*, 1981（9 /1）.

[154] Katarzyna Gajewska. Peer production and prosumerism as a model for the future organization of general interest services provision in developed countries［J］. *World Future Review*, 2014, 6（1）：29 – 39.

[155] Mary Daly. Paradigms in EU social policy：a critical account of Europe 2020［J］. *Transfer：European Review of Labor and Research*, 2012, 18（3）：273 – 284.

[156] Kati Kuitto. From social security to social investment？Compensating and social investment welfare policies in a life – course perspective［J］. *Journal of European Social Policy*, 2016, 26（5）：442 – 459.

[157] Anderen & Thomas.（2007）. The Persistence of Welfare Participation. *IZA Discussion Papers* 3100, *Institute of Labor Economics（IZA）*, 2465（266）：1 – 34.

[158] Bane, Mary & J. David T. Ellwood.（1986）. Slipping Into and Out of Poverty：The Dynamic of Spells. *The journal of Human Resource*, 21（1）：1 – 23.

[159] Blank, Rebecca.（1989）. Analyzing the Length of Welfare Spells. *Journal of Pub-

lic Economics, 39（3）：245 – 73.

［160］Carpentier S. , Sarah Neels, K. , K. , Van Den Bosch.（2014）. How do Exit Rates from Social Assistance Benefit in Belgium vary with Individual and Local Agency Characteristics. *Research in Labor Economics*,（39）：151 – 187.

［162］Chen S , Ravallion M , Wang Y .（2006）. Di Bao ：a guaranteed minimum income in urban China？. *Policy Research Working Paper Series.*

［163］Contini, Dalit & Nicola Negri.（2007）. Would Declining Exit Rates from Welfare Provide Evidence of Welfare Dependence in Homogeneous Environments. *European Sociological Review*, 23（1）：21 – 33.

［164］Dahl E. , Lorentzen T. （2003）. Explaining exit to work among social assistance recipients in Norway：heterogeneity or time dependency. *European Sociological Review*, 19（5）：519 – 536.

［165］Engen, Eric M. & Gruber, Jonathan.（2001）. Unemployment insurance and precautionary saving. *Journal of Monetary Economics*, 47（3）：545 – 579.

［166］Finn C J, & Heckman J J.（1982）. New Methods for Analyzing Individual Event Histories. *Sociological Methodology*, 112.

［167］Fugate M, Kinicki AJ, Ashforth Be.（2004）. Employability：A psycho – social construct, its dimensions, and applications. *Journal of vocational behavior*, 65（1）：14 – 38.

［168］Granovetter.（1992）. The Sociological and Economic Approaches to Labor Market Analysis：A Scocial Structure View //M. GRANOVETTER , R. SWEDBERG. *The sociology of economic life.* Boulder：Westview Press Inc, 233—263.

［169］Hansen J& Lofstrom M.（2011）. Immigrant – Native Differences in Welfare Participation：The Role of Entry and Exit Rates. *Industrial Relations*, 50（3）：412 – 442.

［170］Hans – Peter, Blossfeld, Golsch, Katrin.（2007）. *Event History Analysis with Stata.* Psychology Press. Heckman, J.（1981）. Heterogeneity and state dependence// S. ROSEN. *Studies in Labor Markets*, University of Chicago Press, 91 – 139.

［171］Hoynes & Hilary Williamson.（1996）. Local Labor Markets and Welfare Spells：Do Demand Conditions Matter？. *Institute for Research on Poverty Discussion Paper* , No. 1104 – 96,（1127）：1968 – 89.

［172］Janlert, U. , Winefield, A. H. , Hammarstrom, A.（2015）. Length of unemployment and health – related outcomes：A life – course analysis. *European Journal of Public Health*, 25（4）：662 – 667.

［173］ Kotz, David M. , Terrence Mcdonough, Michael Reich. （1994）. *Social Structures of Accumulation：The Political Economy of Growth and Crisis.* Cambridge University Press.

［174］ Martin Huber, Michael Lechner, Conny Wunsch, Thomas Walter. （2011）. Do German Welfare – to – Work Programmes Reduce Welfare Dependency and Increase Employment?. *German Economic Review*, 12 （2）：182 – 204.

［175］ Meng, Xin. （2003）. Unemployment, Consumption Smoothing, and Precautionary Saving in Urban China. *Journal of Comparative Economics*, 31 （3）：465 – 85.

［176］ Peter Gottschalk & Robert A. Moffitt. （1994）. Welfare Dependence：Concepts, Measures, and Trends. *American Economic Review*, 84 （2）：38 – 42.

［177］ Moffitt, Robert. （1992）. Incentive Effects of the U. S. Welfare System：A Review. *Journal of Economic Literature*, 30 （1）：1 – 61.

［178］ Piore, Michael J. （1973）. Fragments of a "Sociological" Theory of Wages,". *American Economic Review* , 63 （2）：377 – 384.

［179］ Terracol Antoine. （2009）. Guaranteed minimum income and unemployment duration in France. *Labour Economics*, 16 （2）：171 – 182.

［180］ Wanberg, C. R. （2012）. The individual experience of unemployment. *Annual Review of Psychology*, 63 （63）：369.

［181］ Ybarra, Marci A. （2011）. Why welfare applicants leave the extended welfare application process. *Journal of Sociology and Social Welfare*, 38 （1）：55 – 76.